Das professionelle 1x1

W0308224

Hans-Michael Klein / Albrecht Kresse

Psychologie – Vorsprung im Job

Die Gesetze der Psychologie verstehen und anwenden

Menschen psychologisch beeinflussen

Sich vor Manipulationstechniken schützen

Cornelsen

Die Internet-Adressen und -Dateien, die in diesem Buch angegeben sind, wurden vor Drucklegung geprüft (Stand: Juni 06). Der Verlag übernimmt keine Gewähr für die Aktualität und den Inhalt dieser Adressen und Dateien und solcher, die mit ihnen verlinkt sind.

Verlagsredaktion: Ralf Boden
Umschlaggestaltung: Magdalene Krumbeck, Wuppertal
Titelfoto: © IFA-Bilderteam
Layout und technische Umsetzung: Text & Form, Karon/Düsseldorf
Grafiken: Albrecht Kresse

Informationen über Cornelsen Fachbücher und Zusatzangebote:
www.cornelsen-berufskompetenz.de

2. Auflage

© 2006 Cornelsen Verlag Scriptor GmbH & Co KG, Berlin

Das Werk und seine Teile sind urheberrechtlich geschützt.
Jede Nutzung in anderen als den gesetzlich zugelassenen Fällen bedarf der vorherigen schriftlichen Einwilligung des Verlages.
Hinweis zu § 52 a UrhG: Weder das Werk noch seine Teile dürfen ohne eine solche Einwilligung eingescannt und in ein Netzwerk eingestellt werden. Dies gilt auch für Intranets von Schulen und sonstigen Bildungseinrichtungen.

Druck: CS-Druck CornelsenStürtz, Berlin

ISBN-13: 978-3-589-23504-9
ISBN-10: 3-589-23504-7

Inhalt gedruckt auf säurefreiem Papier aus nachhaltiger Forstwirtschaft.

Vorwort

Deutschland ist auf dem Weg in die Wissensgesellschaft. Kein Tag vergeht, an dem sich nicht ein Politiker oder anderweitig Berufener zu Wort meldet, um das Credo des lebenslangen Lernens zu predigen. Die Welt dreht sich scheinbar immer schneller und die Antwort auf viele Fragen wird nicht selten im Erwerb immer neuen Fachwissens und neuer Methoden für die Bewältigung zunehmend komplexerer Strukturen und Prozesse gesucht. Was dabei häufig übersehen wird: Über den individuellen Erfolg entscheiden auch in unserer globalisierten Hightechwelt oft Gesetzmäßigkeiten, die sich in den letzten Jahrtausenden kaum geändert haben. Die Rede ist von den psychologischen Gesetzen des Erfolges. Immer mehr Menschen erkennen, dass ihnen Wissen und Engagement allein keine Garantie für einen sicheren Job bieten.

Dieses Buch handelt daher von den Gesetzmäßigkeiten der Psychologie. Wer sie beherrscht, hätte im alten Rom wahrscheinlich ähnlich gute Karrierechancen gehabt wie zu Beginn des 21. Jahrhunderts. Falls Sie diese These überrascht oder Ihnen gar provokant erscheint, kann Ihnen dieses Buch eine Fülle von zwar nicht neuen dafür aber umso wirksameren Erkenntnissen liefern.

Erfolg ist nur in geringerem Maße eine Frage möglichst umfassender Fachkenntnis. Viel bedeutender sind beispielsweise Faktoren wie die persönliche Motivation, das Auftreten in der Öffentlichkeit und die Fähigkeit, soziale Konstellationen richtig einzuschätzen und daraus geeignete Schlussfolgerungen für das eigene Handeln abzuleiten. Das alles hat etwas mit Psychologie zu tun.

Dieses Buch liefert Ihnen einen kurzen und pragmatischen Überblick über die erfolgreiche Anwendung psychologischen Wissens im Berufsalltag. Üblicherweise lernen wir dies in Form von Seminaren und persönlichen Coachings. Auf den folgenden Seiten haben wir nun in schriftlicher Form eine Sammlung nützlicher Erkenntnisse und Werkzeuge zusammengestellt, die auch Ihnen helfen können, einen Vorsprung im Job zu erzielen – Einsichten, die nachhaltiger wirken als der Erwerb von Fachwissen. Letzteres veraltet in unserer schnelllebigen Zeit immer rasanter. Warum die Gesetze der Psychologie dagegen wahrscheinlich auch in zehntausend Jahren noch Bestand haben, zeigt Ihnen dieses Buch.

Essen und Berlin, im Juni 2006

Hans-Michael Klein
Albrecht Kresse

Kontakt zu den Autoren:

Hans-Michael Klein: www.business-training-centre.de
hans-michael.klein@t-online.de

Albrecht Kresse: www.albrecht-kresse.com
info@albrecht-kresse.com

Inhaltsverzeichnis

Einst haben die Kerls auf den Bäumen gehockt,
behaart und mit böser Visage.
Dann hat man sie aus dem Urwald gelockt
und die Welt asphaltiert und aufgestockt,
bis zur dreißigsten Etage. (...)
(...) bei Lichte betrachtet sind sie im Grund
noch immer die alten Affen.

Erich Kästner, Die Geschichte der Menschheit

Einleitung – Von den Bäumen ins Büro

Herzlichen Glückwunsch! Sie gehören zu den strategisch denkenden Menschen, die ein Fachbuch zur eigenen Weiterbildung erworben haben. Der deutsche Durchschnittsbürger tut dies ziemlich genau 1,1 mal im Jahr. Wenn Sie alles umsetzen, was wir auf den folgenden Seiten für Sie zusammengestellt haben, steht Ihrer Karriere nichts mehr im Weg.

Erfolg im Unternehmen hat nicht unbedingt immer etwas mit Fachkompetenz zu tun

Dieses Buch handelt von Psychologie im Beruf. Vielleicht ist Ihnen auch schon aufgefallen, dass Erfolg im Unternehmen nicht unbedingt immer etwas mit Fachkompetenz zu tun hat. Laut einer Langzeitstudie bei IBM trägt Ihr mühsam während der Ausbildung erworbenes Wissen nur zu zehn Prozent zu Ihrem Aufstieg auf der Karriereleiter bei. Organisationen bestehen aus Menschen. Und Menschen handeln nach Regeln, die nur selten etwas mit den politisch korrekten Handlungsanweisungen zu tun haben, die der rationale Verstand uns nahe legt. Wenn Sie Erfolg haben wollen, und wer will das nicht, sollten Sie die Gesetze der Psychologie beherrschen.

Um Erfolg zu haben, sollte man die Gesetze der Psychologie beherrschen

Warum sagt die Dienstwagenregelung und Parkplatzordnung auf dem Firmengelände oft mehr über die Unternehmenskultur aus als die schicke Hochglanzbroschüre mit den Unternehmensleitsätzen? Weshalb müssen Sie auf einem Klassentreffen feststellen, dass Ihr halbgescheiter Tischnachbar aus Schulzeiten heute doppelt so viel verdient wie Sie? Warum produziert eine Projektgruppe aus den besten Fachleuten Ihres Unternehmens nur Rechtfertigungsorgien für den eigenen Misserfolg, statt endlich das Problem zu lösen?

All diese Fragen werden Ihnen auf den folgenden Seiten beantwortet. Unsere These: All das hat etwas mit Psychologie zu tun. Was Erich Kästner schon vor siebzig Jahren in seinem berühmten Gedicht von der Geschichte der Menschheit treffend formulierte, wird heute beinahe täglich von der modernen Gehirnforschung belegt. Trotz Internet und Mobiltelefon verhält sich der moderne Mensch noch immer kaum anders als sein Vorfahre auf der Mammutjagd. Das mag Ihrem akademisch geschulten Verstand zwar nicht unbedingt schmeicheln, ändert aber nichts an den Tatsachen. Sie tun daher gut daran, sich bei Ihrer beruflichen Erfolgsplanung an den Gesetzmäßigkeiten der Psychologie zu orientieren.

Der moderne Mensch verhält sich kaum anders als sein Vorfahre auf Mammutjagd

Wie ist das Buch aufgebaut?

Kleiner Überblick über die Geschichte der Psychologie und die neuesten Erkenntnisse der Gehirnforschung

Diese schöne Formulierung von den Gesetzmäßigkeiten der Psychologie suggeriert allerdings eine Klarheit, die in dieser Disziplin leider noch nicht existiert. Dies zeigen unser kleiner Überblick über die Geschichte der Psychologie und die neuesten Erkenntnisse der Gehirnforschung, mit der wir unsere Reise beginnen (Kapitel 1).

Dort taucht unweigerlich der Name Freud auf, aber Sie werden feststellen, dass der Erfinder der Psychologie als Wissenschaft nicht der Mann aus Wien war. Interessanterweise offenbart der Blick unter die Schädeldecke, zu dem die moderne Neurowissenschaft dank neuer Technik in der Lage ist, dass Freuds Suche im Unbewussten gar nicht so verkehrt war. Der moderne Mensch erscheint daher trotz Handy und Internet eher als Steinzeitmensch in Nadelstreifen denn als vernunftgesteuertes Wesen. Vielleicht ahnten Sie das aber auch schon, wenn Sie schon etwas länger im Berufsleben stehen.

Schon diese erste eher definitorische Annäherung an das Thema zeigt, dass es beim Thema Psychologie zuallererst um Sie selbst geht, Ihre eigene Persönlichkeit mit allen Ecken und Kanten, Stärken und Schwächen. *„Erkenne Dich selbst!“* stand über dem Eingang zum Orakel von Delphi und bildet das Motto von Kapitel 2 Psychologie der Persönlichkeit. Wenn die alten Griechen dieses Motto zur Maxime des ganzen Lebens erhoben, werden wir uns nicht anmaßen, diesen Auftrag auf ein paar Seiten zu erfüllen. Aber wir können Ihnen einige wichtige Fragen mit auf den Weg geben und nützliche Modelle vorstellen, mit denen der Blick auf Möglichkeiten und Beschränkungen der eigenen Persönlichkeit leichter fällt. Sie forschen nach Ihrem eigenen Selbstwertgefühl und werden mit gängigen Typologien der menschlichen Spezies vertraut gemacht.

Psychologie der Persönlichkeit

Warum lesen Sie eigentlich dieses Buch? Aus Langeweile? Wahrscheinlich nicht. Die meisten von Ihnen versprechen sich einen persönlichen Nutzen von der Lektüre. Letztendlich möchten Sie mehr Erfolg haben? Von der PSYCHOLOGIE DES ERFOLGS handelt Kapitel 3. Was unterscheidet besonders erfolgreiche Menschen von anderen? Welche unbewussten Strategien wenden sie an, um das zu erreichen, wovon andere nur träumen? Hier erhalten Sie Werkzeuge für die eigene Ziel- und Karriereplanung.

Psychologie des Erfolgs

Kapitel 4 befasst sich mit der PSYCHOLOGIE DER KOMMUNIKATION. Sie erhalten einen Einblick in die Gesetzmäßigkeiten der Kommunikation. Wir stellen gängige Modelle und Werkzeuge vor, die Ihnen im Psychodschungel Büro einen Überlebensvorteil sichern. In einzelnen Abschnitten lernen Sie, die dargestellten Methoden auf typische Situationen in Ihrem Arbeitsumfeld anzuwenden. Wie präsentieren Sie sich und Ihre Informationen erfolgreich vor anderen? Was unterscheidet ein Zweiergespräch von einem Meeting? Welche Rolle spielt Körpersprache für Ihre Wirkung? Sie erhalten Fahrpläne für die gängigen Situationen und können sich gezielt vorbereiten. Da beinahe alles mit Kommunikation zu tun hat, ist dieser Teil entsprechend umfassend.

Psychologie der Kommunikation

Die Themen Verkauf und Führung haben jeweils ein eigenes Kapitel erhalten, um ihrer besonderen Bedeutung gerecht zu werden. Die PSYCHOLOGIE DES VERKAUFS (Kapitel 5) beleuchtet kurz und prägnant jene für unser Wirtschaftsleben so eminent wichtige Beziehung zwischen Kunde und Unternehmen.

Psychologie des Verkaufs

In der PSYCHOLOGIE DER FÜHRUNG (Kapitel 6) werden Mythos und Realität der Führung behandelt. Was heißt Motivation? Kann man andere Menschen motivieren? Wenn ja, wie? Vor dem Hintergrund der Informationen aus den vorherigen Kapiteln wird Ihnen schon so mancher Irrtum zum Thema Menschenführung bewusst geworden sein. Wie stellen Sie erfolgreiche Hochleistungsteams zusammen und steuern Sie Gruppenprozesse? Was unterscheidet die erfolglose Projektgruppe von einem echten Hochleistungsteam? Wo stehen Sie selbst mit Ihrem Team? Was können Sie tun, um Ihr eigenes Team zu entwickeln? Selbstverständlich geht es hier auch um die Frage, was die ganze „Teamhuberei“ eigentlich zu bedeuten hat und ob Teamfähigkeit tatsächlich für den Erfolg so wichtig ist.

Psychologie der Führung

Psychologie von Gruppenprozessen

Egal, wie viel Bedeutung Sie Ihrer persönlichen Wirkung beimessen, Sie werden immer Konflikte mit anderen haben. Doch schon mancher scheitert bei der Lösung eines Konfliktes, weil er sich auf die Inhalte und nicht das psychologische Setting des Konfliktes konzentriert. Die PSYCHOLOGIE DES KONFLIKTS (Kapitel 7) gibt Ihnen daher ebenso Werkzeuge für die Analyse und das Verständnis von Konflikten als auch für die Bearbeitung an die Hand. Hier wird kurz und prägnant aufgezeigt, wie Ihnen die bereits vorgestellten Modelle aus der Psychologie bei der Bewältigung eigener Konflikte helfen können.

Psychologie des Konflikts

Dieses Buch ist als Ratgeber und Wegweiser gedacht. Sie können es in der Reihenfolge lesen, die Ihnen beliebt. Jedes Kapitel steht für sich, sodass Sie bei Bedarf einfach an der entsprechenden Stelle nachschlagen können.

Lesen allein genügt nicht

Wenn Sie das Buch komplett gelesen haben, wissen Sie eine ganze Menge über Psychologie und die Gesetzmäßigkeiten des beruflichen Erfolges. Lesen allein ändert jedoch nichts. Sie müssen auch etwas tun. Falls Ihnen Ihr Verstand rät, zuvor jedoch noch die Grundlagenliteratur zu den beschriebenen Themen zu studieren, denken Sie an das nächste Klassentreffen. Oder, wie ein erfolgreicher Vertriebsmann sein Erfolgsgeheimnis einmal ausdrückte: *„Während die Weisen noch debattierten, stürmten die Dummen die Burg“*. Dieser Vertriebsmann zählte sich übrigens nicht zu den Weisen!

1 KLEINE GESCHICHTE DER PSYCHOLOGIE

1.1 Psychologie, was ist das?

Fragen Sie einen Psychologen, wie er Psychologie definiert und was er darunter versteht, und Sie haben ein Problem. Allein in den letzten zehn Jahren sind laut eines Standardwerks zur Branche in Deutschland mehrere hundert Therapieformen neu entstanden. Auf den folgenden Seiten werden alle in alphabetischer Reihenfolge vorgestellt. Keine Angst: Das hätte allenfalls einen enzyklopädischen und zuweilen humoristischen Mehrwert. Sie sollen hier nur auf jene Modelle, Schulen und Praktiken treffen, die für die angewandte Psychologie im Beruf relevant bzw. erklärungskräftig für Ihre praktischen Nöte sind. Aber zunächst machen wir das, was jeder deutsche Akademiker tut, wenn er sich einem Thema annähert: Richtig, er definiert zunächst den Begriff.

Das Wort Psychologie setzt sich aus den beiden griechischen Worten „Psyche" und „Logos" zusammen. „Psyche" meint ursprünglich „Atem des Lebens" oder auch „Seele" oder „Geist". Demnach wäre die Psychologie (Logos = „die Lehre von") die Wissenschaft des Geistes und steht damit eindeutig in der Tradition der alten Philosophen. Das genau wollte sie aber schon nach kurzer Zeit nicht sein, da man in den Geist nicht hineinschauen kann. Also richtete sich das Interesse zunehmend auf die Ebene des Verhaltens. Da die moderne Neurobiologie aber zunehmend genau das kann, was die Menschen sich schon immer wünschten, nämlich unter die Schädeldecke zu schauen, gewinnt die ursprüngliche Bedeutung vom Studium des Geistes wieder an Bedeutung.

Wissenschaft des Geistes

Ebene des Verhaltens

Wie fing es an? Die Frage nach Gründen und Abgründen des menschlichen Verhaltens ist wahrscheinlich so alt wie die Menschheit. Früher waren es die Schamanen und Dorfältesten, die um Rat gefragt wurden, dann die Priester und Philosophen und heute die Psychologen. Während wir im Deutschland der Achtzigerjahre noch über die Woody Allen Filme staunten, in denen der durchschnittlich neurotische New Yorker zweimal die Woche zum Therapeuten ging, ist es heute in, einen Therapeuten zu haben. Die Psycholiteratur boomt und der gesamten Branche wird eine glänzende Zukunft prophezeit. Das war vor mehr als 125 Jahren noch nicht abzusehen.

1.2 Wie fing es an?

1879 gründet Wilhelm Wundt in Leipzig das erste psychologische Laboratorium

Das offizielle Gründungsdatum der Psychologie fällt in das Jahr 1879. Der deutsche Philosoph Wilhelm Wundt gründet in Leipzig das erste psychologische Laboratorium. Das klingt aus heutiger Sicht etwas merkwürdig, aber zu seiner Zeit war es nicht nur revolutionär, sondern auch sehr angesagt. Jede Menge Philosophen aus den USA strömen nach Deutschland, nennen sich fortan ganz trendig Psychologen und machen Leipzig für kurze Zeit zum Mekka der neuen Disziplin. Wundts Methode der wissenschaftlichen Introspektion, also einer systematischen Selbstbeobachtung, stieß jedoch schon bald auf Kritik und so ist der Mann und sein Labor trotz 54.000 Seiten Veröffentlichungen nur noch für die Historiker und Leipziger Touristenführer interessant.

Sigmund Freud gilt als Begründer der Psychologie

Zum eigentlichen Namensgeber der Psychologie wurde ein anderer, Sigmund Freud. Worin bestand Freuds Leistung, die ihn noch heute zur Ikone der Psychologie macht, ähnlich wie Einstein in der Physik? Wer den Namen Freud hört, denkt an eine Couch, Träume, schwere Kindheit und die Libido.

In einer Zeit, als Geisteskrankheiten ausschließlich organisch begründet wurden, Kriminalität auf internationalen Kongressen als angeboren bezeichnet wurde und die Fluchtversuche amerikanischer Sklaven auf Fachkongressen als Geisteskrankheit unter dem Namen „Drapetomanie“ (der irre Wunsch wegzulaufen) klassifiziert wurden, war Freuds Suche im Unbewussten tatsächlich revolutionär.

Da er auch ein guter PR-Mann war und gleich mehrere Gesellschaften für Diskussion und Verbreitung seiner Lehre gründete sowie das Glück hatte, Schüler aus aller Welt in Wien zu versammeln, kam schon bald niemand mehr an ihm vorbei. Auch nicht seine Kritiker, von denen es von Beginn an jede Menge gab. Die Geschichte der Psychologie und Psychotherapie liest sich wie ein Familienroman mit Vater Freud als Stammherr. Seine Schüler Jung und Adler spalteten sich von ihm ab, gründeten eigene Richtungen, deren Schüler taten es ihnen nach und die ganze verkrachte Verwandtschaft traf sich jährlich auf Kongressen. Daher ist es noch heute schwierig, eine umfassende und allgemein gültige Definition der Psychologie zu treffen. Je nach dem zugrunde gelegten Menschenbild kommt man zu unterschiedlichen Fragen, Methoden und Antworten.

1.3 Von Freud bis heut' – Schulen und Richtungen in Psychologie und Therapie

Keine einheitliche Theorie

Schon seit der Geburtsstunde der Psychologie zeigt sich das bis heute aktuelle Problem der gesamten Disziplin. Im Gegensatz zu Chemie oder Physik gibt es in der Psychologie kein einheitliches Theoriegebäude oder übergeordnetes System. Unterschiedliche Schulen mit konkurrierenden Paradigmen stehen sich unversöhnlich gegenüber. Selbst 125 Jahre nach ihrer Begründung befindet sich die Psychologie noch im vorwissenschaftlichen Stadium, zumindest wenn man den Kriterien des Wissenschaftshistorikers Thomas S. Kuhn folgt. Die einen betreiben sturen Empirismus im Sinne einer cartesianischen Wissenschaft und beschreiben den Menschen als Quasimaschine oder Computer, den es richtig zu programmieren gelte. Für die anderen, die Hermeneutiker, ist der Mensch immer noch das große Rätsel, das es erkenntnistheoretisch zu entschlüsseln gilt.

Verschiedene Schulen und Theorien stehen sich unversöhnlich gegenüber

Eine Definition

Sie merken schon, das Ganze droht kompliziert zu werden und führt uns zu sehr in die Wissenschaft. Grundsätzlich lässt sich sagen, dass die Psychologie das Verhalten, Erleben und Bewusstsein von Individuen und Gruppen erforscht sowie deren Bedingungen und Ursachen. Das Ziel der Psychologie ist das Beschreiben, Erklären und Vorhersagen von Verhalten. Genau der letzte Aspekt macht die Psychologie für die Wirtschaft so interessant. Verwiesen sei hier nur auf das Thema der Kaufentscheidung von Konsumenten. Für die anwendungsorientierte Forschung steht häufig auch die Frage nach einer Verbesserung der Lebensqualität im Mittelpunkt. Auch hier gibt es weite Anwendungsfelder im Bereich des Berufslebens, etwa wenn es um erwünschtes Führungsverhalten im Sinne einer als richtig empfundenen Unternehmenskultur geht. Psychologie im Beruf im Sinne dieses Buches bedeutet daher:

Ziel der Psychologie ist es, Verhalten zu beschreiben, zu erklären und vorherzusagen

> *Kenntnis der Ursachen und Entstehung des eigenen Verhaltens und des Verhaltens von Individuen und Gruppen, um sie im Sinne eigener Ziele beeinflussen zu können.*

Bei diesem weiten und pragmatischen Ansatz liegt es nahe, möglichst viele der unterschiedlichen Theoriegebäude und Ergebnisse der empirischen Forschung zu nutzen. Insgesamt lässt sich ein Großteil der Ansätze in einige Hauptströmungen oder Schulen aufteilen.

1.3.1 Tiefenpsychologie oder das psychodynamische Modell

Nach Freud ist die Psyche durch das Erleben in der frühen Kindheit vollständig festgelegt

Die Tiefenpsychologie geht auf Sigmund Freud zurück. Freud beobachtete psychisch gestörte Patienten und machte für normales und gestörtes Verhalten die gleichen Ursachen und Prinzipien aus. Nach Freud ist die Psyche der späteren Persönlichkeit durch Erziehung, Konflikte mit den Eltern und traumatische Erfahrungen in der frühen Kindheit vollständig festgelegt. Das Kleinkind strebt nach Sicherheit und angenehmen Empfindungen. Freud konzentrierte sich auf das Unbewusste. Darin gespeichert sind nicht nur unsere Kindheitserfahrungen, sondern auch die Triebe, Lust und Aggressionen. Seine Therapieform bestand in der Deutung von freien Assoziationen, insbesondere Traumerfahrungen.

Nur 1/7 unserer Wahrnehmung wird bewusst verarbeitet

Die Traumdeutung hat glücklicherweise keinen Einzug in die Unternehmen gehalten. Am ehesten wird Ihnen Freuds Eisbergtheorie in Seminaren zum Thema Kommunikation begegnen. Der Eisberg, bei dem 6/7 unter Wasser sind, steht für das berühmte Unbewusste. Nur die Spitze des Eisberges ragt aus dem Wasser, ist sichtbar und wird daher nicht selten für das Ganze genommen (was nicht nur der Titanic zum Verhängnis wurde). Freuds Schüler Carl Gustav Jung teilte das Unbewusste in das individuelle und kollektive Unbewusste. Im kollektiven Unbewussten sind demnach alle Erfahrungen unserer Spezies gespeichert. Auch die Archetypen, also die Lehre der Urformen menschlicher Charaktere, werden aus dem kollektiven Unbewussten abgeleitet.

Was haben Sie von alledem? Schon Freud hätte Ihnen sagen können, dass die Regeln in Ihrem Unternehmen nicht unbedingt mit dem zu tun haben, was Ihnen bewusst ist. Und Jungs Typologie begegnet Ihnen noch heute in unzähligen Variationen vieler Potenzialeinschätzungen, von denen es Hunderte verschiedene Anwendungsformen in der organisierten Personalentwicklung gibt. Auch die Transaktionsanalyse, die an mehreren Stellen in diesem Buch behandelt wird, geht auf die Tiefenpsychologie zurück.

1.3.2 Verhaltenspsychologie

Aus der Tiefenpsychologie Freuds und seiner Schüler entstand die aus der Kritik an der subjektiven Interpretation abgeleitete Verhaltenspsychologie. Als Ahnherr gilt hier der russische Physiologe Iwan Pawlow, der mit seiner Konditionierung von Hunden berühmt wurde. Der so genannte Behaviorismus stützt sich auf beobachtbares Verhalten und Reiz-Reaktions-Muster zu seiner Erklärung.

Iwan Pawlow untersuchte Reiz-Reaktions-Muster im Rahmen beobachtbaren Verhaltens

Während Freud die Erklärung im Individuum und unbewussten Prozessen suchte, konzentrierte sich der Behaviorismus ausschließlich auf beobachtbares Verhalten. Freuds Modell stand in der Tradition der Philosophie und war Produkt seiner eigenen Gedanken. Der Behaviorismus versuchte aus der Psychologie eine systematische Wissenschaft zu machen. Dabei wurde angenommen, dass menschliches Verhalten ausschließlich das Produkt der Umwelteinflüsse ist. Zu den Gründern dieser Schule gehörte neben dem schon erwähnten Pawlow der amerikanische Psychologe Watson. Bis in die Sechzigerjahre, in Deutschland sogar bis weit in die Siebzigerjahre, war der Behaviorismus die herrschende Lehrmeinung in der Psychologie. Wann immer Sie ein Buch lesen, in denen Ihnen gesagt wird, Sie könnten alles lernen und müssten lediglich Ihre unbewussten Programme kennen und umschreiben, können Sie davon ausgehen, dass der Autor in der Tradition des Behaviorismus steht.

Annahme, dass menschliches Verhalten ausschließlich das Produkt der Umwelteinflüsse ist

In aufwändigen Laborexperimenten und mit allerlei technischen Hilfsmitteln und später auch Computern wurden Reizreaktionsmechanismen analysiert; oft jedoch ohne erkennbare Ergebnisse. Nachdem der Behaviorismus auf diese Art relativ zweckfrei vor sich hin experimentierte, trat die so genannte kognitive, nach Erkenntnis strebende Psychologie auf.

1.3.3 Die kognitive Psychologie

Mit der kognitiven Psychologie traten die geistigen Prozesse wieder in den Vordergrund. Grundannahme ist, dass die Prozesse der Informationsverarbeitung für unser Verhalten verantwortlich sind. Wie werden Reize von der Umwelt interpretiert? Wie beeinflussen unsere Erinnerungen und Erwartungen unsere Entscheidungen? Wie können aktuelle Erlebnisse unsere Erinnerungen verändern? Der Aufstieg der kognitiven Psychologie ist eng mit dem Zeitalter der Informationstechno-

Grundannahme, dass die Art und Weise unserer Informationsverarbeitung für unser Verhalten verantwortlich ist logie verbunden. Dies zeigt sich nicht nur in der Art der Versuchsanordnung, sondern auch der Sprache der Modelle. Das menschliche Gehirn wird gerne mit einem Computer verglichen. Verhalten ist immer das Produkt der Programmierung und kann durch neue Programme in die gewünschte Richtung verändert werden. Hier erkennen Sie die Verwandtschaft zum Behaviorismus, weshalb die kognitive Psychologie zuweilen auch als Unterart der Verhaltenspsychologie angesehen wird.

Während die beiden zuletzt genannten Schulen ein sehr mechanistisches Welt- und Menschenbild offenbaren, trat mit der humanistischen Psychologie eine dritte Kraft auf.

1.3.4 Die humanistische Psychologie

Maslows Bedürfnispyramide beinhaltet eine Entwicklung zum Positiven

Gehen Verhaltenspsychologie und Tiefenpsychologie eher von einem negativen Menschenbild aus, so strebt der Mensch laut der humanistischen Psychologie nach dem Guten und der Entwicklung. Maslows Bedürfnispyramide ist das Paradebeispiel dieser Ansicht. Wenn die unteren Grundbedürfnisse für Körper, Sicherheit und soziale Bindung befriedigt sind, strebt der Mensch nach Steigerung des Selbstwertes, Erkenntnis, Schönheit und schließlich Selbstverwirklichung und Spiritualität.

Die humanistische Psychologie bestimmt vielfach den Anspruch in der Personalarbeit

Maslows Pyramide und das Konzept von Carl Rogers zur Selbstverwirklichung haben starken Einfluss auf Management- und Kommunikationstrainings genommen. Noch heute gleichen manche Trainingsprogramme deutlich den Selbsthilfegruppen (Encountergroups) der Siebzigerjahre. Die humanistische Psychologie bestimmt in vielen Unternehmen den offiziellen Anspruch in der Personalarbeit. Schon die Bezeichnung „Personalentwicklung“ zeigt deutlich, wo dieser Teil der Personalarbeit seine Wurzeln hat. Das echte Interesse der Führungskraft am Mitarbeiter, so die Theorie, helfe diesem, seinem natürlichen Drang zur Entfaltung seiner Persönlichkeit nachzukommen. Zum Nutzen von Chef, Mitarbeiter und Unternehmen. Eine schöne Vorstellung, die jedoch nicht der Realität in vielen Unternehmen entspricht. Dennoch ist die humanistische Psychologie gerade im Trainingsalltag sehr präsent, unter anderem, weil ihre Prämissen sich mit unserem Welt- und Menschenbild in einer freiheitlichen Demokratie sehr gut vertragen. Auch in diesem Buch werden Sie auf Ansätze dieser Schule treffen.

1.3.5 Die systemische Psychologie

Untersuchungsgegenstand sind Paare, Gruppen, Organisationen und andere Einheiten

Die systemische Psychologie widmet sich, wie der Name schon sagt, nicht dem Individuum, sondern Paaren, Gruppen, Organisationen und anderen Einheiten, die miteinander ein System bilden.

Ob es sich bei der systemischen Psychologie um einen eigenen Ansatz, eine eigene Schule oder nur eine Untergruppe innerhalb eines bestehenden Ansatzes handelt, ist umstritten. Uns kann es hier letztlich egal sein. Zu den systemischen Ansätzen werden zum Teil auch Paar- und Familientherapie sowie Teile aus der Kommunikationspsychologie gezählt.

In den Sechzigerjahren entstand in Palo Alto in den USA eine Gruppe unterschiedlicher Forscher, die sich dem Phänomen menschlicher Kommunikationspsychologie auf verschiedene Art und Weise näherte. In Kommunikationstrainings werden Ihnen die fünf Axiome von Paul Watzlawick begegnen. Gleiches gilt für Methoden aus der Paar- und Familientherapie.

Neuro Linguistisches Programmieren (NLP)

Auch das Neuro Linguistische Programmieren, kurz NLP, geht in Teilen auf die Mitglieder der so genannten Palo Alto Gruppe zurück. NLP hat zum Teil starken Einfluss auf die Vermittlung psychologischer Werkzeuge in Unternehmen genommen. In diesem Buch werden Ihnen die systemischen Ansätze beim Thema Kommunikation begegnen (Kap. 4.8).

Aufstellung nach Hellinger

Ein weiteres sehr umstrittenes Beispiel für einen systemischen Ansatz ist die so genannte Aufstellung nach Hellinger. Dieser aus der Familientherapie kommende Ansatz wird inzwischen sogar auf Abteilungen und Unternehmen angewandt. Aufstellungsarbeit ist derzeit ähnlich in Mode wie NLP in den Achtzigerjahren und mindestens genauso umstritten.

Ein zunehmend bedeutender Teil der Psychologie entstand aus verschiedenen Fachgebieten der Biologie, Psychologie und Neurowissenschaften. Die neurowissenschaftliche Revolution wird die Psychologie wahrscheinlich in den nächsten Jahren beherrschen. Fast täglich kommen neue Erkenntnisse zur Funktionsweise unseres Gehirns ans Tageslicht.

1.3.6 Willkommen in der Steinzeit – Neuropsychologie

Warum haben Bücher über das Zuhörverhalten von Männern und die Einparkfähigkeiten von Frauen einen so großen Erfolg? Wahrscheinlich weil wir erleichtert feststellen, dass unsere liebevoll gepflegten Vorurteile über die Macken des anderen Geschlechts nun endlich wissenschaftlich bestätigt werden. In der Tat fördert die Forschung beinahe täglich Erkenntnisse zutage, die vor allem eines bestätigen:

Unser genetisches Programm und damit unsere angelegten Verhaltensweisen haben sich in den letzten einhunderttausend Jahren kaum verändert.

Gerade in schwierigen Situationen werden wir von den ältesten Teilen des Gehirns dominiert

Das ist zwar bedauerlich und politisch nicht korrekt, aber ein Faktum, das es zu respektieren gilt. Es kommt sogar noch schlimmer. Gerade in schwierigen Situationen, zum Beispiel Konflikten am Arbeitsplatz, werden wir von jenem Teil des Gehirns dominiert, den wir noch mit den Sauriern gemein haben. Vielleicht ist das der Grund, weshalb unsere Kinder diese seltsame Vorliebe für die Riesenechsen entwickelt haben. Die Kleinen haben eben ein Gespür für die Verwandtschaft.

Schauen wir uns die Evolutionsgeschichte einmal etwas genauer an.

Vor ca. 65 Millionen Jahren begann der Siegeszug der Säugetiere

Nach dem derzeitigen Stand der Forschung begann die Geschichte des Lebens auf der Erde vor etwa 4,5 Milliarden Jahren. Nach einer Milliarde Jahren entstanden die ersten Bakterien, aus denen nach wieder mehr als einer Milliarde Jahren die ersten Mehrzeller hervorgingen, die so genannten Eukaryoten. Bis zum Quastenflosser, den Sie vielleicht noch aus dem Biologieunterrricht kennen, dauerte es dann immer noch eine lange Zeit. Die ersten Säugetiere entstanden vor ca. 250 Millionen Jahren, spielten allerdings nur eine untergeordnete Rolle. Erst nach dem Aussterben der Saurier vor ca. 65 Millionen Jahren begann der Siegeszug der Säugetiere. Nun entwickelten sich auch die Vorfahren der Primaten und damit unsere Ahnen. Erst vor sieben Millionen Jahren trennte sich die gemeinsame Entwicklungslinie von Affe und Mensch.

Mit dem ersten aufrechten Halbaffen, dem Australopithecus, begann die eigentliche Menschheitsgeschichte. Die ersten Menschen, die schon einfache Werkzeuge benutzten, werden auf etwa 2,5 Millionen Jahre vor unserer Zeit datiert, bis dann der „Homo erectus“, der aufrechte Mensch, von Afrika aus die Welt eroberte. Er lebte wohl so, wie wir uns die „Steinzeit“ vorstellen, baute Hütten, hatte schon Feuer, trug einfache Kleidung und lebte in festen Gruppen.

Wie aus diesen aufrechten Menschen die wissenden Menschen entstanden (Homo sapiens), darüber sind sich die Gelehrten noch uneins. Wahrscheinlich machte sich der afrikanische Homo sapiens irgendwann auf, die Welt zu erkunden. Der moderne sprechende Mensch, der Homo sapiens sapiens, ist erst knapp 100.000 bis 40.000 Jahre alt. Dieser Steinzeitmensch ist übrigens nicht der Neandertaler, der zum geflügelten Wort wurde, sondern stammt vom so genannten Cro-Magnon-Menschen ab, der die Neandertaler verdrängte. Bei dem komplizierten Namen ist es jedoch nicht verwunderlich, dass wir nach wie vor vom Neandertaler sprechen, wenn wir unsere Steinzeitverwandten meinen.

Der moderne sprechende Mensch, der Homo sapiens sapiens, ist erst knapp 100.000 bis 40.000 Jahre alt

Wenn Sie nun diese unendlich lange Zeit der Entwicklung unseres Planeten betrachten und die menschliche Existenz dazu in Beziehung setzen, ergibt sich ein deutliches Bild:

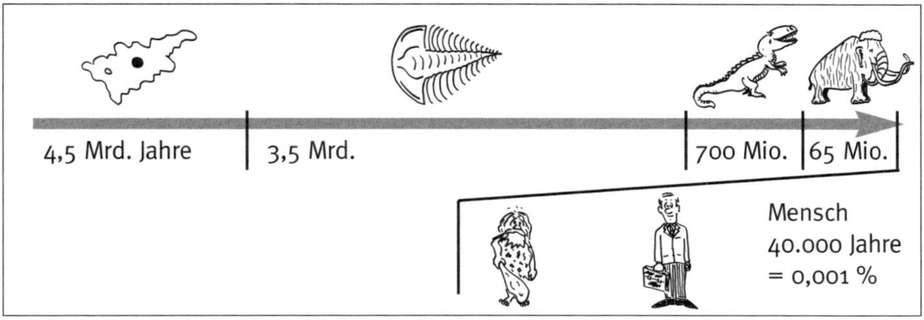

Gemessen an der Gesamtentwicklungsdauer des Lebens von 4,5 Mrd. Jahren, hat der Mensch erst vor einem Tag die Bühne betreten

Der moderne Mensch existiert nur seit 0,001 Prozent der Evolutionszeit. Dennoch, und das ist das für uns Entscheidende, unterliegen wir noch genetischen Programmen, die viel älter sind. So teilen wir etwa mit dem Schimpansen, von dem wir uns entwicklungsgeschichtlich vor etwa sieben Millionen Jahren trennten, noch 98,5 Prozent unseres genetischen Materials. Das ist nicht wirklich ein großer Unterschied.

Wenn sich der Genpool innerhalb von sieben Millionen Jahren lediglich um 1,5 Prozent verändert hat, um wie viel hat er sich dann in den letzten 100.000 bis 40.000 Jahren verändert? Die Antwort lautet: Leider so gut wie gar nicht. Sie können also davon ausgehen, dass Ihr Chef trotz seines edlen Designeranzuges eigentlich genauso gebaut ist wie sein Kollege Häuptling vor 40.000 Jahren.

Wie die moderne Forschung beinahe täglich nachweist, unterliegt unser Verhalten Programmen, die viel urzeitlicher sind, als wir uns das wünschen.

Ihr Chef ist eigentlich genauso gebaut wie sein Kollege Häuptling vor 40.000 Jahren

DIE VORSTELLUNG VOM RATIONALEN MENSCHEN, DER SICH DURCH SEINEN VERSTAND ÜBER ALLES ANDERE LEBEN ERHEBT UND IN DER REGEL RATIONAL ENTSCHEIDET, IST ZWAR SCHMEICHELND, ABER FALSCH.

Die Antwort auf diesen Widerspruch liefert uns die Neuropsychologie. Aus der Kombination von Biologen, Psychologen, Verhaltensbiologen, Endokrinologen etc. ist eine neue Forschungsrichtung entstanden, die das alte Weltbild vom „Vernunftmenschen" auf den Kopf stellt und quasi einen emotionalen Rollback in Gehirnforschung und Psychologie eingeleitet hat. Interessanterweise stellen sich dabei überraschende Korrelationen mit den alten Theorien über das „Unbewusste" und unsere Triebe ein. Wo Freud noch diffus vom „Es" (das ursprünglich von Schopenhauer und Nietzsche stammt) und der Libido sprach, sagen uns die Neuropsychologen nun, um welchen Teil des Gehirns es sich hier handelt. Wagen wir also den Blick unter die Schädeldecke und nutzen die Erkenntnisse der Gehirnforscher für das Überleben im Unternehmensdschungel.

Die drei Gehirne

STAMMHIRN

Das Stammhirn (Reptilienhirn) teilen wir mit den Sauriern und Krokodilen

Die Entwicklung des Gehirns lässt sich gut an der oben beschriebenen Entwicklungsgeschichte illustrieren. Der älteste Teil des Gehirns ist das umgangssprachlich als Reptilienhirn bezeichnete Stammhirn. Diesen Teil teilen wir mit den Sauriern und Krokodilen. In ihm sind unsere Instinkte angelegt, z.B. Territorialverhalten sowie unsere Angriffs- und Fluchtreaktionen im Konfliktfall. Auch einfache Grundfunktionen wie Atmung und Herzschlag werden von hieraus gesteuert. Wenn Sie demnächst sauer reagieren, weil jemand auf Ihrem Firmenparkplatz steht und ihn am liebsten ..., wissen Sie jetzt, welcher Teil des Gehirns für diese Reaktion verantwortlich ist.

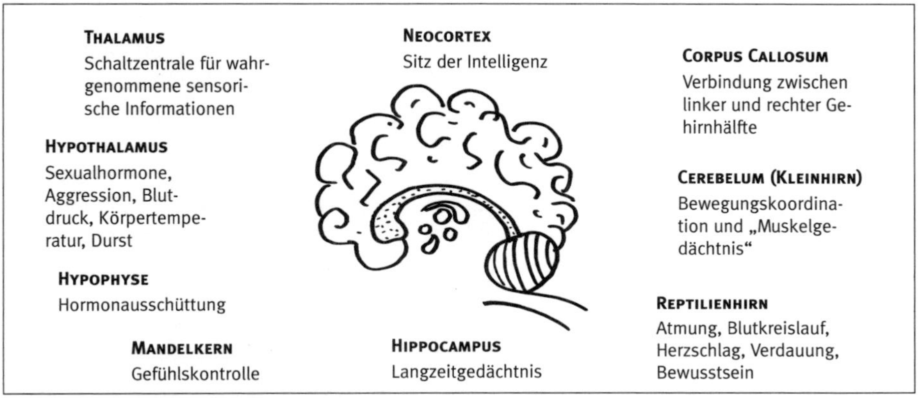

Unterschiedliche Zonen unseres Gehirns steuern unterschiedliche Empfindungen und Funktionen

LIMBISCHES SYSTEM

Mit Entstehung der Säugetiere entwickelte sich das so genannte limbische System. Das Wort limbisch stammt vom Lateinischen Limbus – Kragen ab. Wie ein Kragen liegt das Säugetierhirn um das Stammhirn herum. Das limbische System besteht aus mehreren Teilen, die unterschiedliche Funktionen haben. Besonders wichtig für uns sind Hypothalamus und Mandelkern oder Amygdala. In diesem Teil des Gehirns sitzen offensichtlich unsere Gefühle. Hier wird dafür gesorgt, dass unser Körper sich im Gleichgewicht befindet. Hormonausschüttung, die Grundbedürfnisse Hunger, Durst, Sex und Lust, der Grundumsatz, die Immunfunktion sowie ein wichtiger Teil des Langzeitgedächtnisses, all das wird hier gesteuert. Kein Wunder also, dass manche von der limbischen Revolution in der Forschung sprechen und der Münchner Psychologe Hans-Georg Häusel von „lymbic succes“ spricht und uns empfiehlt, unsere Erfolgsstrategien an der Arbeits- und Wirkungsweise dieses Gehirnteils auszurichten.

Wie ein Kragen liegt das limbische System (Säugetierhirn) um das Stammhirn herum

Das limbische System ist für das Lernen von entscheidender Bedeutung. Wann immer eine Information mit starken Emotionen verbunden ist, behalten Sie sie lange im Gedächtnis. Für das Lernen sind allerdings positive Emotionen wichtig. Nur dann kommt es zu selbstständigen Verknüpfungen mit anderen Informationen. Wenn Ihr Lateinunterricht für Sie besonders unangenehm war und Sie trotz mühsamen Lernens kaum etwas im Langzeitgedächtnis behalten konnten,

Das limbische System ist für das Lernen von entscheidender Bedeutung

liegt es wahrscheinlich an den negativen Emotionen, die über Jahre mit der Aneignung der Informationen verbunden waren.

Fähigkeit zu gruppenbezogenem Verhalten

Während das Reptilienhirn ausschließlich egoistisch denkt, entwickelte sich durch das limbische System die Fähigkeit zu gruppenbezogenem Verhalten.

Krokodile kennen keine liebevolle Aufzucht ihrer Jungen, sie kümmern sich ausschließlich um ihre persönlichen Grundbedürfnisse und fressen gelegentlich auch den eigenen Nachwuchs auf. Unser limbisches System ermöglicht uns ein wirklich differenzierteres Verhalten mit dem Ziel der eigenen Arterhaltung. Unser Denken ist dadurch längerfristig. Gleichzeitig bedarf das Leben in Gruppen wieder komplizierterer Regeln. Am Beispiel der Wölfe ist durch jahrelange Forschung gut dokumentiert, wie das Überleben durch und in der Gruppe funktioniert. Es herrschen klare Hierarchien. Auch die Nachwuchsproduktion erfolgt nicht mehr ungehemmt wie bei den Krokodilen, sondern ist den Alphatieren vorbehalten. Der Status innerhalb der Gruppe ist somit von ausschlaggebender Bedeutung und wird durch feste Rituale und Kämpfe bestimmt.

Welche Rolle spielt nun das limbische System bei uns als moderne Großstadtmenschen? Glaubt man dem oben bereits genannten Hans-Georg Häusel, beeinflusst es uns in nahezu jedweder Beziehung. So ist der Mandelkern für die Bewertung äußerer Reize zuständig. Durch jede Bewertung werden chemische Stoffe, die so genannten Neurotransmitter, freigesetzt, die wir als bewusste Gefühle und Emotionen erleben.

Über unsere Gefühle bestimmt das limbische System zu großen Teilen unser Verhalten

Da unser Verhalten in der überwiegenden Anzahl der Fälle in Übereinstimmung mit unseren Gefühlen erfolgt, bestimmt das limbische System unser Verhalten. Häusel spricht von limbischen Instruktionen, die er in Dominanz, Balance und Stimulanz aufteilt. Dieser Autopilot bestimmt unser Verhalten, wobei die Ausprägung der Einzelfaktoren individuell ist.

Ihr Chef hätte demnach ein limbisches Profil mit einer stark dominanten Ausprägung. Ihre Freundin aus der Werbung, die immer auf der Suche nach neuen Ideen ist und auch in der Freizeit einem Trend nach dem anderen hinterherjagt, ist eher durch die limbische Instruktion Stimulanz geprägt.

Man mag diese Sicht auf menschliches Verhalten mit angemessener Skepsis betrachten, für die Praxis im Beruf ist das Modell jedoch sehr erklärungskräftig, wie wir noch sehen werden.

Nachdem wir den heimlichen Star unter den verschiedenen Gehirnteilen näher beleuchtet haben, wenden wir uns nun dem Stolz der Menschheit zu.

Neocortex

Was uns von anderen Säugetieren unterscheidet, ist das Vorhandensein und die Größe des so genannten Neocortex, der Großhirnrinde. Dieses beim ausgewachsenen Menschen 1,5 Kilogramm schwere Gehirnteil macht uns zu dem, was wir sind. Der Mensch als Intelligenzbestie. Sehen, hören, denken, reden, analysieren, neue Dinge kreieren, all das passiert hier. Hier liegt Ihr im VWL-Grundstudium erworbenes Wissen über das Gesetz vom abnehmenden Grenznutzen.

Die Großhirnrinde – der Neocortex – unterscheidet uns von anderen Säugetieren und ist Sitz der Intelligenz

Der rationale Verstand erhebt uns zwar tatsächlich über die übrigen Bewohner dieses Planeten, doch wozu wir ihn nutzen, welche Entscheidungen wir treffen, scheint von älteren Gehirnteilen dominiert zu werden. Wir haben es also mit einer Art von Gehirnhierarchie zu tun und auch hier haben die Alten das Sagen. So gesehen ist die Trennung von Ratio und Emotio nicht mehr zeitgemäß.

> *Nahezu alle Entscheidungen folgen der im limbischen System angesiedelten emotionalen Vernunft, die auf den uralten Programmen der Evolution beruht.*

Ihr rationaler Verstand gibt Ihnen jedoch die Möglichkeit, diese Mechanismen zu analysieren und zu verstehen. Und genau das ist mit dem Nutzen von psychologischem Wissen im beruflichen Umfeld gemeint. Wer sich selbst kennt und weiß, nach welchen Regeln das Spiel gespielt wird, hat weniger Stress und kann den Lauf der Dinge nach seinem Willen beeinflussen. Schauen wir uns nun das Spiel und die Spielregeln genauer an. Wir beginnen mit einem Blick auf den wichtigsten Spieler: Sie selbst.

Der Nutzen von psychologischem Wissen im beruflichem Umfeld

Fazit

Neben diesen hier beschriebenen großen Strömungen in der Psychologie gibt es noch unzählige Unterteilungen und Verästelungen. Die Grenzen zwischen seriöser Wissenschaft und esoterischen Heilslehren ist dabei fließend. Was nicht automatisch heißt, dass die Esoteriker immer Unrecht hätten. Wir haben uns dennoch auf jene Methoden konzentriert, die zumindest auf eine wissenschaftliche Basis oder auf erwiesene Ergebnisse verweisen können. Akademische Streitigkeiten können wir getrost den Fachleuten überlassen.

Die folgende Aufstellung von Methoden, Schulen und Ansätzen ist daher bewusst selektiv, wissenschaftlich unsystematisch, dafür aber sehr praktisch. Wir bekennen uns zum vorsätzlichen Eklektizismus.

2 Die Psychologie der Persönlichkeit

2.1 Freud und der Eisberg

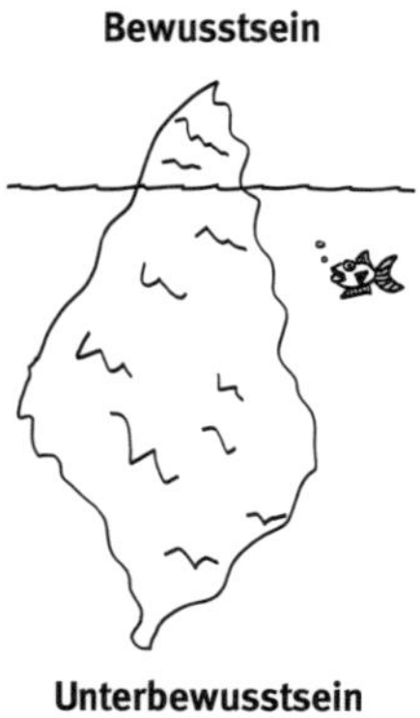

Die Metapher vom Eisberg: 6/7 unserer Vollzüge sind unbewusst

Wahrscheinlich kennen Sie die berühmte Geschichte von Freud und seiner Metapher vom Eisberg. Nur 1/7 des Eisberges ist über Wasser sichtbar, der größere Teil von 6/7 ist unter Wasser. Genauso verhält es sich mit unserem Bewusstsein und dem Unterbewusstsein. Der größte Teil ist unbewusst. Dies gilt auch für Ihre Verhaltensweisen. Wenn Sie in Ihr Schlafzimmer gehen, wissen Sie ganz genau, wo der Lichtschalter ist: links oder rechts. Das alles geschieht unbewusst. Sie müssen sich nicht mehr darauf konzentrieren. Beim Autofahren müssen Sie sich nicht mehr die Schaltung vor Augen führen, weil dieser Vorgang mittlerweile in das Repertoire Ihrer unbewussten Verhaltensweisen Eingang gefunden hat. Er wurde „automatisiert".

Der Mensch ist ein Gewohnheitstier

Dies ist auf der einen Seite ein großer Vorteil. Müssten wir uns auf alles bewusst konzentrieren, würden wir nur einen Bruchteil der Produktivität entwickeln, die wir tatsächlich haben. Andererseits steckt darin auch eine große Gefahr. Denn wir sind ein Bündel an unbewussten Verhaltensweisen. Dinge, die wir regelmäßig getan haben, werden zu einer unbewussten Gewohnheit. Der Mensch ist ein Gewohnheitstier. Wenn Sie Dinge verändern wollen, müssen Sie zunächst erst einmal Ihr Bewusstsein wieder einschalten und Ihre unbewussten Denk- und Verhaltensweisen einer eingehenden Analyse unterziehen.

2.2 Konflikt – Frustration – Neurose

Von Josef Beuys stammt der Satz, dass jeder Mensch ein Künstler ist. Wenn Sie an Ihren eigenen Fähigkeiten in dieser Hinsicht gelegentlich gezweifelt haben, so können wir in abgewandelter Form zumindest sagen, dass in jedem Menschen auch ein Psychologe steckt. Ein bisschen Westentaschenpsychologie nutzen die meisten von uns. Jedes Mal, wenn Sie sich fragen, warum jemand in irgendeiner Hinsicht handelt, oder Sie selbst frustriert sind, weil Ihre Erwartungen nicht erfüllt wurden, betätigen Sie sich als Hobbypsychologe.

In jedem Menschen steckt ein Psychologe

2.2.1 Jeder Mensch ist ein Psychologe

Wenn Sie sich fragen, warum verhalte ich mich auf eine bestimmte Art und Weise, interessieren Sie sich für psychologische Zusammenhänge. Je besser Sie sich selbst verstehen und das Verhalten anderer Menschen erklären können, vielleicht sogar antizipieren, umso größer sind Ihre Erfolgsaussichten. Nicht nur im Beruf, auch im Privatleben. Vielleicht standen Sie schon einmal an dem Punkt, an dem diese Menschenkenntnis getäuscht wurde. In dem Moment, wo wir mit uns selbst oder unserer Umwelt nicht im Reinen sind, erleben wir einen Konflikt. Dieser Konflikt führt nicht selten zur Frustration. Sowohl der Konflikt als auch die daraus folgende Frustration gehören zum menschlichen Leben.

Eigenes Verhalten verstehen und das anderer erklären können

Wie wir am Beispiel der Gehirnforschung (Kap. 1.3.6) gesehen haben, ist das ursprüngliche Programm des Steinzeitmenschen auf Angriff, Flucht oder Verteidigung festgelegt. Das ist heute auch noch so. Doch leider ist genau dieses Verhalten in vielen Situationen unangemessen. Die eigentlich vorhandene Tendenz zur Aggression oder Flucht wird verdrängt oder kanalisiert. Dies gilt sowohl im Privat- als auch im Berufsleben. Sie sind sauer auf einen Kollegen, aber Sie werden ihn wahrscheinlich deshalb nicht gleich tätlich angreifen. Bleibt die Frage, wohin mit der vorhandenen Aggression.

Die vorhandene Tendenz zur Aggression oder Flucht wird verdrängt oder kanalisiert

Die Psychologen sprechen hier von so genannter beherrschter oder aufgestauter Aggression. Wenn Sie bei Ihrer nächsten Besprechung einmal genau hinschauen, können Sie die körperlichen Anzeichen dieser aufgestauten Aggression deutlich beobachten. Während der Mensch früher seinen Gegner gebissen hat, beißen die Kollegen heute auf die eigenen Lippen. Rötungen im Gesicht, geballte Fäuste,

Beherrschte oder aufgestauter Aggression

aggressive Handbewegungen mit dem Stift in der Hand ... letztendlich genauso wie damals in der Steinzeit.

2.2.2 Aggressionen und Frustration

Aufgestaute Aggressionen führen zu Frustrationen, dauerhafte Frustrationen zu Stress, permanenter Stress zu so genannten Neurosen. Spätestens seit Woody Allen wissen wir, dass wir alle neurotisch sind.

Zwanghaftes Verhalten

Unter neurotischem Verhalten verstehen die Psychologen alles was zwanghaft ist und von der Norm abweicht. Dazu können die unterschiedlichsten Verhaltensweisen zählen: Vom permanenten Waschzwang, der bei der Arbeit seltener zu beobachten ist, bis zum übertriebenen Ordnungswahn, Humorlosigkeit und Kontrollwahn. So unterschiedlich die neurotischen Tendenzen im Einzelnen sind, so haben sie doch gemeinsam, dass der neurotische Mensch selten die Ursache bei sich selber sucht. Eher das Gegenteil ist der Fall: Die Umgebung wird als merkwürdig und nicht normal bezeichnet.

Psychosomatische Symptome

Die nächste Stufe der Entwicklung ist dann oft die Herausbildung psychosomatischer Symptome: Kopfschmerzen, Magenreizungen, Kreislaufstörung etc. Meistens liegt eine psychische Ursache zugrunde. Manche Ärzte neigen zu der Ansicht, dass nahezu 90 Prozent aller Krankheiten psychischen Ursprungs sind. Und laut einer wissenschaftlichen Untersuchung sind bis zu 40 Prozent aller Führungskräfte in Deutschland als neurotisch anzusehen. Wenn Sie in einem größeren Unternehmen arbeiten, werden Ihnen wahrscheinlich auf Anhieb mehrere Personen einfallen von denen Sie sicher sind, dass sie neurotisch veranlagt sind.

Wenn die Ursache allen Übels die Frustration, also die enttäuschte Erwartung ist, liegt die Lösung auf der Hand: Wer nichts erwartet, kann auch nicht enttäuscht werden. Mal abgesehen davon, dass ein solches Leben möglicherweise langweilig wäre, gelingt es auch den wenigsten Menschen, tatsächlich ohne Erwartung zu sein. Da Sie dieses Buch zum Thema Psychologie im Berufsleben erworben haben, nehmen wir einmal an, dass Sie sich noch nicht im Stadium eines Gurus befinden und insofern noch Erwartungen haben, die auch enttäuscht werden können.

Werfen wir daher einen Blick auf das Thema Motivation und Motiv.

2.2.3 Motivation und Motiv

Was sind Ihre Erwartungen und Bedürfnisse, die immer wieder enttäuscht werden? Nichts ist schwerer zu ertragen, als eine Reihe von guten Tagen, heißt es in einem berühmten Sprichwort. Irgendetwas macht uns unzufrieden und diese Unzufriedenheit ist meistens der Beginn einer Veränderung. Wären wir stets mit unserem Zustand zufrieden gewesen, würden wir uns wahrscheinlich noch heute von Baum zu Baum hangeln. Von Beginn an bestand daher ein wesentlicher Zweig der psychologischen Forschung in der Untersuchung der unterschiedlichen Motive. Was treibt den Menschen an?

Unzufriedenheit ist meistens der Beginn einer Veränderung

Grundsätzlich stehen sich zwei Auffassungen gegenüber: Die eine, vertreten von Freud, Adler und anderen, geht davon aus, dass es jeweils ein Grundmotiv gebe, dass allen menschlichen Handlungen zugrunde liegt. Bei Freud war es die sexuelle Motivation, bei Adler das Streben nach Macht und Geltung. Irgendwann dämmerte es jedoch einigen Experten, dass diese Sicht möglicherweise etwas zu vereinfachend ist und so entstand die Idee von mehreren Grundmotiven. Bekanntester Vertreter dieser Richtung ist der bereits erwähnte Abraham Maslow (Kap. 1.3.4) mit seiner Bedürfnispyramide.

Ein dominierendes Motiv oder mehrere Grundmotive

Heutzutage sind die Vertreter des Pluralismus in der Motivforschung eindeutig in der Überzahl. Dies hat dazu geführt, dass mittlerweile mehrere hundert unterschiedliche Motive genannt und erforscht werden, womit die Übersichtlichkeit natürlich gänzlich verloren gegangen ist. Da Maslow lediglich von fünf Motiven spricht, wird er vermutlich genau deshalb im beruflichen Kontext immer noch gerne zitiert.

Die Bedürfnispyramide von Abraham Maslow geht von fünf Grundbedürfnissen aus

Das besondere an Maslows Argumentation ist, dass er behauptet, ein Motiv folge immer erst dann, wenn das andere darunterliegende erfüllt sei. *„Wer nichts zu essen hat, interessiert sich nicht für Selbstverwirklichung“* oder *„Erst das Fressen, dann die Moral“*. Dies klingt auf den ersten Blick überzeugend, wird aber heute von den meisten Forschern bezweifelt. Wäre die Selbsterhaltung tatsächlich das wichtigste und oberste Motiv, wird hier gerne angeführt, könne der Mensch z.B. nicht zu Selbstmord in der Lage sein. Ob Maslow selbst diese Begründung überzeugt hätte, erscheint fraglich. In jedem Falle scheint es lohnenswert, sich mit den so genannten fünf Grundmotivationen oder -motiven zu befassen, die bei Menschen besonders häufig anzutreffen sind.

Die fünf Grundmotive und ihre Persönlichkeitsausprägung

Streben nach sozialer Anerkennung

Prestigegewinn ist Grundmotiv des Verhaltens

Die erste Grundmotivation ist das Streben nach sozialer Anerkennung oder auch Geltungsdrang. Menschen, bei denen diese Grundmotivation besonders stark ausgeprägt ist, streben tendenziell danach, der Erste in der Gruppe zu sein, den Ton anzugeben. Solche Menschen fallen gerne auf, spielen sich in den Mittelpunkt, folgen als erste modischen Trends, um besonders aufzufallen. Einen solchen Menschen zu motivieren ist eigentlich relativ einfach. Immer dann, wenn er einen Prestigegewinn mit einem Verhalten verbindet, wird er dieses Verhalten übernehmen. Für den Anerkennungsmotivierten ist das Neue sofort interessant. Vielleicht kennen Sie jemanden in Ihrem Umfeld, der immer der Erste ist und neue Trends als erster aufnimmt.

Streben nach Sicherheit

Veränderungen und Risiken werden nach Möglichkeit vermieden

Die zweite Grundmotivation ist das Streben nach Sicherheit und Geborgenheit. Ziemlich das genaue Gegenteil zur erstgenannten Motivation. Für einen solchen Menschen ist Veränderung und Risiko das größte Unglück. Jede Führungskraft kennt Menschen dieses Schlags, denn sie sind es, die Veränderung im Unternehmen besonders schwierig machen. In einer Welt, die sich immer schneller zu verändern scheint, streben immer mehr Menschen nach Einfachheit, Geborgenheit und Sicherheit. Es zeigt sich immer dann, wenn versucht wird, mit einfachen Begrifflichkeiten, schnellen Patentrezepten schwierige Zusammenhänge zu erklären. Während der Anerkennungsmotivierte gern nach vorn schaut, blickt der Sicherheitsmotivierte gern zurück: *„Früher war alles doch noch besser."*

Streben nach Vertrauen und Zuwendung

Die Aufrechterhaltung vertrauensvoller Beziehungen hat oberste Priorität

Das dritte Grundmotiv ist das Streben nach Vertrauen und Zuwendung von anderen Menschen. Herzlichen Glückwunsch, wenn Sie mit einem Partner zusammenleben, der auf diese Art und Weise motiviert ist. Dieser Mensch wird vieles akzeptieren, weil die Aufrechterhaltung der vertrauensvollen Beziehung für ihn oberste Priorität hat. Er wird vieles Ihnen zuliebe tun. Und wahrscheinlich kennen Sie solche Menschen auch in Ihrem Arbeitsumfeld. In jeder Abteilung gibt es meistens die Babsi oder den Joschi, einen liebevollen Kümmerer, der gerne und stets für andere da ist.

Streben nach Selbstachtung

Das vierte Grundmotiv ist das Streben nach Selbstachtung, das sich häufig in der Übereinstimmung mit Werten, Normen und Regeln ausdrückt. Solche Menschen legen großen Wert darauf, dass einmal vereinbarte Regeln auch tatsächlich eingehalten werden. Sie sind möglicherweise immer pünktlich und halten sich an Spielregeln. Das kann einerseits sehr angenehm sein, mündet aber andererseits nicht selten in übertriebenem Ordnungswahn und der Neigung zum Perfektionismus. Solche Menschen tummeln sich im Unternehmen gerne als Qualitätsbeauftragte oder Gralshüter des Corporate Designs. Hier wird die Norm sehr schnell zum Selbstzweck, über die nicht diskutiert werden kann. Nicht der Sinn einer ursprünglichen Regel steht dann im Vordergrund, sondern die Regel an sich. Solcherlei pflicht- und disziplinfanatische Menschen sind logischerweise nicht immer besonders glücklich und zufrieden: Der hohe moralische Anspruch, die permanente Überforderung führt zum Scheitern. Dies mündet nicht selten in Pessimismus oder Zynismus. In der Kommunikation mit solchen Menschen kommt es darauf an, auf Exaktheit zu achten, Termine einzuhalten und Details parat zu haben. Untersuchungen zufolge ist der Anteil der Neurotiker in dieser Gruppe signifikant höher.

Die Übereinstimmung mit Werten, Normen und Regeln ist wichtig

Streben nach Unabhängigkeit und Eigenverantwortung

Das Gegenstück zu dieser Art von motivierten Menschen bildet der fünfte Typ, dessen stärkstes Grundmotiv das Streben nach Unabhängigkeit und Eigenverantwortung ist. Diese Menschen streben gern nach Verantwortung, weil sie darin eine Möglichkeit sehen, ihre eigenen Ziele und Wünsche zu verwirklichen. Wenn Sie sich Ihren eigenen Chef aussuchen können, sorgen Sie dafür, dass das Motiv Nr. 5 bei ihm besonders stark ausgeprägt ist. Im Gegensatz zum Typ 1 Motivierten, der nur um seiner eigenen Anerkennung willen handelt, strebt der Typ 5 Motivierte auch nach positiver Verantwortung für andere. Er wird sich zwar möglicherweise mit der Sache voll identifizieren, aber nicht komplett darin aufgehen, d.h. eine gewisse Unabhängigkeit behalten.

Primat des Handelns ist die Realisierung eigener Wünsche und Ziele

Wichtig bei all diesen Grundmotiven ist: sie treten nicht einzeln auf, sondern alle zusammen, sind unterschiedlich stark ausgeprägt und können sich verändern.

Motiv und Motivieren

Wie steht es nun mit der immer wieder postulierten Forderung, das Unternehmen müsse die Mitarbeiter motivieren? Das Thema Mitarbeitermotivation füllt wahrscheinlich ganze Regale in den psychologischen und betriebswirtschaftlichen Fachbibliotheken.

Intrinsische und extrinsische Motivation

In deutschen Hörsälen und Führungskräftetrainings wird gerne Friedrich Herzberg zitiert. Dieser entwickelte die Theorie der intrinsischen und extrinsischen Motivation. Wenn Sie intrinsisch motiviert sind, tun Sie eine Sache aus sich selbst heraus. Extrinsisch motiviert zu sein bedeutet dagegen, in einem Handeln das Mittel für einen außerhalb dieses Handelns liegenden Zweck zu sehen. Kurz und knapp: Sie tun etwas nicht um der Sache selbst willen, sondern wegen eines Vorteils oder einer Belohnung, zum Beispiel Geld oder Anerkennung.

Intrinsisch motivierte Menschen erleben ihre Arbeit als sinnvoll und befriedigend

Vielleicht kennen Sie Menschen, die in ihrer Tätigkeit absolut aufgehen und die sich niemals die Frage nach einer angemessenen Belohnung dafür stellen. Der ungarisch stämmige amerikanische Psychologe Mihaly Csikszentmihalyi untersucht seit mehr als dreißig Jahren den Unterschied zwischen Menschen, die ihre Arbeit gerne machen und solchen, die sich täglich mühsam zur Arbeit schleppen. Seine nicht wirklich überraschende Erkenntnis: Wenn Talent, persönliche Vorlieben und die aktuelle Tätigkeit übereinstimmen, ist der Mensch zu wahren Spitzenleistungen in der Lage und empfindet diese kaum als Arbeit. Kurz, er hat das gefunden, was man altmodisch auch Berufung nennt.

Unglücklicherweise kann sich nun eine ehemals intrinsische Motivation auch in eine extrinsische verwandeln; beispielsweise wenn man aus einem Hobby, dem man mit Freude freiwillig frönt, einen Beruf macht, mit dem man sein Geld verdienen muss.

Was bedeutet das für Sie selbst als Mitarbeiter oder Führungskraft? Die größte Aussicht auf ein erfülltes Berufsleben haben Sie persönlich dort, wo Ihre Neigungen und Talente gefragt sind und Ihren Aufgaben entsprechen. Und wenn Sie

Menschen führen, sollten Sie herausfinden, wo Sie Ihre Stärken haben und was Sie gerne tun. Unser Tipp:

> *FRAGEN SIE IHRE MITARBEITER DOCH EINFACH EINMAL GANZ DIREKT, WAS SIE ALS MOTIVIEREND EMPFINDEN.*

Dann werden Sie wieder einmal erstaunt feststellen, wie verschieden die Menschen sind. Auch beim Thema Motivation gilt daher das Motto vom Alten Fritz, wonach jeder nach seiner Fasson selig werden möge.

2.3 Exkurs: Wie die Werbung ein Schnitzel verkauft oder der Bauch des Psychomonsters

Eine Frage, die sämtliche Schulen der Psychologie (Kap. 1.3) gleichermaßen beschäftigt, ist die nach dem Warum menschlicher Entscheidungen und Verhaltensweisen. Wenngleich wir glauben, dass wir uns rational und auf Fakten gestützt verhalten, so belehrt uns spätestens die Neuropsychologie eines besseren (Kap. 1.3.6). Der Mensch ist ein Psychomonster, dominiert von Affekten und dem limbischen Autopiloten. Mittlerweile streiten die Gehirnforscher nur noch darüber, in wie vielen Millisekunden eine durch Instinkt und Gefühle dominierte Entscheidung nachträglich rationalisiert wird.

Werbebotschaften appellieren nicht an Ihren Verstand, sondern an Ihre Gefühle

Ist Ihnen schon einmal aufgefallen, dass Unternehmen Milliarden für Werbung ausgeben, um Ihre Kaufentscheidung zu beeinflussen? Selbstverständlich ist Ihnen das aufgefallen. Den ganzen Tag werden Sie mit Werbebotschaften bombardiert. Appellieren diese Botschaften an Ihren rationalen Verstand oder an Ihre Gefühle?

Wenn Sie beispielsweise zum Kauf einer Soßenmischung animiert werden sollen, lautet die Werbebotschaft dann *„125 Gramm Fertigsoße aus 23 natürlichen Zutaten und 12 naturidentischen Zusatzstoffen inkl. Geschmacksverstärker für 1,39 Euro“?* Wohl kaum. Im Gegenteil. Sie sehen vielmehr eine Geschichte, die mit der Fertigsoße gar nichts zu tun hat. Man entführt Sie in Ihre eigene Kindheit. An einem sonnigen Herbsttag spielen Sie mit anderen Kindern im Garten und haben gar nicht gemerkt, wie die Zeit vergeht. Erst als sich das Küchenfenster öffnet und eine vertraute Stimme *„Mittagessen!“* ruft, spüren Sie das Loch im Bauch und rennen zur

Haustür. Schon im Flur riechen Sie den köstlichen Duft aus der Küche. In ihrer Kittelschürze steht Mutter am Herd, in der Pfanne die goldbraunen Schnitzel und daneben die leckere Soße ...

Wie wird mehr Soße verkauft, mit Fakten, Fakten, Fakten für 1,39 Euro oder mit der Mutter-am-Herd-heile-Welt-Familiengeschichte? Und genauso funktioniert die Beeinflussung auch in allen anderen Bereichen. Auch Autos werden nur scheinbar mit Fakten verkauft. Eben noch sahen Sie Ihr Traumauto eine einsame Serpentinenstrecke entlang gleiten, eine rassige Schönheit auf dem Beifahrersitz schmachtend, nun stehen Sie im Stau und neben Ihnen sitzt Ihre Schwiegermutter.

Wenn Sie Ideen verkaufen wollen, Menschen beeinflussen möchten, verpacken Sie Ihre Inhalte in emotionale Geschichten.

Auch scheinbar rationale Handlungen sind unbewusst und emotional fundiert

Und glauben Sie ja nicht, irgend jemand in Ihrem Unternehmen handele nur auf Basis seines rationalen Verstandes. Die Rationalisierung unserer unbewusst getroffenen Entscheidungen erfolgt nur so schnell, dass wir fälschlicherweise annehmen, es handele sich auch um eine rationale Entscheidung.

Fertigsoßen werden übrigens mit einer Spur Vanillepulver versehen, die Sie nicht bewusst schmecken können und auch gar nicht sollen. Aber die Zielgruppe der heute Zwanzig- bis Vierzigjährigen ist als Baby zum größten Teil mit Fertigmilch und Fertigbrei mit Vanillegeschmack gefüttert worden. Ihr Unterbewusstsein reagiert auf die Begegnung mit diesem Geschmacksstoff aus der frühen Kindheit mit einer eindeutigen Botschaft: „*Lecker, Kaufen!*“

2.4 Selbstbild – Selbstkonzept – Selbstideal

Selbstbild – Fremdbild

Kennen Sie sich selbst? Wenn Sie diese Frage mit Ja beantworten, bezieht sich das auf Ihr Selbstbild. Wie und wer Sie wirklich sind, weiß genau genommen niemand. Andere haben nämlich ein anderes Bild von Ihnen. Das Fremdbild, das Ihr

Chef von Ihnen hat, wird dem Ihres Lebenspartners wahrscheinlich in einigen Punkten deutlich widersprechen.

Wer wenig Rückmeldungen von seiner Umwelt erhält, ob gewollt oder nicht, dessen eigene Wahrnehmung weicht möglicherweise stark vom Bild ab, das seine Mitmenschen von ihm haben. Dies ist der Grund, weshalb für manche Führungskraft die Beurteilung durch die eigenen Mitarbeiter zum persönlichen Waterloo gerät. Damit Sie nicht auch dieses Schicksal erleiden, sollten Sie sich erstens mit Ihrem Selbstbild auseinander setzen und zweitens regelmäßig Feedback von unterschiedlichen Personen einholen. Dies ist der erste Schritt auf dem Weg zur erfolgreichen Persönlichskeitsentwicklung.

ÜBUNG: Wer Sie wirklich sind, weiß genau genommen niemand. Um die Übereinstimung zwischen Selbst- und Fremdbild zu testen, skizzieren Sie sich so, wie Sie sich selbst sehen (wenn Sie nicht gut zeichnen können, ruhig auch überzeichnet als Karikatur, das ist leichter) und bitten Sie andere, Sie so zu skizzieren, wie diese Sie sehen.

Wie bin ich?!

So sehe ich mich! (Selbstbild)

So sehen mich die anderen! (Fremdbild)

Selbstkonzept

Ihr Selbstbild bildet zusammen mit Ihrem Selbstideal die beiden Säulen des Selbstkonzeptes. Dies entwickelt sich aus der Summe aller Überzeugungen und Glaubenssätze Ihrer eigenen Person. Wie der Name schon sagt, umfasst das Selbstideal die Projektion all Ihrer Wünsche an die eigene Persönlichkeit. Wer möchten und könnten Sie sein? Wird die Differenz zwischen dem morgendlichen Blick in den Spiegel und dem Selbstideal zu stark, sinkt Ihr Selbstwertgefühl (SWG). Damit wären wir bei einem der nächsten zentralen Begriffe angelangt, die bei der psychologischen Nabelschau nicht fehlen dürfen.

Selbstwertgefühl (SWG)

Mit dem Selbstwertgefühl beschäftigt sich ein eigener Zweig der Psychologie. In den USA gibt es sogar eine von Psychologen gegründete Nationale Gesellschaft für das Selbstwertgefühl. Was meinen wir, wenn wir Selbswertgefühl sagen? Es ist der Wert, den Sie sich gerade geben und der ein positives oder negatives Gefühl bei Ihnen auslöst. Grundsätzlich kann man sagen, dass alles was ein Mensch tut, zur Pflege, zum

Fast alle psychischen Probleme lassen sich auf ein Selbstwertgefühldefizit zurückführen

Erhalt und zur Steigerung des eigenen Selbstwertgefühls dienen soll. Beinahe alle psychischen Probleme lassen sich auf ein Selbstwertgefühldefizit zurückführen.

Wenn das Selbstwertgefühl nicht statisch, sondern variabel ist, bleibt die Frage, wovon es abhängt. Die folgende Grafik zeigt ein pragmatisches Modell des Selbstwertgefühls mit sechs Einflussfaktoren. Ihr Selbstwertgefühl hängt einerseits davon ab, ob Sie sich selbst mit diesen Konstanten in Einklang und Übereinstimmung fühlen und andererseits, ob Sie von anderen entsprechend Ihrer individuellen Disposition anerkannt werden oder nicht.

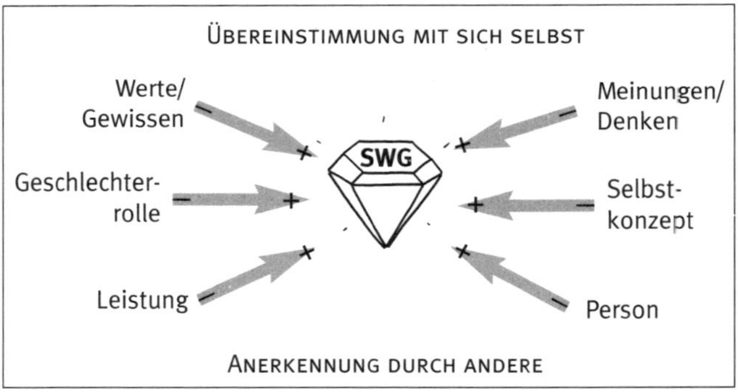

Konstanten, an denen sich Ihr Selbstwertgefühl immer neu misst (Auf den Pfeilen können Sie zwischen dem Plus- und dem Minuszeichen den jeweiligen Grad der Übereinstimmung/Anerkennung markieren)

Werte und Gewissen

Was Freud etwas kompliziert das Über-Ich nannte, bezeichnet der Volksmund ganz einfach als Gewissen. Haben Sie eines? Wenn ja, worin besteht es und woher haben Sie es? Das Gewissen ist jene innere Stimme, die Ihnen sagt, was gut und richtig ist. Dieses Wertesystem wurde Ihnen nach der Geburt mit viel Mühe von Ihren Eltern und weiteren Bezugspersonen durch Erziehung antrainiert. Wenn Sie etwas tun, was Ihrem Wertesystem widerspricht, sinkt Ihr Selbstwertgefühl.

Wenn Sie etwas tun, was Ihrem Wertesystem widerspricht, sinkt Ihr Selbstwertgefühl

Wenn bei Ihnen z.B. noch Reste christlicher Erziehung wirken und Sie den vor Weihnachten so plötzlich inflationär auftauchenden Spendenaufforderungen nachkommen, tun Sie dies in erster Linie aus psychohygienischen Gründen. Halten Sie dagegen aufgrund Ihres nach wie vor präsenten jungsozialistischen Engagements Verkaufen für eine moderne Form der Wegelagerei und kommt Ihr Chef aufgrund Ihres rhetorischen Talents auf die – leider nur theoretisch – geniale Idee, Sie mit dem Aufbau des Neukundengeschäfts zu betrauen, haben zunächst Sie und hat auch Ihre Firma bald ein Problem. Die neue Tätigkeit verlangt von Ihnen nämlich einen permanenten Verstoß gegen Ihre Werte und Überzeugungen (*„Wenn ich verkaufe, muss ich andere über den Tisch ziehen, das gehört sich nicht ...“).* Ihr Selbstwertgefühl wird dementsprechend sinken, was leicht zu erahnende Auswirkungen auf Ihren Erfolg haben wird.

Wenn Sie sich schon einmal ertappt haben, wie Sie ein besonders typisches Exemplar der Gattung Gebrauchtwagenhändler aufgefordert haben, er solle sich für sein Handeln schämen, dann wissen Sie jetzt, warum er genau das nicht tun wird. Würde er sich nämlich schämen, könnte er den Job nicht machen. Das, was Sie bei ihm vermissen, ist also genau das, was ihn erfolgreich macht. Er handelt also nicht ohne Gewissen, sondern nur mit einem anderen!

Meinungen und Denken

Der zweite Faktor der Übereinstimmung betrifft die Meinungen – unser Denken. Immer wenn wir auf Menschen treffen, die unsere Meinung teilen, steigt unser Selbstwertgefühl. Das ist der Grund, weshalb ein eben noch gehetzter, nie Zeit habender Dr. Wichtig plötzlich alle Zeit der Welt hat, wenn Sie auf gemeinsame Themen stoßen. Hier klettert das Selbstwertbarometer ein paar Zähler nach oben. Das fühlt sich gut an.

Menschen, die unsere Meinung bestätigen, steigern unser Selbstwertgefühl (und umgekehrt)

Selbstkonzept

Wenn Sie schließlich noch Ihr Selbstkonzept bestätigt finden, steht Ihrem Erfolg nichts mehr im Wege. Rückmeldungen jedoch, die das eigene Selbstkonzept in Frage stellen, verunsichern uns und schwächen das Selbstwertgefühl. Dies sogar dann, wenn der andere seine Bemerkungen in bester positiver Absicht macht und sogar direkt positive Dinge anspricht.

Negative Rückmeldungen zu unserem Selbstwertgefühl verunsichern uns

Testen Sie einmal, wie ein Mensch reagiert, wenn Sie ihm ein Kompliment in einer Sache machen, die laut seinem Selbstbild nicht zu seinen Talenten zählt. Er wird zunächst abstreiten, vielleicht sogar abweisend oder gereizt reagieren. Erst wenn er Ihr Fremdbild zum Bestandteil seines neuen eigenen Selbstbildes und damit seines Selbstkonzeptes gemacht hat, stärkt Ihre Aussage sein Selbstwertgefühl.

Zufriedenheit mit Ihrem Körper und Ihrem Aussehen

Wichtiger Faktor eines gesunden Selbstwertgefühls ist auch die Zufriedenheit mit Körper und Aussehen. Ganze Industrien leben davon, unser hier angekratztes Selbstwertgefühl durch erfolgreiche Diätprogramme wieder anzuheben.

Person

Anerkennung um seiner selbst willen

Glücklich darf sich derjenige schätzen, der wenigstens Menschen hat, die ihm nur um seiner selbst willen Anerkennung zollen. Ich akzeptiere dich so wie du bist, unabhängig davon ob du etwas leistest oder nicht. Diese Form der Anerkennung ist im beruflichen Kontext leider nur schwer zu erhalten. Wenn Sie aber das Gefühl haben, dass Ihr Chef Sie als Mensch schätzt, können Sie mit Kritik in der Sache besser umgehen.

Leistung

Jede Kritik an der Leistung sollte mit der Wertschätzung der Person gekoppelt werden

Auch unsere Leistung beeinflusst unser Selbstwertgefühl maßgeblich. Was so banal scheint, ist leider nicht selbstverständlich. In jeder Mitarbeiterbefragung taucht das Thema „fehlende Anerkennung“ unter den Top Drei der genannten Missstände auf. Führungskräfte haben durch ihre Funktion das Problem, das Selbstwertgefühl ihrer Mitarbeiter quasi von Amts wegen zu beschädigen. Jede Kritik an der Leistung schwächt das Selbstwertgefühl und sollte daher zumindest mit der Wertschätzung der Person gekoppelt werden.

Geschlechterrolle

Verletzungen der Geschlechterrolle sind besonders schwer wiegend

Wie wir oben bereits gesehen haben, handelt es sich bei den modernen Menschen gewissermaßen immer noch um einen Steinzeitmenschen in Nadelstreifen (Kap. 1.3.6). Aus diesem Grund benötigen wir auch immer noch die spezielle Anerkennung für unsere Geschlechterrolle. Die Anerkennung als Mann und Frau ist besonders sensibel. Verletzungen in diesem Bereich sind nur schwer zu reparieren. Wer schon einmal unglücklich verliebt war, weiß wie es sich anfühlt, zum falschen Zeitpunkt zum guten Freund erklärt zu werden. Da nützt es auch nichts, dass Sie gerade viel Anerkennung als Mensch erhalten haben. Ihr Selbstwertgefühl sinkt in den Keller. Was bedeutet das im Beruf? Gehen Sie äußerst sensibel mit den Themen Männlichkeit und Weiblichkeit um.

Fazit

Ausgangspunkt unserer Überlegungen zum Selbstwertgefühl war die Einsicht, dass alles, was ein Mensch tut, dazu dient sein Selbstwertgefühl zu erhalten, zu pflegen und zu fördern. Grundsätzlich lässt sich also Folgendes festhalten:

> *Wenn Sie das Selbstwertgefühl eines Menschen angreifen, leiden Beziehung und Kommunikation. Wenn Sie dagegen das Selbstwertgefühl anderer Menschen fördern, haben Sie Macht.*

Wofür entscheiden Sie sich? Bleibt die Frage, wie es um Ihr eigenes Selbstwertgefühl bestellt ist. Vergegenwärtigen Sie sich Ihr aktuelles Selbstwertgefühl mithilfe der oben vorgestellten Grafik zu den Konstanten des Selbstwertgefühls und behalten dies ein oder zwei Wochen lang zweimal täglich bei. Sie werden sehen, dass allein schon die bewusste Beschäftigung mit Ihrem Selbstwertgefühl eine Veränderung bewirkt.

2.5 Emotionale Intelligenz und ihre Bedeutung im Beruf

Wenn früher von Intelligenz die Rede war, meinte man damit vor allem die logisch-mathematische Intelligenz, die mit dem berühmten Intelligenztest von Alfred Binet gemessen wurde. Spätestens mit dem gleichnamigen Bestseller des Amerikaners Daniel Goleman wissen wir, dass die sog. „emotionale Intelligenz" für Ihren Erfolg im Berufsleben eine weitaus größere Bedeutung hat. Die emotionale Intelligenz beschreibt eine Vielzahl von Eigenschaften wie etwa die Fähigkeit, die eigenen Gefühle wahrzunehmen und zu steuern, sich in andere Menschen einzufühlen und Situationen und Menschen angemessen zu antizipieren, um daraus Schlussfolgerungen für das eigene Handeln abzuleiten.

Fähigkeit, die eigenen Gefühle wahrzunehmen und sich in andere Menschen einzufühlen

Gebildete Menschen nannten dies unter Berufung auf Goethe früher „Herzensbildung". Gerade daran mangelt es oft jenen Personen, die in dem alten Intelligenztest besonders gut abgeschnitten haben.

Zur emotionalen Intelligenz gehört die Fähigkeit, mit dem Erbe unserer Steinzeitvorfahren angemessen umzugehen. Wenn Sie unter Stress sofort auf das uns bekannte Programm

Angriff oder Flucht zurückgreifen, ist Ihre emotionale Intelligenz eher als gering einzustufen. Ein typisches Beispiel dafür ist das, was wir unter einem Choleriker verstehen. Das moderne arbeitsteilige Wirtschaftsleben verlangt von Ihnen, sich permanent mit anderen Menschen auszutauschen, Kooperationen einzugehen und Bündnisse herzustellen. Dies sogar über kulturelle Grenzen hinweg. Dazu gehört auch die Fähigkeit, sich von den eigenen Gefühlen nicht einfach übermannen zu lassen, sondern diese bewusst steuern zu können. In Coachings und Trainings zeigt sich immer wieder, dass gerade höhere Führungskräfte Schwierigkeiten haben, die eigenen Gefühle angemessen in Worte zu fassen.

Die eigenen Gefühle bewusst steuern und sich nicht von ihnen übermannen lassen

Wie viele Begriffe kennen Sie, um Ihre eigenen Gefühle zu beschreiben? Viele Menschen drücken die Distanz zu ihren Gefühlen auch in ihrer Sprache aus. Achten Sie einmal darauf, wie ein Gast in einer der vielen abendlichen Talkshows reagiert, wenn er zu einem schwierigen oder traumatischen Erlebnis befragt wird. Häufig wechseln die Personen dann in „man"-Formulierungen, z.B. *„Damit hatte MAN schon zu kämpfen.", „MAN musste sehen, wie es weitergeht", „Daran hatte MAN schon zu knabbern"*. Überprüfen Sie Ihren eigenen Sprachschatz und trainieren Sie Ihre Fähigkeit, unterschiedliche Empfindungen und Gefühle angemessen auszudrücken. Dadurch wirken Sie in Ihrer Kommunikation mit anderen authentischer und helfen anderen, ihrerseits Zugang zu eigenen Gefühlen zu finden. Auf diese Weise erhalten Sie auch mehr psychologisch verwertbare Informationen, um die Situation psychologisch zu steuern.

Je besser Sie sich auf andere Persönlichkeiten einstellen können, umso mehr Erfolg haben Sie

Je besser Sie sich auf andere Persönlichkeiten einstellen können, umso mehr Erfolg haben Sie. Inzwischen gibt es zum Erkunden der eigenen und fremder Persönlichkeitstypen eine Reihe professioneller Hilfsmittel, die Sie für sich nutzen können.

2.6 Persönlichkeitsmodelle und Typenlehre

Fragebögen, mit denen grundlegende Eigenschaften einer Person ermittelt werden

Wenn Sie im Internet unter einer der bekanntesten Suchmaschinen den Begriff „Persönlichkeitstest" eingeben, werden über 30.000 Einträge angegeben. In der Regel handelt es sich bei diesen Testverfahren um Fragebögen, mit denen grundlegende Eigenschaften einer Person ermittelt werden. Aus den Eigenschaften einer Person erfolgt dann häufig eine Zuordnung zu einem bestimmten Persönlichkeitstyp. Im Berufsleben sind Persönlichkeitstests inzwischen so verbreitet, dass selbst Fußballvereine auf diese Testverfahren zurückgreifen, bevor sie einen neuen Spieler verpflichten.

Auf der Basis etablierter Testverfahren lassen sich Aufschlüsse über Ihre Persönlichkeit gewinnen

Wenn Sie einen Internetzugang besitzen, eine Stunde Zeit und 25 Euro investieren, können Sie ohne Schwierigkeiten an einem der etablierten Testverfahren teilnehmen, um Aufschlüsse über Ihre eigene Persönlichkeit zu gewinnen. Viele der Testverfahren, in denen es darum geht, die eigene Persönlichkeit einem bestimmten Typ zuzuordnen, lassen sich letztendlich auf die Typenlehre von C. G. Jung zurückführen, der vier Typen unterschied.

Wenn Sie sich im Rahmen eines Personalauswahlverfahrens einem dieser Tests unterziehen sollen, ist es sinnvoll, sich vorzubereiten. Zwar handelt es sich bei einem Persönlichkeitstest nicht um eine Prüfungssituation im klassischen Sinn, aber die Vertrautheit mit den Fragebögen hilft, während des Ausfüllens bei einem Assessmentcenter die Ruhe zu bewahren und gelassen zu bleiben, ohne durch übertriebenes Nachdenken die Testergebnisse zu Ihren Ungunsten unbewusst zu verfälschen.

Die folgenden Internetseiten bieten Testverfahren, deren Ergebnisse Sie per E-Mail zugesandt bekommen:

- http://www.kienbaum.de
- http://www.psychologie.uni-mannheim.de/psycho2/leute/wilhelm/big5ch.php3

3 Die Psychologie des Erfolgs

Erfolg ist nicht eindeutig zu definieren

Möchten Sie erfolgreich sein? Dumme Frage! Jeder Mensch möchte erfolgreich sein. Wenn wir Sie aber fragen, was Sie unter Erfolg verstehen, wird die Antwort schon schwieriger. Egal wie Sie persönlich für sich Erfolg definieren – eine glückliche Familie, Erfolg im Beruf, finanzielle Freiheit, Gesundheit – in jedem Falle hat Erfolg etwas damit zu tun, eigene Ziele zu erreichen. Erfolg ist die Folge Ihres Denkens und Handelns. Wenn Sie also die Ergebnisse ändern möchten, müssen Sie Ihr Denken und Ihr Handeln ändern und zunächst ein Ziel definieren. Bevor wir uns jedoch mit dem Thema beschäftigen, wie Ziele definiert werden sollten, werfen wir kurz einen Blick auf die Definition von Erfolg und die Bestandteile, die erfolgreiches Handeln ausmachen.

3.1 Der Tempel des Erfolges

Waren Sie schon einmal in Griechenland? Dann werden Sie dort viele alte Tempelanlagen gesehen und möglicherweise auch besichtigt haben. Stellen Sie sich nun vor, die alten Griechen hätten uns einen Tempel hinterlassen, der alle Bestandteile des Erfolges darstellt bzw. symbolisiert.

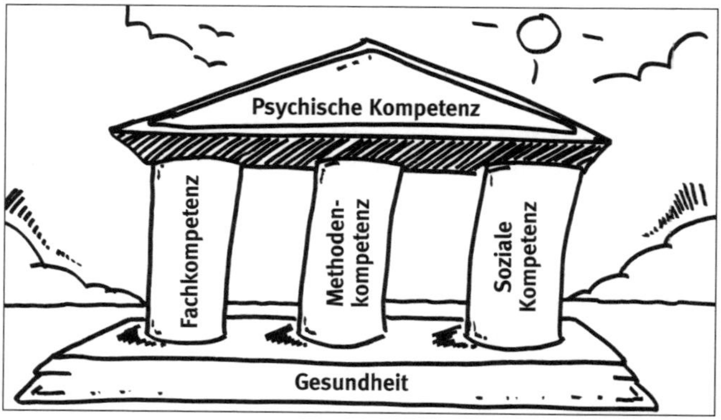

Von nichts kommt nichts – Der Tempel Ihres Erfolges

Gesundheit ist nicht alles – aber ohne Gesundheit ist alles nichts

Gesundheit nicht vernachlässigen

Das Fundament Ihres Tempels bildet Ihre Gesundheit. Gesundheit ist nicht alles, wie ein Sprichwort sagt, aber ohne Gesundheit ist alles nichts. Gerade junge ehrgeizige Mitarbeiter neigen dazu, Ihre Gesundheit sträflich zu vernachlässigen. Viele packen pro Jahr Betriebszugehörigkeit ein knappes Kilo auf Ihre Hüften. In Trainingsprogrammen zum Thema Gesundheit stellt sich zudem oft heraus, dass gerade Führungskräfte ihre tatsächliche körperliche Belastung vollkommen falsch einschätzen. Dies führt dann nicht selten zum so genannten Burnout-Syndrom.

Fachkompetenz – Hase und Igel in der globalisierten Welt

Die erste der drei Säulen des Tempels ist Ihre Fachkompetenz, Ihr Fachwissen. Was müssen Sie alles wissen, um in Ihrem

Berufsfeld erfolgreich zu sein? Jede Branche hat ihr spezifisches Fachwissen. Wenn Sie beispielsweise Betriebswirt sind, haben Sie sich im Laufe Ihrer Ausbildung, Ihres Studiums Fachwissen zum Thema betriebliches Rechnungswesen, Abläufe im Betrieb und Kostencontrolling erworben.

Das Gute am Fachwissen ist, Sie können es komplett durch Nutzung entsprechender Medien theoretisch erwerben und sich so in Ihrem näheren Umfeld in beinahe jedem beliebigen Thema innerhalb relativ kurzer Zeit zum Spezialisten ausbilden. Je spezifischer das Wissensfeld, umso größer Ihre Chance, schnell ein anerkannter Fachspezialist zu werden. Laut einer amerikanischen Studie verdoppelt sich das Wissen der Menschheit mittlerweile alle anderthalb bis zwei Jahre. Damit ist die reine Menge gemeint. Es gibt Branchen, in denen sich das Fachwissen innerhalb eines halben Jahres so verändert, dass Sie immer wieder von vorne anfangen müssen. Es liegt auf der Hand, dass in einer Welt, die sich so schnell verändert, das Studium eines einzigen Buches im Jahr zur Erweiterung des eigenen Fachwissens kaum noch ausreichend ist.

Fachwissen kann theoretisch erworben werden

In unserer Wissensgesellschaft ist lebenslanges Lernen erforderlich

Wie halten Sie sich fachlich auf dem Laufenden? Beziehen Sie regelmäßig Fachzeitschriften? Lesen Sie Fachbücher zu Ihrer Branche? Haben Sie Newsletter im Internet abonniert? Oder besuchen Sie Seminare, um in kurzer Zeit das komprimierte Fachwissen von anerkannten Experten aufzusaugen? Unabhängig davon, wie Sie Ihr Fachwissen auf dem Laufenden halten, gerade am Anfang Ihrer Karriere ist die erste Säule von entscheidender Bedeutung.

Methodenkompetenz – Können ist Trumpf

Die zweite Säule betrifft die Umsetzung Ihres Fachwissens, Ihre methodische Kompetenz. Hierzu gehört Ihr strategisches, planerisches Denken, gehören Fragen der Selbstorganisation. Sie können theoretisch sehr viel über Projektmanagement wissen, das sagt noch lange nichts darüber, ob Sie auch in der Lage sind, ein Projekt erfolgreich durchzuführen. Methodische Kompetenz lernen Sie nicht durch Bücher, sondern durch Erfahrung, d.h. sie wächst im Laufe Ihrer Berufsjahre.

Nur Übung macht den Meister: Zum Wissen müssen auch Erfahrung und Können treten

Soziale Kompetenz – Niemand ist eine Insel

Die dritte Säule betrifft Ihre soziale Kompetenz: Inwiefern sind Sie in der Lage, mit Ihrer Umwelt erfolgreich zu inter-

Nur, wer sich im sozialen Umfeld sicher bewegt, wird Erfolg haben

agieren. Können Sie schnell Beziehungen zu anderen Menschen aufbauen? Sind Sie in der Lage, Mitarbeiter für Ihre Arbeit zu begeistern und zu motivieren? Während die fachliche Kompetenz sich permanent verändert, bleibt Ihnen Ihre soziale Kompetenz erhalten, unabhängig davon, in welchem beruflichen Umfeld Sie sich bewegen. Die Ausnahme bildet der Wechsel in eine andere Kultur, in der andere soziale Spielregeln gelten. Diese müssen Sie dann wieder neu erlernen.

Psychische Kompetenz – Ihre Einstellung und Ihr Umgang mit sich selbst sind entscheidend

Ihr Selbstbild und Ihr Umgang mit sich selbst sind letztlich entscheidend für Ihren Erfolg

Das Dach des Tempels bildet die psychische Kompetenz. Welche Einstellung haben Sie zu sich selbst? Sind Sie in der Lage Ihre Gedanken zu kontrollieren? Können Sie Ihre Stimmungen selbst managen oder sind Sie ihnen hilflos ausgeliefert? Sind Sie in der Lage sich auf ein Ziel zu programmieren? Wie gehen Sie mit Misserfolgen um?

Nicht umsonst bildet die psychische Kompetenz das Dach Ihres Tempels. Dieses Buch vermittelt Ihnen eine Menge Fachwissen über psychologische Zusammenhänge und Methoden, um Ihren Erfolg im Beruf zu vergrößern.

3.2 Mentale Kompetenz, positives Denken – Schwarze oder rosarote Brille?

Positives Denken allein bringt wenig

In vielen Ratgebern wird die Macht des „positiven Denkens“ beschrieben. Was ist eigentlich damit gemeint? Richtig ist, dass eine positive Einstellung eine der Voraussetzungen zum Erfolg ist. Die positive Einstellung allein wird jedoch wenig ändern. Wenn Sie nicht gerade ein indischer Guru sind oder ein indianischer Schamane, nützt das Sitzen und Denken alleine wenig. Sie müssen tatsächlich auch noch etwas tun.

Positives Denken hat beispielsweise etwas damit zu tun, wie Sie in den Tag starten. Viele Menschen in Deutschland beginnen ihren Tag mit wenig positiven Gedanken: Der Wecker klingelt und das Erste, was sie denken, ist eines der bekannten Unworte. Sie quälen sich aus dem Bett und starten ihr Tagewerk. Der Blick in die Zeitung tut sein Übriges, um die Laune nicht gerade zu verbessern. Wem das noch nicht reicht, der schaut noch Frühstücksfernsehen, damit sich negative Erlebnisse und negative Gefühle bei ihnen verankern. Und so geht es dann auf den Weg zur Arbeit. Wer mit dem Auto fährt, hat viele Möglichkeiten, Aggressionen zu entwickeln und sie möglicherweise auch schon abzubauen. Im Büro bilden sich dann Jammerzirkel in der Nähe der Kaffeemaschinen, wo gemeinsam über das Elend der Welt gesprochen wird. Und dann beginnt die Simulation dessen, was viele Arbeit nennen.

Wenn Sie einen positiven Tag erleben wollen, sollten Sie ihn auch positiv starten

Wenn Sie einen positiven Tag erleben wollen, sollten Sie ihn auch positiv starten. Auch hier heißt es, sich selbst positiv zu programmieren. Werden Sie morgens vom nervenzerfetzenden Schrillen Ihres Wecker geweckt oder von Musik, die Ihnen auf Anhieb angenehm ist? Haben Sie Ihr morgendliches Ritual beim Frühstück, das Ihnen gute Laune verschafft? Oder noch besser: Nutzen Sie die Möglichkeit, sich eine halbe Stunde zu bewegen und dabei schon den Tag zu planen und Sie werden wesentlich erfrischter und positiver in den Tag starten. Beschäftigen Sie sich bei der Morgenlektüre mit unangenehmen Nachrichten oder haben Sie möglicherweise einen Text, der Sie auf gute Gedanken bringt? Es gibt Spezialisten im negativen Denken, die morgens schon beginnen, an die unangenehmen Aufgaben des Tages zu denken, diese dann den ganzen Tag vor sich herschieben, um dann abends unzufrieden im Bett zu liegen und über all die Dinge nachzugrübeln, die sie am vergangenen Tag nicht geschafft haben und die am nächsten Tag wieder auf sie warten. Wenn Sie es besser machen wollen, halten Sie sich an das amerikanische Rezept *„Eat the frog“*. Erledigen Sie die unangenehmen Dinge als Erstes und denken Sie abends bewusst an die Dinge, die Sie an diesem Tag geschafft haben.

Das Leben ist eine sich selbst erfüllende Prophezeiung

Das Leben ist eine sich selbst erfüllende Prophezeiung. Wer sich den ganzen Tag unangenehme Dinge vorstellt, muss sich nicht wundern, wenn er abends bis zum Hals im Schlamassel steckt.

Inzwischen gibt es allerdings so viele selbst ernannte Gurus, die mit einfachen Rezepten kommen und schnellen Erfolg versprechen, dass sich Experten schon dazu veranlasst sehen, Bücher zu schreiben, in denen gezielt vor dem positiven Denken gewarnt wird. Zyniker könnten nun sagen: Das ist typisch, dass solche Bücher aus Deutschland kommen. Richtig aber ist, dass Buchtitel vom Schlage: *„Alles möglich in zwei Monaten“* vor allen Dingen viele Menschen frustriert und dem Autor Schwierigkeiten eingebracht haben.

3.3 Umgang mit Misserfolg

Erfolg ist auch oft eine Geschichte des Scheiterns

Mentale Stärke und damit psychische Kompetenz zeigt sich auch im Umgang mit schwierigen Situationen und Misserfolgen. Krisen, Konflikte und Misserfolge gibt es in jedem Leben. Man könnte auch sagen, das ganze Leben ist eine Anhäufung von Schwierigkeiten. Gerade die Geschichte von erfolgreichen Wirtschaftsführern oder anderen erfolgreichen Personen zeigt immer wieder, Erfolg ist auch oft eine Geschichte des Scheiterns. Entscheidend ist nicht das Scheitern an sich, sondern nur die Frage, ob man sich wieder aufrappelt.

Untersuchungen mit den Opfern von Geiseldramen haben gezeigt, dass besonders diejenigen besonders leicht mit der Situation umgehen konnten, die ein klares Ziel hatten, ein Warum, mit dem Sie die Frage beantworten konnten, weshalb sie diese Situation überstehen sollten. Dieses Warum kann ein innerer Antreiber sein, der Ihnen mehr Kraft gibt, als Sie selbst für möglich halten. Ein solches Warum zu entwickeln, ist die Aufgabe der persönlichen Zielplanung, die uns im folgenden Kapitel beschäftigen wird.

Einstellung und Verhalten

Was ist gemeint, wenn wir von der Einstellung eines Menschen sprechen? Die Einstellung, wie unsere Grafik zeigt, besteht aus zwei Elementen: Zum einen Ihrem Denken, zum anderen Ihrem Fühlen. Eine andere Ebene, die damit direkt zusammenhängt, ist die Ebene des Verhaltens. Auch hier kön-

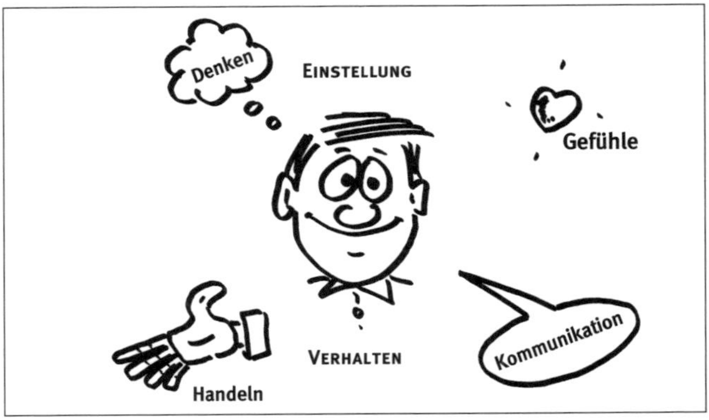

Unser Denken und Fühlen beeinflusst unser Handeln und unsere Kommunikation

nen wir differenzieren zwischen dem, was Sie tun und dem, was Sie sagen. Wie hängen diese Faktoren miteinander zusammen? Im Idealfall werden alle vier Faktoren miteinander übereinstimmen. Sie sagen, was Sie denken und handeln entsprechend Ihren Gefühlen. Dann sind Sie innerlich kongruent und nach außen in der Wirkung authentisch. Ist das immer so? Natürlich nicht. Manchmal werden Sie ganz bewusst nicht sagen, was Sie denken. Manchmal werden Sie sich auch anders geben, anders handeln, als Sie eigentlich fühlen. Klar ist, am besten geht es Ihnen, wenn Sie innerlich kongruent sind. Wer dauerhaft gegen seine eigene Einstellung verstößt, läuft Gefahr krank zu werden. Ein Großteil der psychosomatischen Krankheiten hat hier seinen Ursprung. Wenn Sie positive Ergebnisse erzielen wollen, heißt es also zunächst, eine positive Einstellung zu entwickeln.

Wenn Einstellung und Verhalten übereinstimmen sind wir innerlich kongruent und nach außen authentisch

Wenn Sie selbst nicht glauben, dass Sie erfolgreich sind, ist die Wahrscheinlichkeit relativ groß, dass Sie Misserfolg erleben. Kennen Sie das schöne Gefühl, Recht gehabt zu haben? Haben Sie sich schon einmal dabei ertappt, dass Sie bei einem Projekt in Ihrem Unternehmen, das schief gelaufen ist, innerlich sagten *„Hab ich's doch gewusst!"*. Wir überführen uns nur selten. Meistens sind wir darauf bedacht, dass wir Recht behalten. Das heißt, wenn Sie schon selber nicht an den Erfolg Ihrer Unternehmungen glauben, ist die Wahrscheinlichkeit, dass sie Ihnen gelingen, sehr gering.

So, wie Sie mit Ihrer Einstellung Ihre Verhaltensweisen beeinflussen können, können Sie umgekehrt auch durch gezieltes Verhalten Ihre Einstellung verändern. Beispielsweise Ihre Gefühle.

Übung

Stehen Sie kurz auf und stellen Sie sich x-beinig vor Ihren Stuhl. Lassen Sie jetzt den Oberkörper schlaff hängen und überlegen Sie, wie Sie sich jetzt fühlen, wahrscheinlich nicht besonders kraftvoll. Bringen Sie sich anschließend in eine körperliche Position, die für Sie angenehm ist. Stellen Sie sich aufrecht hin, den Blick geradeaus, den Kopf leicht angehoben, atmen Sie tief und denken Sie an etwas Angenehmes. Was passiert jetzt? Sie fühlen sich kraftvoll.

Unser Verhalten beeinflusst auch unsere Einstellungen

Das kleine Beispiel zeigt, wie schnell wir durch eine bewusste Körperhaltung auch unsere Gefühle beeinflussen.

Profis managen daher auch ihre Gefühle durch ihre Körperhaltung. Viele Körperübungen und Entspannungstechniken haben genau diesen Effekt. Durch eine Veränderung Ihres Körpergefühls beeinflussen Sie auch Ihre geistige Haltung.

Geistig und körperlich eine positive Haltung einnehmen

In Bezug auf Ihren Erfolg bedeutet das hier Gesagte Folgendes:
- Wer an seinen Erfolg glaubt und entsprechende Gedanken und Gefühle hegt, wird eher erfolgreich sein als derjenige, der in Gedanken seinen Misserfolg geradezu heraufbeschwört.
- Wir dürfen uns von Misserfolgen nicht niederdrücken lassen – weder im übertragenen Sinne psychisch noch körperlich.

3.4 Ziele machen den Unterschied – Zielplanung als psychologischer Erfolgsfaktor

Die meisten Menschen wünschen sich das Gleiche, doch die wenigsten erreichen es auch

Was unterscheidet erfolgreiche Menschen von weniger erfolgreichen Menschen? Wenn wir unsere Seminarteilnehmer fragen, welche Dinge ihnen im Leben wichtig sind, kommen häufig ähnliche Antworten: Erstens möchte jeder gesund sein. Zweitens: Glück in der Familie, gute Beziehungen zu Freunden und den Menschen, die uns lieb und wichtig sind. Das Dritte, was meistens genannt wird, hat etwas damit zu tun, beruflich erfolgreich zu sein und finanziell abgesichert. Wahrscheinlich haben auch Sie ähnliche Wünsche.

Wenn sich nun beinahe alle Menschen das Gleiche wünschen, stellt sich die Frage, warum nur so wenige im Alter noch bei guter Gesundheit sind, auf eine lange und erfüllte Partnerschaft zurückblicken und so viel Geld auf dem Konto haben, dass sie wirklich unabhängig sind.

Liegt es am Glück, in welcher Familie Sie geboren wurden, an dem Umfeld, in dem Sie aufgewachsen sind oder sind es andere Faktoren? Natürlich spielt Ihr Umfeld eine sehr wichtige Rolle. Es macht einen Unterschied, ob Sie in Deutschland als Kind einer Akademikerfamilie auf die Welt gekommen sind oder in Zentralafrika. Diese Faktoren können wir nicht beeinflussen, sondern nur dankbar sein. Oft ist es allerdings so, dass gerade die Menschen, von denen wir glauben, dass sie besonderes Glück gehabt hätten, etwa, weil sie aus sehr begüterten Verhältnissen kommen, auch nicht wirklich erfolgreich und glücklich sind. Auch Talente werden nicht immer genutzt. Vielen Menschen sind ihre Begabungen nicht bewusst.

Maßgebender Erfolgsfaktor: Ziele benennen, strategisch planen und zielgerichtet verfolgen

Unabhängig von Herkunft, Talent oder Glück gibt es aber einen entscheidenden Erfolgsfaktor, den wir selbst in der Hand haben: Die Fähigkeit, klare Ziele zu benennen und diese auch strategisch zu planen und zielgerichtet zu verfolgen. Haben Sie in der Schule gelernt, Ziele zu formulieren? Wenn nicht in der Schule, dann in Ihrer Ausbildung? Viele Menschen beschäftigen sich nur sehr allgemein oder gar nicht mit persönlichen Zielen. Laut einer viel zitierten Studie der Harvard Universität haben lediglich 3 Prozent eines Jahrgangs dieser Eliteuniversität klare, schriftlich definierte Ziele. Als man die Absolventen dieser Studie 20 Jahre später wieder interviewte, hatten exakt diese 3 Prozent mehr Einkommen als die anderen 97 Prozent zusammen. Allein dieser Umstand sollte Anlass genug sein, neu über das Thema Zieldefinition nachzudenken.

Menschen, die sich bewusst mit ihren Zielen befassen, sind erfolgreicher als andere

Stellen Sie sich vor, Sie müssten einen Kuchen backen, weil Sie Gäste zu einer Geburtstagsfeier empfangen. Wie würden Sie vorgehen? Wahrscheinlich würden Sie jemanden nach einem Rezept fragen und dann nach diesem Rezept vorgehen. Übertragen auf das Leben und Lebensziele ist es ähnlich. Das Problem ist nur, dass die wenigsten Menschen sich bewusst darüber klar werden, welche Feste sie feiern wollen und welche Rezepte es gibt, damit diese ein Erfolg werden. Die meisten rühren wahllos die Zutaten zusammen, auf die sie zufällig stoßen. Die einen haben Glück und der Kuchen schmeckt auf Anhieb, aber viele backen immer wieder nach dem gleichen Rezept einen Kuchen, der weder ihnen noch ihren Gästen schmeckt.

Auf den folgenden Seiten finden Sie gewissermaßen ein Rezept für Ihre persönliche Zielplanung. Sie sollten damit genauso verfahren, wie Sie auch mit einem Koch- oder Backrezept verfahren: Wenn Sie sich noch nie mit dem Thema beschäftigt haben, tun Sie gut daran, genau nach diesem Rezept vorzugehen. Wenn Sie schon einige Routine haben, können Sie auch anfangen, ein bisschen zu variieren. Es gibt aber Grundzutaten, die Sie auf keinen Fall weglassen sollten.

Stufenplan zur Zielerreichung

Zunächst nehmen Sie sich ein Blatt Papier oder mehrere Karten und schreiben alles auf, was Ihnen als Ziel in den Sinn

Gewinnen Sie Klarheit über Ihre Ziele

kommt. Dabei spielt es zunächst keine Rolle, ob es sich um kurzfristige, mittelfristige oder langfristige Ziele handelt oder berufliche oder private. Je mehr Ziele Sie entwickeln umso besser. Im zweiten Schritt können Sie beginnen, Ihre Ziele zu ordnen: Was sind persönliche und private Ziele, was sind berufliche Ziele? Jetzt können Sie beginnen, Prioritäten zu setzen. Was möchten Sie in welcher Zeit erreichen? Vielleicht fallen Ihnen auch ein paar Dinge ein, die Sie für komplett unrealistisch halten. Verwerfen Sie diese Ziele nicht sofort.

Der folgende Fahrplan wird Ihnen helfen, zu entscheiden, welches Ziel für Sie das Richtige ist und wie Sie vorgehen sollten, um es zu realisieren.

Positiv formulierte Ziele motivieren langfristig

Ziele schriftlich fixieren

Schritt Nr. 1 besteht in der klaren schriftlichen Formulierung Ihres Ziels. Warum schriftlich? Waren Sie schon einmal einkaufen? Selbstverständlich. Wissen Sie was passiert, wenn Sie einkaufen gehen ohne einen Einkaufszettel gemacht zu haben? Es kann passieren, dass Sie mehrere überflüssige Dinge gekauft haben und am Ende zu Hause feststellen, dass Sie etwas vergessen haben, das Sie unbedingt benötigten.

Neurowissenschaftler haben festgestellt, dass wir pro Tag ungefähr 50.000 Gedanken denken. Bei so vielen Gedanken können Sie sich leicht vorstellen, dass es wichtig ist, Prioritäten zu setzen. Die schriftliche Formulierung Ihres Zieles schafft genau das. Sie geben Ihren Zielen damit eine andere Bedeutung. Gleichzeitig wird Ihnen durch die schriftliche Formulierung klar, was genau Sie erreichen möchten.

Ziele positiv formulieren

Wichtig ist zudem, dass Sie Ihr Ziel positiv formulieren und entsprechend vor Ihrem inneren Auge imaginieren. Weshalb? Haben Sie schon einmal eine Diät gemacht oder versucht, sich das Rauchen abzugewöhnen? Wenn ja, wissen Sie, dass Sie in solchen Phasen besonders viel an Essen oder Rauchen gedacht haben.

Denken Sie jetzt *nicht* an einen kleinen blauen Elefanten! Stellen Sie sich *nicht* vor, wie dieser kleine blaue Elefant in Ihrer Küche steht!

Unser Unterbewusstsein denkt in Bildern

Was passiert, wenn Sie diese Zeilen lesen? Sie sehen das Bild eines kleinen blauen Elefanten vor sich! In unserem Gehirn existiert das Wort „nicht“ nicht. Die rechte Gehirnhälfte sorgt dafür, dass Sie sofort ein Bild sehen. Unser Unterbewusstsein denkt in Bildern. Wenn Sie sich etwas vorstellen, ist es relativ wahrscheinlich, dass Sie dieses Bild auch tatsächlich erleben. Deshalb wird im Sport bewusst mit positiver Visualisierung gearbeitet. Negativ formulierte Ziele führen dagegen dazu, dass Sie erreichen, was Sie vermeiden wollten. Dieses alte Prinzip erkannte schon der Prophet Hiob, dessen verzweifelter Ausspruch *„Herr, was ich am meisten fürchtete kam über mich"* zur sprichwörtlichen Hiobsbotschaft wurde. Gibt es in Ihrem Leben etwas, was Sie bewusst vermeiden wollten, das Ihnen trotzdem widerfahren ist? Möglicherweise häufiger? Dann hat dies genau damit zu tun.

Ziele in der Gegenwartsform formulieren

Wenn Sie also abnehmen wollen, ist es wichtig, dieses Ziel positiv zu formulieren. Imaginieren Sie den Zustand, den Sie erreichen wollen. Also nicht: *„Ich möchte abnehmen"*, sondern besser: *„Ich bin schlank"*. Warum in der Gegenwartsform? Wenn wir sagen: *„Ich möchte schlank sein"*, liegt Ihr Ziel irgendwo in der Zukunft. Ihr Unterbewusstsein denkt jedoch nicht nur in Bildern, sondern hat auch nur eine einzige Zeitform, nämlich die Gegenwartsform.

Unser Bewusstsein kennt nur die Gegenwartsform

Wenn Sie Ihren Urlaub bereits gebucht haben, werden Sie sagen: *„Ich fahre zum Tauchen nach Ägypten."* Obwohl das in diesem Moment nicht richtig ist. Der Deutschlehrer in der Schule hätte einen Fehler angestrichen, denn Sie müssten das Futur, die Zukunftsform, nehmen. Da Sie sich aber bereits im Geiste in Ägypten wähnen und sich schon ausmalen, wie Sie Ihren Tauchurlaub genießen, formulieren Sie unbewusst genau richtig in der Gegenwartsform. Und das sollten Sie auch tun, wenn Sie sich bewusst Ziele setzen. Statt *„Ich werde einmal ein eigenes Projekt in unserer Abteilung leiten"* also besser *„Ich leite ein eigenes Projekt in meiner Abteilung"*.

Nur messbare Ziele sind auch erreichbar

Ohne Messkriterien kann nicht überprüft werden, ob ein Ziel erreicht ist

Als Nächstes sollten Sie dafür sorgen, dass Sie Ihr Ziel konkret und messbar machen. Woran erkennen Sie, dass Sie Ihr Ziel erreicht haben? An welchen Kriterien können Sie dies festmachen und möglicherweise messen? Wenn Sie keine Kriterien finden, können Sie auch nicht wirklich feststellen, ob Sie Ihr Ziel erreicht haben.

Außerdem sollte Ihr Ziel realistisch sein. Was jedoch ist mit „realistisch" gemeint? Beinahe jede Innovation, die uns heute ganz selbstverständlich erscheint, war zu irgendeinem Zeit-

Die Zielerreichung sollte prinzipiell in Ihrer Macht liegen und gleichzeitig herausfordernd sein

punkt einmal unrealistisch. Und die so genannten Realisten sind meist Pessimisten. Ihr Ziel mag aus heutiger Sicht unrealistisch erscheinen, in jedem Fall sollte es etwas sein, was von Ihnen selbst zu beeinflussen ist. Ein Sechser im Lotto ist ein schöner Wunsch, aber kein eigenständig erreichbares Ziel.

Visualisierte Ziele wirken nachhaltig

Vor dem geistigen Auge positiv visualisierte Ziele werden eher realisiert

Im nächsten Schritt sollten Sie Ihr Ziel visualisieren. Haben Sie ein Haus gebaut oder eine Wohnung gesucht oder renoviert? Dann hatten Sie wahrscheinlich schon während der Arbeit oder der Suche ein klares Bild davon, wie es später einmal aussehen sollte.

Und genau dieses Bild und diese klare Vorstellung haben Ihnen möglicherweise die Motivation gegeben, auch nach Ihrer Arbeit abends noch an Ihrem Häuschen zu arbeiten oder in Ihrer Wohnung zu renovieren. Denn Sie sahen sich schon im Geiste auf Ihrem Sofa sitzen und das schöne neue Umfeld genießen. Genauso machen Sie es ab jetzt mit allen Zielen. Je intensiver Ihr eigener Film, je realistischer, umso besser.

Ziele müssen mit den inneren Werten übereinstimmen

Im nächsten Schritt überprüfen Sie, inwiefern Ihr neues Ziel mit Ihren Überzeugungen, Wertvorstellungen und Glaubenssätzen übereinstimmt. Halten Sie Ihr Ziel selbst wirklich für machbar oder sind Sie insgeheim davon überzeugt, dass Ihnen dieses Vorhaben ohnehin nicht gelingen wird?

Konkurrierende oder sich widersprechende Überzeugungen identifizieren und modifizieren

Wenn Sie gesund leben wollen und sich andererseits für einen Genussmenschen halten, wird Ihr Versuch zu genießen wahrscheinlich getrübt sein, da Sie Gesundheit immer auch mit dem Verzicht auf Genuss gleichsetzen oder umgekehrt Genuss als ungesund empfinden. Daher gilt es zunächst, konkurrierende oder sich widersprechende Überzeugungen zu identifizieren, um sie gegebenenfalls durch neue Überzeugungen zu ersetzen.

Zugegeben, das ist nicht ganz einfach. Am besten, Sie nehmen sich ein Blatt Papier und notieren alle Glaubenssätze und Überzeugungen, die Sie mit einem Thema in Verbindung bringen. Wenn Sie ein Karriereziel haben, schreiben Sie auf, welche Überzeugungen Sie zu Ihren eigenen Kompetenzen in diesem Feld haben. Wenn es um ein Gesundheitsziel geht, schreiben Sie alles auf, was Sie über Gesundheit, gesunde

Ernährung, gesunde Lebensweise und Ihr eigenes Verhältnis zu Ihrem Körper denken. Finden Sie heraus, ob es möglicherweise die Umsetzung dieses Ziels behindernde Überzeugungen gibt und woher diese stammen. Überlegen Sie dann, ob diese noch zeitgemäß sind oder ob sie durch positive, unterstützende Glaubenssätze und Überzeugungen ersetzt werden können. Die neu gewonnenen Überzeugungen fixieren Sie am besten schriftlich, am besten auf einer kleinen Karte, die Sie in Ihr Portemonnaie stecken und bei passender Gelegenheit immer wieder lesen können, um sie als Ihren Zielen förderliche Glaubenssätze fest zu verankern.

ZIELE DÜRFEN NICHT MITEINANDER KONKURRIEREN

Jetzt heißt es, Ihr Ziel mit Ihren anderen Zielen in Einklang zu bringen. Welche Ziele werden durch das neue Ziel beeinflusst? Inwiefern müssen Sie Prioritäten setzen? Schließen sich manche Ziele vielleicht gegenseitig aus?

Machen Sie eine Liste mit den Vor- und Nachteilen von Zielen und setzen Sie Prioritäten

Wenn Sie sich nicht entscheiden können, machen Sie eine Liste mit Vor- und Nachteilen und fragen Sie sich dann, ob Sie wirklich bereit sind, den Preis für die Erreichung Ihres Zieles zu zahlen. Wenn Sie nicht bereit sind, seien Sie froh und verabschieden Sie sich von Ihrem Ziel.

Sich von Zielen zu verabschieden, ist fast so schön, wie gesteckte Ziele zu erreichen. Denn all die unerledigten Dinge die als „Eigentlichs„ und „Irgendwanns“ auf unseren Schultern lasten und die wir mit uns herumtragen, sind es, die uns unzufrieden machen, weil sie uns vom letztlich für uns Wesentlichen ablenken. Wenn Sie klar für sich entschieden haben, dass der Preis für die Erreichung eines bestimmten Karriereziels für Sie zu hoch ist und Sie sich wirklich davon verabschieden, macht es Sie auch nicht mehr unzufrieden, wenn Kollegen, die eigentlich weniger Talent haben als Sie, auf der Karriereleiter an Ihnen vorbeiziehen.

Eine klare Entscheidung fördert die Konzentration auf das Wesentliche

Wer sich dagegen nicht eindeutig entschieden hat, hat nirgends Erfolg und ist deshalb häufig unzufrieden. Angenommen Ihnen ist nicht klar, ob Sie Ihr Hauptaugenmerk auf den Beruf oder die Familie richten sollen. Wenn Sie nun zu Hause sind, um sich mit Freunden oder Familie und den Kindern zu beschäftigen, sind Sie unzufrieden, weil Sie genau wissen, dass der Kollege, der jetzt die Präsentation für das Meeting am kommenden Montag vorbereitet, wieder einmal vor Ihrem

Abteilungsleiter einen besseren Auftritt haben wird als Sie. Und wenn Sie es ihm beim nächsten Mal gleichtun wollen und daher Überstunden machen, haben Sie ein schlechtes Gewissen, weil Sie wieder einmal zu Hause nicht präsent sind und Ihren Partner oder Ihre Kinder vernachlässigen.

Deshalb ist die Klärung der eigenen Ziele und die Übereinstimmung mit Ihrem persönlichen Wertesystem von so entscheidender Bedeutung für Ihren Erfolg und Ihre innere Zufriedenheit.

Die Klarheit in Ihrem Kopf wird sich auch in Ihrem Handeln widerspiegeln.

Ein möglichst konkretes Timing fördert die Umsetzung

Was wollen Sie bis wann erreicht haben?

Zum Abschluss gilt es einen Plan zu machen: Was wollen Sie bis wann erreicht haben? Formulieren Sie konkrete Termine und überprüfen Sie regelmäßig, ob Sie Ihre Ziele erreicht haben. Wenn Sie möchten, können Sie noch ein Belohnungssystem installieren. Achten Sie jedoch darauf, dass Ihre Belohnungen auch zu Ihrem Ziel passen. Wenn Sie viel arbeiten, sollten Sie sich gelegentlich auch mit Wohlbefinden belohnen. Wenn Sie Gesundheitsziele haben, belohnen Sie sich zwischendurch beispielsweise mit einem neuen Kleidungsstück.

Die Zielerreichung muss kontinuierlich überprüft werden

Als Nächstes heißt es: Loslegen und Ergebnisse überprüfen. Wenn Sie bemerken, dass Ihre Strategie nicht stimmt, passen Sie sie an. Stellen Sie fest, dass Ihr Ziel umdefiniert werden muss, tun Sie es. Verwechseln Sie nicht Konsequenz mit Starrsinn. Jedes Schiff ändert permanent seinen Kurs, um dauerhaft Kurs zu halten. Genauso sollten Sie es auch halten.

3.5 Karriereplanung – Nichts dem Zufall überlassen

Karriere findet nicht im luftleeren Raum statt, sondern innerhalb eines Geflechts von Bezügen

Zur erfolgreichen Karriereplanung gehört jedoch mehr als nur die Formulierung Ihrer persönlichen Ziele. Sie agieren in einem sensiblen Geflecht von sich permanent verändernden Beziehungen und Abhängigkeiten. Bevor Sie daran gehen können, diese nach Ihrem Wunsch zu beeinflussen, müssen

Sie zunächst das Muster erkennen. Wie so oft hilft auch hier die Visualisierung.

Die Stakeholderanalyse

Ein hier im Rahmen der Karriereplanung sinnvolles Instrument aus dem Marketing ist die Stakeholderanalyse (Stakeholder: engl. = Teilhaber). Man betrachtet eine Situation oder das Marktgeschehen und analysiert die entscheidenden Einflussgrößen und die konkurrierenden Wettbewerber auf dem Markt.

Was die Marketingprofis für die Analyse des Marktes nutzen, können Sie ebenso gut für die Analyse Ihrer Situation verwenden. Wer oder was sind die entscheidenden Einflussgrößen in Ihrer Karriere zum jetzigen Zeitpunkt? Wovon hängt Ihr Erfolg oder Misserfolg ab? Wer sind die entscheidenden handelnden Personen?

Welche Personen können Sie behindern oder fördern?

Als Nächstes können Sie überlegen und auch mithilfe von Karten, die Sie verschieben können, visualisieren, in welcher Beziehung diese Personen zu Ihnen und zueinander stehen. Zu wem haben Sie ein sehr enges Verhältnis? Wer bewegt sich eher in der Peripherie und wer im Zentrum?

in welcher Beziehung stehen diese Personen zu Ihnen und zueinander?

Jetzt beginnen Sie zu analysieren, wie wichtig die einzelnen Personen sind. Bilden Sie Prioritäten. Definieren Sie, wie gut Ihr Verhältnis zu diesen Entscheidungs- oder Einflussträgern ist. Was sind ihre typischen Verhaltensweisen? Welche Interessen verfolgen sie? Welche Erwartungen haben sie Ihnen gegenüber?

Wie wichtig sind die Personen für Sie?

Vor dem Hintergrund dieser Überlegungen können Sie feststellen, gegenüber welchen Schlüsselpersonen Sie Ihr Verhalten ändern sollten und können eine Strategie entwickeln, durch welche Verhaltensweisen Sie das Verhältnis zu diesen Personen positiv beeinflussen können.

Gegenüber welchen Schlüsselpersonen sollten Sie Ihr Verhalten ändern?

Viele unserer Coachingklienten haben durch dieses einfache Analyseinstrument einen vollkommen neuen Ansatz in der Karriereplanung entwickelt. Sie können dieses Modell jederzeit auch auf schwierige Entscheidungen, Projekte oder Situationen in Ihrem Arbeitsalltag anwenden. Wenn Sie eine Entscheidung herbeiführen wollen, fragen Sie sich, wer an dieser Entscheidungsfindung beteiligt ist, welche Interessen jede einzelne Person hat und welches Verhältnis Sie zu diesen Personen haben. Auf diese Weise werden Sie zum strategischen Akteur, statt der Handlung hilflos ausgeliefert zu sein.

Werden Sie zum strategischen Akteur, statt der Handlung hilflos ausgeliefert zu sein

4 Psychologie der Kommunikation

Ihr Erfolg wird im Wesentlichen von Ihrer Kommunikationsfähigkeit bestimmt

Wie wir bereits in der Einleitung festgestellt haben, wird Ihr Erfolg im Wesentlichen von Ihrer Kommunikationsfähigkeit bestimmt. Da liegt es nahe, sich zunächst mit den allgemeinen Gesetzmäßigkeiten der Kommunikation zu beschäftigen. In unserer von Prozessen dominierten, durch Qualitätsmanagement und durch klare Regeln definierten Unternehmenswelt gehen wir oft davon aus, dass es auf Inhalte, Lösungen und Ergebnisse ankommt. Dies ist jedoch nicht der Fall.

Wenn Sie nicht alleine leben und nicht im stillen Kämmerlein vor sich hinforschen, werden Sie einen Großteil Ihres Tages mit der Kommunikation mit anderen Menschen verbringen. In Meetings mit Kollegen, in Verhandlungen mit internen und externen Partnern, in einem Gespräch mit Vorgesetzten oder den eigenen Mitarbeitern, beim kurzen Plausch mit Kollegen an der Kaffeemaschine, in Telefongesprächen sowie in Briefen und Mails, überall kommunizieren Sie mit anderen.

Überall kommunizieren Sie mit anderen

Die Art und Weise der Kommunikation ist ebenso wichtig wie ihr Inhalt

Wenn Ihre Kollegen in einem Projekt nicht mitziehen, Ihr Kunde immer neue Einwände findet und Ihr Chef sich von Ihren neuen Ideen wenig begeistert zeigt, liegt es womöglich weniger am Inhalt Ihrer Kommunikation als vielmehr der Art und Weise, wie Sie kommunizieren.

4.1 Das Leben – Eine Anhäufung von Missverständnissen

Wie Sie wahrscheinlich schon durch eigene leidvolle Erfahrungen festgestellt haben, ist Kommunikation ein schwieriges Geschäft. Dies wird zunächst auch nicht unbedingt einfacher, wenn man beginnt sich intensiv mit dem Prozess der Kommunikation und seinen Gesetzmäßigkeiten auseinander zu setzen. Das Missverständnis scheint beinahe die Regel zu sein. Manche Menschen verstehen uns auf Anhieb. Andere verstehen uns auch nach anstrengenden Versuchen immer noch anders als wir es ursprünglich gemeint haben. Zu den einen fühlen wir uns sofort hingezogen, von anderen dagegen von der ersten Minute der Begegnung an abgelehnt. Woran liegt das?

Das Missverständnis scheint beinahe die Regel zu sein

Beginnen wir zunächst damit, den einfachen Prozess der Kommunikation zu analysieren und ein paar Gesetzmäßigkeiten zu benennen.

Sender und Empfänger

Im Allgemeinen wird unter dem Prozess der Kommunikation die Übermittlung einer Nachricht vom Sender zum Empfänger mittels Zeichen und Symbolen verstanden.

Damit sind auch schon die entscheidenden Einflussgrößen benannt: Es geht um Sie als Sender, den anderen als Empfänger, die vermittelten bzw. gesendeten Inhalte sowie die Umgebung innerhalb derer sich dieser Prozess abspielt. Dieses Setting wird immer wieder auftauchen, wenn Sie die im Folgenden beschriebenen Werkzeuge und Modelle auf eine konkrete Situation anwenden möchten.

Wer ist nun verantwortlich für das, was beim anderen ankommt? Häufig wird ausschließlich der Empfänger für das Verstehen der Nachricht verantwortlich gemacht. Eine typische Aussage ist dann: *„Da haben Sie mich falsch verstanden."* Doch Sie als Sender tragen einen Großteil der Verantwortung dafür, was beim anderen überhaupt ankommt. Insofern wäre es vielleicht angemessener, künftig zu sagen: *„Ich habe mich offensichtlich nicht verständlich ausgedrückt."* Letztendlich sind beide Seiten für die Kommunikation verantwortlich.

Als Sender tragen Sie einen Großteil der Verantwortung dafür, was beim anderen überhaupt ankommt

Was geschieht genau, wenn Sie eine Information zu einem anderen senden? Sie als Sender haben Gedanken, die Sie in Worte fassen. Das, was Sie tatsächlich sagen, entspricht nicht mehr 100 Prozent dem, was Sie gedacht haben. Das liegt zum einen an der Menge der Gedanken, zum anderen daran, dass Sie möglicherweise nicht in der Lage sind, genau das auszudrücken, was Sie denken oder empfinden. Wie oft suchen wir nach den geeigneten Formulierungen, wenn wir etwas sagen oder niederschreiben möchten?

Nun beginnt der Prozess der Übertragung. Fragt sich, was kommt tatsächlich bei dem anderen an? Was kann er hören oder lesen? In einem lauten Umfeld wird der andere möglicherweise bereits akustisch Probleme haben, die Nachricht komplett wahrzunehmen.

Schließlich bleibt die Frage, was macht der Empfänger mit dem, was bei ihm angekommen ist? Er beginnt die Information zu entschlüsseln. Zwischen dem, was der Sender gedacht hat und dem, was der Empfänger verstanden hat, klafft dann nicht selten eine erhebliche Lücke. Information geht zum einen verloren, zum anderen wird sie (miss)interpretiert, bewertet und umgedeutet. Manchmal scheint es sogar mehr zu

Das, was beim Empfänger ankommt, ist nicht notwendigerweise das, was der Sender intendiert hat

werden. Diesen Prozess des Informationsverlustes zu minimieren und Missverständnisse nach Möglichkeit zu vermeiden, ist Ziel einer erfolgreichen Kommunikation.

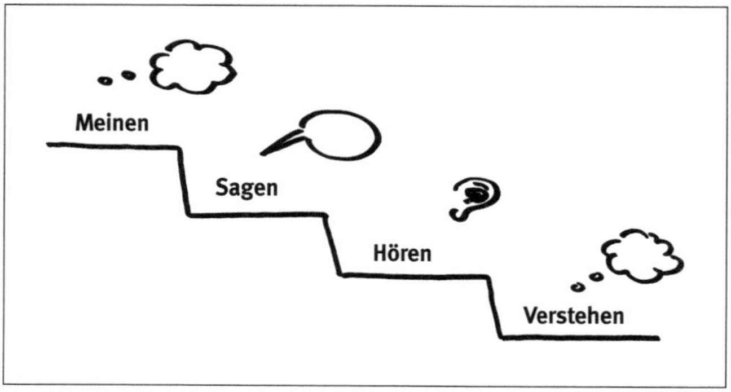

In der Regel ist Kommunikation mit Informationsverlust verbunden

Wahrnehmung und Realität – Paul Watzlawick und das Problem der Wirklichkeit

Wenn zwei Menschen das Gleiche sehen, heißt das noch lange nicht, dass sie auch das Gleiche wahrnehmen. Was ist damit gemeint? Waren Sie schon einmal in einer Ausstellung über moderne Kunst und haben sich gefragt, was der Künstler damit wohl gemeint hat? Und haben Sie dann festgestellt, dass Ihr Begleiter in dem Bild etwas vollkommen anderes gesehen hat als Sie? Wenn Sie glauben, dass dies nur daran liegt, dass es sich hier um eine abstrakte Darstellung handelt, so sei Ihnen versichert, dass auch die so genannte Realität auf viele verschiedene Weisen wahrgenommen wird.

Jeder Mensch hat seine eigene spezifische Wahrnehmung

Jeder Mensch hat seine eigene spezifische Wahrnehmung. Insofern gibt es nicht DIE REALITÄT. Die Ursache dafür liegt in den unterschiedlichen Filtern, durch die wir die Welt um uns herum wahrnehmen. Zu diesen Filtern gehören unsere Herkunft, unsere Kultur, die Erfahrungen, die wir gesammelt haben, unsere Wertvorstellungen, unsere Urteile und Vorurteile, unsere Meinungen. Mithilfe dieser Filter interpretieren wir das, was wir in der Außenwelt wahrnehmen. Das Problem dabei: Andere Menschen interpretieren auch, haben jedoch gewissermaßen andere Filtereinstellungen.

Und nun beginnen wir uns darum zu streiten, wie die Realität wirklich ist. Der Grundirrtum dabei ist, dass die meisten

Menschen davon ausgehen, ihre Wahrnehmung sei die Wirklichkeit. Einer der maßgeblichen Begründer des so genannten Konstruktivismus, Paul Watzlawick, hat dazu eine Reihe von sehr humorvollen Büchern geschrieben, in denen die Differenz zwischen Realität und Wahrnehmung eindrücklich beschrieben wird.

Der Konstruktivismus thematisiert die Kluft zwischen Realität und Wahrnehmung

„An meinem Wesen soll die Welt genesen" lautet noch immer das Motto vieler Menschen. Wenn ich merke, dass andere die Welt anders sehen als ich, versuche ich, sie von meiner Meinung zu überzeugen. Doch damit erzeuge ich oft das Gegenteil dessen, was ich mir wünsche, nämlich Widerstand. Aus der Physik kennen Sie das Gesetz: Druck erzeugt Gegendruck. Dies gilt in den meisten Fällen auch in der Kommunikation.

Auch in der Kommunikation erzeugt Druck Gegendruck

Die erste Lektion, um die eigene Kommunikation mit der Außenwelt zu verbessern, besteht somit darin, die Unterschiedlichkeit der Wahrnehmung als gegeben hinzunehmen und wirklich zu akzeptieren. Aus dem NLP, dem Neurolinguistischen Programmieren, stammt der Satz: *„Die Landkarte ist nicht das Gebiet"*. Unsere Vorstellung von der Welt verhält sich zur Realität ungefähr so wie ein Stadtplan zur wirklichen Stadt. Wir würden kaum auf die Idee kommen, das eine mit dem anderen zu verwechseln. In der Kommunikation ist aber genau dies in der Regel der Fall. Landkarten sind unterschiedlich genau, sie helfen uns bei der Orientierung. Eine

Unsere Vorstellung von der Welt verhält sich zur Realität ungefähr so wie ein Stadtplan zur wirklichen Stadt

„Die Landkarte ist nicht das Gebiet": Wir nehmen unsere Umwelt durch jeweils individuelle Filter wahr

Informationen über die Landkarte des Kommunikationspartners suchen

Wanderkarte sieht anders aus als ein Stadtplan, eine Anglerkarte anders als die Karte eines Piloten. Um Verständigung mit einem anderen Menschen herzustellen, macht es daher auch Sinn, Informationen über dessen Landkarte zu erhalten. Zum Beispiel durch Fragen und Zuhören, zwei Werkzeuge der Gesprächsführung, die wir an späterer Stelle noch eingehender beleuchten werden (siehe Kap. 5.5.1 und 5.5.3).

4.2 Grundgesetze der Kommunikation

Wenn Sie bereits Literatur zum Thema Kommunikation studiert haben, werden Sie auf die so genannten Grundgesetze der Kommunikation gestoßen sein, die Paul Watzlawick in eine systematische Form gebracht hat.

PRAXIS

Wenn Sie folgende Gesetzmäßigkeiten bedenken, gelingt Ihre Kommunikation

Erstes Gesetz: Man kann nicht nicht kommunizieren

Egal, was Sie tun, Sie treten immer in Kommunikation mit anderen. Selbst wenn Sie schweigen, sagen Sie damit etwas über Ihre eigene Befindlichkeit und Ihre Kommunikationsbereitschaft aus.

Zweites Gesetz: Jede Nachricht wird vom Empfänger interpretiert

Eine kommunikative Botschaft muss zunächst immer die individuellen Wahrnehmungsfilter des Empfängers passieren, um verstanden werden zu können.

Drittes Gesetz: Zwischen dem, was gesendet wird und dem, was der andere empfängt, besteht ein Unterschied

Was zählt ist nicht das, was ich senden wollte, sondern das, was beim anderen ankommt. Entscheidend ist somit nicht die Absicht der Kommunikation, sondern deren Wirkung.

Gegen diese Regel wird permanent verstoßen. Wie oft teilen wir anderen mit, dass sie die Dinge falsch verstanden haben. Dies geht sogar soweit, dass wir dem anderen seine Gefühle absprechen, die er ja in dem Moment schon hat, indem wir sagen: *„Du musst dich darüber nicht aufregen."*

Daraus folgt auch schon ein weiteres Gesetz: Wenn ich merke, dass die Wirkung anders war als meine Absicht, macht es wenig Sinn, dem anderen erneut zu erklären, was ich gemeint habe. Dies mündet dann in oft langatmige Rechtfertigungsorgien. Fragen Sie stattdessen lieber nach, wie der andere Ihre Botschaft verstanden hat.

Übernehmen Sie Verantwortung für das Kommunikationsergebnis.

4.3 Ebenen der Kommunikation – Das Maßgebende spielt sich zwischen den Zeilen ab

Wir kommunizieren immer auf verschiedenen Ebenen gleichzeitig

Ein weiterer Umstand, der das Gelingen von Kommunikation vielfach zum Glückspiel werden lässt, ist die Tatsache, dass wir immer auf mehreren Ebenen gleichzeitig kommunizieren.

Eine kommunikative Botschaft erschöpft sich nicht in dem, was an Inhalten verbalisiert wird, sondern es schwingen immer auch Untertöne auf anderen Ebenen mit. Und oftmals ist das, was unterschwellig an Signalen transportiert wird, viel bedeutsamer als das, was explizit gesagt wird.

WER ES VERSTEHT ZWISCHEN DEN ZEILEN ZU LESEN, KANN BESSER AUF ANDERE EINGEHEN UND MÖGLICHE KONFLIKTE SCHON IM VORFELD ENTSCHÄRFEN.

4.3.1 Der Vier-Ohren-Mensch

Eine kommunikative Botschaft hat vier Seiten

Der Kommunikationspsychologe Friedemann Schulz von Thun unterscheidet im Rahmen seines Modells der vier Seiten einer Nachricht folgende Kommunikationsebenen:

- Sachebene
- Beziehungsebene
- Ebene der Selbstoffenbarung
- Ebene des Appells

Nur wer gewissermaßen mit vier Ohren sämtliche Signale auf allen diesen vier Kommunikationsebenen heraushört, hat die Chance sein Gegenüber wirklich zu verstehen und dessen Botschaft richtig einzuordnen.

SACHEBENE – WORÜBER WIRD INFORMIERT?

Bereich der vermeintlichen „Objektivität"

Die Sachebene bezeichnet den Inhalt der Kommunikation, das WAS wir senden. Auf diesem Kommunikationskanal werden die Sachthemen abgehandelt, also das, was immer dann beschworen wird, wenn an den Gesprächspartner die Mahnung ergeht, er solle doch bitte „objektiv" bleiben. Dieser oft vernommene Appell an die vermeintliche Objektivität weist schon darauf hin, dass die eigentliche Musik ganz woanders spielt, nämlich auf der Beziehungsebene.

BEZIEHUNGSEBENE – WIE STEHEN WIR ZUEINANDER?

Die Art und Weise WIE wir senden

Die Beziehungsebene meint die Art und Weise WIE wir senden. Aufschlussreich sind hier die Betonung, die Körpersprache (siehe Kap. 5.6) und die Emotionen.

Welche Ebene ist nun für das Ergebnis der Kommunikation entscheidend? Worüber Sie auch immer reden, wie stark Sie sich auf den Inhalt konzentrieren, maßgebend für das Ergebnis wird immer die Beziehung zu Ihrem Gesprächspartner sein.

ES GIBT KEINE NUR SACHLICHEN GESPRÄCHE.

Die Beziehungsebene kann nicht ausgeblendet werden

Daher ist es auch vollkommen unsinnig, mit einem Appell an die Sachlichkeit (*„Wir wollen doch bitte das Persönliche außen vor lassen!“*) die Beziehungsebene ad acta legen zu wollen. Wir haben leider keinen Knopf zum Ausschalten unserer Emotionen. Vulkanier vom Schlage Mr. Spocks werden Sie im Unternehmen selten antreffen. Auch wenn einige Ihrer Kollegen den Anschein erwecken mögen, enge Anverwandte des Mannes mit den sonderbaren Ohren zu sein.

Eine Trennung von Sache und Beziehung ist das Lernziel vieler therapeutischer Ansätze

Was oft gemeint ist, wenn wir sachlich bleiben wollen, ist eine Trennung von Sache und Beziehung. Genau das ist das Lernziel von vielen therapeutischen Ansätzen, etwa im Konzept von Thomas Gordon, der immerhin dreimal für den Nobelpreis nominiert wurde.

Kommunikation als Nullsummenspiel

Viele Menschen betreiben Kommunikation als Nullsummenspiel. Getreu unseres Reptilienprogrammes (siehe Kap. 1.3.6) kann es nur einen Sieger und einen Verlierer geben. Inhaltliche Konflikte führen dann auch zu Konflikten auf der Beziehungsebene. Erfolgreiche Kommunikatoren können jedoch inhaltliche Konflikte austragen und dennoch eine gute Beziehung aufbauen. Dies ist das einhellige Credo aller Trainingsprogramme für Verhandlungsführung und Konfliktlösung.

GRUNDSÄTZLICH GILT, WENN ICH AUF DER BEZIEHUNGSEBENE EINEN GUTEN KONTAKT HABE, IST EINE INHALTLICHE EINIGUNG LEICHTER ZU ERZIELEN. ODER DIE UNEINIGKEIT LEICHTER ZU ERTRAGEN.

Die Gründe für endlose Diskussionen auf der Sachebene und die Unfähigkeit einen auch noch so geringen Konsens zu finden, liegen in der Regel nicht in den so genannten Tatsachen, sondern auf der Beziehungsebene.

Sicher kennen Sie Kollegen, die sich auf jedem Meeting scheinbar inhaltlich beharken, wo doch jeder weiß, dass die beiden sich einfach nicht riechen können. Diese oft gebrauchte Formulierung zeigt deutlich, dass hier ein altes Programm aus jenen Tagen wirkt, als wir unsere Kommunikationspartner zur Begrüssung noch beschnuppert haben.

Schwierigkeiten in der Beziehung werden oft auf der Sachebene ausgetragen

Man könnte in solchen Situationen auch von einem Stellvertreter-Konflikt sprechen. Schwierigkeiten auf der Beziehungsebene, die den Kontrahenten vielleicht selbst nicht einmal bewusst sind, werden nicht direkt angesprochen, sondern auf der Sachebene ausgetragen. Und natürlich würde keiner der beiden zugeben aus gänzlich unsachlichen Motiven zu handeln. Selbst, wenn man sich in der Sache einmal einig wird, kann der nach wie vor ungelöste Beziehungskonflikt an anderer Stelle wieder aufbrechen.

Appell (Wozu soll der andere veranlasst werden?) und Selbstoffenbarung (Was gibt der Sender von sich preis?)

Schulz von Thun erweiterte sein Modell der 4 Ebenen um zwei weitere Aspekte: den Appell und die Selbstoffenbarung.

Beim Gegenüber soll etwas erreicht werden

Eine kommunikative Botschaft ist natürlich kein Selbstzweck, sondern damit, dass etwas gesagt wird, soll beim Gegenüber etwas erreicht werden. Er soll informiert werden, etwas nachvollziehen, Verständnis aufbringen, etwas Bestimmtes tun usw. Dies betrifft die Ebene des Appells.

Der Sprecher sagt etwas über sich aus

Gleichzeitig sagt der Sender durch seine Botschaft entweder bewusst etwas über sich selbst aus oder gibt unfreiwillig seine Befindlichkeit preis. Dies betrifft die Ebene der Selbstoffenbarung.

Ein Beispiel

Das klassische Beispiel von Schulz von Thun: Zwei Menschen sitzen im Auto, die Frau fährt, der Mann ist Beifahrer. Sie stehen vor einer Ampel, die gerade von Rot auf Grün umspringt. Der männliche Beifahrer sagt: *„Es ist grün“*.

Sachaussage

Wie wird sie reagieren? Bevor wir uns damit beschäftigen, analysieren wir zunächst die gesendete Nachricht. Die Sachaussage ist ganz einfach, dass die Ampel gerade auf Grün umgesprungen ist. Der Appell lautet *„Fahr los“*.

Appell

Beziehungsaussage

Die Beziehungsaussage ist schon weniger eindeutig zu definieren. Sie hängt mit dem gegenwärtigen Stand der Beziehung zusammen und lässt sich nur treffend analysieren, wenn wir die Situation kennen und die Mimik, die Körpersprache des Sprechers kennen sowie seinen Tonfall berücksichtigen. Möglicherweise ist die Beziehungsaussage negativ eingefärbt und würde dann etwa lauten *„Du hast es nicht gesehen,* *du schläfst, du fährst zu langsam, du bist unachtsam"*. Die Beziehungsaussage fängt immer mit „Du" an.

Selbstoffenbarung

Wie lautet nun die Selbstoffenbarung des Beifahrers? Hier handelt es sich um eine Mischung aus den Gefühlen, die er vielleicht preisgeben möchte: *„Ich habe es eilig"* und dem, was er durch sein Verhalten unfreiwillig preisgibt: *„Ich bin ein schlechter Beifahrer"*. Je nachdem, welche Situationen Sie vor Ihrem inneren Auge sehen, kommen Sie zu anderen Bewertungen der vier Ebenen.

Das Modell ist also nicht eindeutig, hilft aber, die Vielschichtigkeit des Kommunikationsprozesses zu strukturieren und zu vereinfachen.

Die unterschiedlichsten Reaktionen sind möglich

Widmen wir uns wieder der spannenden Frage, wie die Empfängerin der Nachricht reagieren wird. Dies hängt von einer Reihe von Faktoren ab, u.a. der aktuellen Tagesform und dem gegenwärtigen Stand der persönlichen Beziehung zwischen den beiden. Wir können uns vorstellen, dass jeder Mensch für jede Seite der Nachricht ein spezielles Ohr besitzt. Das Sachohr, das Appellohr, das Beziehungsohr und das Selbstoffenbarungsohr.

Wenn die Empfängerin die Nachricht in ihr Sachohr bekommt, wird sie möglicherweise einfach mit *„Ja"* antworten. Eine solche Antwort ist im genannten Fall wahrscheinlich nicht zu erwarten, und auch nicht unbedingt angemessen.

Bekommt sie die Nachricht in ihr Appellohr, wird sie vielleicht losfahren. Damit hat der Sender sein Ziel erreicht. Bekommt sie jedoch die Nachricht in ihr Beziehungsohr, wird sie sich möglicherweise angegriffen fühlen und dementsprechend aggressiv reagieren, zum Beispiel mit dem Satz *„Fahre ich, oder fährst du?"* Bekommt sie die Nachricht dagegen in ihr Selbstoffenbarungsohr, wird sie sich über den emotionalen Zustand und die Motive ihres Beifahrers Gedanken machen. Eine Antwort könnte dann lauten: *„Hast du es eilig?* Auch hier kommt es selbstverständlich auf den Tonfall an. Es könnte auch eine verdeckte Botschaft darin stecken, wenn die Aussage mit einem aggressiven Unterton begleitet wird.

4.3.2 Die Ebene des Procederes – Welchen Regeln unterliegt die Kommunikation?

Gerade im beruflichen Umfeld ist noch eine weitere Kommunikationsebene zu beachten. Vielfach finden sich hier stark formalisierte Kommunikationsroutinen und institutionalisierte Gesprächsabläufe. Thematisiert werden auf der Ebene des Procederes also Ablauf und Struktur der Kommunikation.

Formalisierte Kommunikationsroutinen im beruflichen Umfeld

Wenn Sie ein Gespräch mit einem wichtigen Kunden haben, werden Sie wahrscheinlich nach einer bestimmten Reihenfolge vorgehen. Sie fallen nicht gleich mit der Tür ins Haus, sondern werden am Anfang möglicherweise etwas Smalltalk pflegen. Ein solches Verfahren gehört zum guten Ton und ist Bestandteil jedes Vertriebstrainings.

Bietet das Procedere auf der einen Seite Struktur und Orientierung, wird diese Ebene andererseits gerne genutzt, um von Problemen auf anderen Ebenen abzulenken. Sicher kennen Sie Veranstaltungen, auf denen man die Tagesordnung hinauf- und hinunterdiskutiert, womit letztlich die negative Erwartungshaltung verdrängt wird, dass eigentlich keiner der Teilnehmer mehr einen inhaltlichen Konsens erwartet.

4.3.3 Psychologisch wirkungsvoll kommunizieren – Eine Jonglage auf sämtlichen Ebenen

Das Modell der verschiedenen Kommunikationsebenen zeigt sehr anschaulich, auf welchen Ebenen Sie Veränderungen anstreben können. Die Grundvoraussetzung ist zunächst einmal auf möglichst vielen Ebenen Signale wahrzunehmen, um dann je nach den Umständen zu entscheiden, auf welcher Ebene gehandelt werden soll.

Auf möglichst vielen Ebenen Signale wahrnehmen

Viele konzentrieren sich auf die Inhaltsebene. Das ist deshalb nicht immer sinnvoll, da – wie wir jetzt wissen – die Wirkung der Kommunikation nur zu einem sehr geringen Anteil vom reinen Inhalt bestimmt wird. Grundsätzlich gilt:

Wenn Sie psychologisch erfolgreich kommunizieren wollen, sollten Sie Ihr Selbstoffenbarungsohr trainieren.

Viele Menschen laufen dagegen mit einem zu großen Beziehungsohr durch die Gegend und nehmen viele Dinge persönlich, auch wenn diese vom Sender möglicherweise gar nicht persönlich gemeint waren. Solche Fälle gibt es auch täglich im Berufsalltag. Wie folgende Grafik zeigt, hat auch die simple Aussage eines Kunden, dass ein Produkt zu teuer sei, ebenfalls vier Seiten.

Vielfach ist das Beziehungsohr zu weit offen

Sachaussage: *„Das Produkt kostet viel Geld."*

Beziehungsaussage: *„Ihre Preise sind zu hoch."*

Appell: *„Setzen Sie den Preis herunter!"*

Selbstoffenbarung: *„So viel Geld wollte ich nicht ausgeben."* oder *„So viel Geld habe ich nicht."*

Die vier Ebenen der Kommunikation

Ein Verkäufer, der sich jetzt rechtfertigt: *„Ich habe die Preise nicht gemacht!"*, hat die Aussage in sein Beziehungsohr bekommen, fühlt sich persönlich angegriffen und glaubt nun sinnvoll zu reagieren, wenn er dem Kunden sagt, dass er für die Preisgestaltung des Unternehmens nicht verantwortlich ist. Eine solche Reaktion löst das Problem natürlich nicht, sondern führt zu einem Konflikt.

Einwände niemals persönlich nehmen

Wie sieht nun eine sinnvolle Kommunikation unter Zuhilfenahme des Vier-Ohren-Modells aus? Immer dann, wenn Sie mit Einwänden konfrontiert werden, macht es wenig Sinn, Ihr Beziehungsohr weit zu öffnen und diese persönlich zu nehmen. Wenn Sie psychologisch erfolgreich kommunizieren wollen, sollten Sie dagegen ihr Selbstoffenbarungsohr trainieren. Fragen Sie sich: *„Was geht in Ihrem Gegenüber vor?“ „Was sind seine Motive und Gefühle“* und fassen Sie diese in eigene Worte.

Der geschulte Verkäufer wird sich daher nicht angegriffen fühlen, sondern behutsam nachfragen: *„So viel hatten Sie nicht einkalkuliert?!“ – „Wofür genau wollen Sie das Produkt denn einsetzen?“* Er fasst so kurz die Selbstoffenbarung des Kunden in Worte und stellt eine weiterführende Frage. Auf diese Art und Weise fühlt sich der Kunde verstanden und wird möglicherweise die Frage auch beantworten. Das Gespräch geht weiter und der Verkäufer hat Gelegenheit, Informationen zu sammeln, um entweder den Preiseinwand zu entkräften, oder ein anderes, den Wünschen des Kunden entsprechendes Produkt anzubieten.

Die Selbstoffenbarung des Kunden in Worte fassen und behutsam nachfragen

Mitarbeiter, die in der Reklamationsabteilung von Unternehmen arbeiten, brauchen ein geschultes Selbstoffenbarungsohr. Wer den ganzen Tag mit zum Teil auch persönlichen Einwänden konfrontiert wird und diese persönlich nimmt, hat eine kurze Lebenserwartung in Call Centern. Grundsätzlich gilt, Sie sollten alle vier Ohren sinnvoll einsetzen können.

Unterschiedliche Menschen bevorzugen ganz unterschiedliche Kommunikationsebenen

Manche Menschen reagieren auch sachlich, wo eine sachliche Reaktion nicht angebracht ist. So gibt es Menschen, die für Ironie nicht empfänglich sind und diese praktisch nicht wahrnehmen. Auch dies führt zu Missverständnissen in der Kommunikation.

Andere wieder haben ein großes Appellohr und fühlen sich permanent aufgefordert etwas zu tun, selbst wenn nur ein allgemeiner Hinweis gemacht wurde. Beispiel: Sie stehen mit einem Kollegen vor dem Kopierer und stellen fest, *„Das Papier ist alle!“*. Sofort flitzt Ihr Kollege los und holt neues Papier. Für Sie sehr praktisch, für Ihren Kollegen eher anstrengend.

Achten Sie einmal darauf, welches Ihr Lieblingsohr ist und bei welchen Themen Sie ein zu großes Beziehungsohr haben.

4.4 Worte allein sind Schall und Rauch – Auf die Wirkung kommt es an

Worte allein sind Schall und Rauch heißt es. Wenn Kommunikation gelingen soll, muss sie beim Empfänger auch eine Wirkung zeigen, eine Handlung oder ein Verhalten auslösen. Was aber lässt Kommunikation wirken?

Nur 7 Prozent einer Information wird durch den Inhalt bestimmt

In einer berühmten Studie von Mehrabian wurde festgestellt, dass nur 7 Prozent unserer gesendeten Information durch den Inhalt bestimmt wird, dagegen 38 Prozent durch die Stimme und 55 Prozent durch die Körpersprache (siehe Kap. 5.6).

Diese Erkenntnis wird der modernen technisch vermittelten Kommunikation im 21. Jahrhundert leider überhaupt nicht gerecht und unterstreicht einmal mehr, dass wir noch nach den gleichen Gesetzen funktionieren wie vor vielen hunderttausend Jahren. Erst vor 40.000 Jahren, neuere Untersuchungen sprechen von 100.000 Jahren, begann der Mensch Sprache, verbale Kommunikation, zu benutzen. Vorher galt es, nur durch den Anblick des Gegenübers zu entscheiden, ob es sich um einen Freund oder um einen Feind handelt.

55 Prozent durch die Körpersprache

Wenn Sie im Vertrieb arbeiten, kennen Sie den schönen Satz: *„Für den ersten Eindruck gibt es keine zweite Chance"*. Dies gilt nicht nur im Verkauf, sondern in jeder Form der Kommunikation. Innerhalb weniger Sekunden entscheidet ein anderer darüber, ob er Sie für sympathisch oder unsympathisch, kompetent oder inkompetent hält.

38 Prozent durch die Stimme

Können Sie sich noch erinnern, wie Sie als Kind von Ihren Eltern gerufen wurden? Selbst wenn der Name gleich bleibt, kann durch die unterschiedliche Stimme eine ganz andere Bedeutung erzielt werden. Wie wichtig die Stimme ist, merken Sie immer dann, wenn Sie einem Menschen begegnen, dessen Stimme Ihnen von Anfang an unsympathisch ist. Untersuchungen zeigen, dass männliche Stimmen in eher niedrigeren Tonlagen besonders kompetent und positiv wirken. Daher begegnen wir in der Werbung im Fernsehen und Radio immer wieder ähnlichen oder den gleichen Stimmen. Einige Radiosender sind bereits dazu übergegangen, die Stimmen ihrer unterschiedlichen Moderatoren durch den Einsatz von Technik so gleich einzufärben, dass eine ähnlich positive Wirkung erzielt wird.

Der Königsweg der Kommunikation ist eine Mischung aus Wirkungsorientierung und persönlicher Authentizität.

Sie haben grundsätzlich immer die Wahl, sich nur auf die Wirkung Ihrer Kommunikation zu konzentrieren oder Ihre innere Stimmigkeit bzw. Authentizität zum Ausdruck zu bringen (siehe auch Kap.2.4). Wenn Sie in Ihrem Verhalten immer nur auf Ihre aktuellen Gefühle achten, sind Sie möglicherweise zwar sehr authentisch, aber recht bald auch sehr einsam. Wer dagegen immer nur darauf achtet, wie sein Umfeld auf seine Verhaltensweisen reagiert, entfernt sich immer weiter von seiner eigenen Persönlichkeit, wirkt letztlich unglaubhaft und erzielt daher ebenfalls nur geringe Wirkung. Die schönsten kommunikativen Momente sind die, in denen Wirkung und Authentizität übereinstimmen.

4.5 Wirkungsvolle Gesprächstechniken

Man muss sich Kommunikationsverläufen nicht hilflos ausliefern: Die Beachtung der folgenden Gesprächstechniken kann Ihnen helfen, das Heft in die Hand zu nehmen und Gespräche gezielt so zu steuern, dass Sie Ihre Ziele umsetzen können.

Man muss sich Kommunikationsverläufen nicht hilflos ausliefern

4.5.1 Wer fragt, der führt

Der wohl berühmteste Philosoph in der Geschichte der Menschheit war Sokrates. Der Begründer der sog. sokratischen Methode hatte die Fähigkeit, Menschen nur durch das Stellen von Fragen dazu zu bringen, ihren eigenen Standpunkt komplett zu revidieren. Dies machte ihn nicht nur berühmt, sondern auch gefürchtet. Sokrates wird auch der Satz zugeschrieben *„Wer fragt, der führt"*.

Viele Menschen neigen dazu, in Gesprächen und Verhandlungen ihren eigenen Standpunkt wortreich zu vertreten, ohne Ihr Gegenüber ausreichend zu befragen. Sie haben jedoch nur dann eine Chance, Ihren Gesprächspartner durch wirksame Argumente zu beeinflussen, wenn Sie seinen Standpunkt, seine Interessen, seine Wünsche und Denkweisen kennen. Genau dies erreichen Sie durch das Stellen von Fragen. Dabei ist es jedoch nicht ganz unwichtig, welche Art von Fragen Sie verwenden. Sokrates beispielsweise liebte es, Fragen zu stellen, die den anderen in die Ecke drängten und ihm nur eine Chance der Antwort ließen. Dies machte ihn nicht eben beliebt. Schließlich hatten die Athener von diesem Besserwisser die Nase voll und verurteilten ihn zum Tode.

Um den anderen zu beeinflussen, muss man zuerst seinen Standpunkt erfahren

Damit es Ihnen besser ergeht, finden Sie im Folgenden eine Aufstellung der gängigsten Frageformen und je ein Beispiel für ihre sinnvolle oder gefährliche Anwendung.

Offene und geschlossene Fragen

Grundsätzlich lässt sich zwischen offenen und geschlossenen Fragen unterscheiden. Offene Fragen beginnen im Deutschen mit dem schönen Buchstaben „W". Die sog. W-Fragen sind Ihnen möglicherweise noch aus der Schulzeit ein Begriff. Auch der bekannte Eröffnungstrailer der Sesamstraße beginnt mit „Wieso, weshalb, warum". Offene Fragen dienen dazu, wie der Name schon sagt, den Gesprächspartner zu öffnen und möglichst viele Informationen zu erhalten.

Mit offenen Fragen erhalten Sie möglichst viele Informationen

Achtung bei Warum-Fragen. Warum-Fragen werden von Ihrem Gesprächspartner häufig als Angriff verstanden. Die Psychologen sprechen daher auch von einer Verfolger-Frage. Häufig steckt in dem Warum eine doppelte Botschaft. In der Frage *„Warum ist das Projekt nicht im Zeitplan?"* steckt auch ein Vorwurf. Formulieren Sie die Frage daher besser anders. *„Was ist der Grund für die Verzögerung?"* meint inhaltlich das Gleiche, klingt jedoch freundlicher. Das ist nicht logisch, sondern psycho-logisch.

Geschlossene Fragen beginnen demgegenüber mit einem Hilfsverb. Sie lassen nur ein Ja oder Nein zu. Geschlossene Fragen bieten sich immer dann an, wenn Sie von Ihrem Gesprächspartner eine Entscheidung möchten oder lediglich eine Detailfrage klären möchten. Häufig werden jedoch geschlossene Fragen eingesetzt, obwohl offene weit sinnvoller wären. Vor allem dann, wenn Ihr Gesprächspartner nicht in einer grundsätzlich offenen Haltung ist, macht das Stellen von geschlossenen Fragen keinen Sinn.

Geschlossene Fragen bereiten eine Entscheidung vor

Die folgenden Beispieldialoge zeigen den Unterschied zwischen geschlossenen und offenen Fragen im Gespräch.

Beispiel 1: Verkauf mit geschlossenen Fragen

Ein Verkäufer befragt einen Kunden, der einen Computer erwerben möchte: *Haben Sie schon bestimmte Vorstellungen? Arbeiten Sie schon mit einem Computer? Wissen Sie, was Sie mit dem Computer machen wollen? Brauchen Sie einen großen Arbeitsspeicher? Benutzen Sie Multimedia-Anwendungen? Benutzen Sie den Computer alleine oder arbeiten noch andere daran? Nutzen Sie das Internet?* Auf all diese Fragen wird der Kunde wahrscheinlich nur mit Ja oder Nein antworten. Der Verkäufer erfährt im Grunde nichts und das Gespräch wird zudem auch noch wenig Spaß machen.

Geschlossene Fragen bergen die Gefahr im Gespräch nicht weiterzukommen

Beispielsweise scheitern auch manche Journalisten bei Interviews mit Politikern daran, dass sie lediglich geschlossene Fragen stellen. Berühmt geworden ist ein Interview mit Willy Brandt, dem immer nur geschlossene Fragen gestellt wurden, auf die dieser genüsslich lediglich mit Ja oder Nein antwortete, ohne dass der Journalist überhaupt merkte, warum das Interview einen so mäßigen und unerfreulichen Verlauf nahm.

BEISPIEL 2: VERKAUF MIT OFFENEN FRAGEN

Offene Fragen liefern Ansatzpunkte für eine Argumentation

Offene Fragen bieten dagegen den großen Vorteil, Ansatzpunkte für eine Argumentation zu liefern. Verkäufer: *Wofür möchten Sie den Computer einsetzen? Welchen Computer nutzen Sie momentan? Welche Erfahrung haben Sie mit dem Einsatz von Computern bisher gemacht? Welche Anwendungen führen Sie bisher aus? Wer nutzt Ihren Computer noch?* Diese Fragen werden den Kunden zum Erzählen bringen, der Verkäufer gewinnt an Zeit und erhält wichtige Informationen, auf die er später in der Angebotsphase Bezug nehmen kann.

Die offenen Fragen lassen sich in folgende Unterformen unterscheiden:

SACHLICHE FRAGEN

Fakten und Informationen sammeln

Hier geht es darum, Fakten und Informationen zu sammeln, z.B. *Welche Erfahrungen besitzen Sie mit Computern? Wann haben Sie zuerst mit Herrn Müller darüber gesprochen? Wie viel Zeit werden Sie für das Projekt benötigen? Welche Vorstellungen haben Sie? Wann haben Sie Zeit?*

Die so genannten MOTIVIERENDEN FRAGEN sollen den Gesprächspartner dazu bringen, sich zu öffnen. Hier ist eine Anerkennung fester Bestandteil der Frage oder dieser vorangestellt. Beispiel: *Sie als kreativer Geist in unserer Abteilung, was schlagen Sie vor? Was ist Ihnen als Führungskraft, die wenig Zeit hat, bei einem Computer besonders wichtig?* Achtung, diese Fragen können leicht peinlich wirken. Auch hier gilt: Man spürt die Absicht und ist verstimmt.

DIE LÖSUNGSORIENTIERTEN FRAGEN

Diese Fragen zielen auf die Lösung ab. Beispiel: *Was wäre die beste Lösung für Sie? Wie stellen Sie sich die Lösung vor? Welches Ergebnis streben Sie an? Was muss der Computer alles können?*

Dem Gesprächspartner über einen Einwand hinweghelfen

Eine ähnliche Wirkung haben die sog. HYPOTHETISCHEN FRAGEN. Hier ist die Hypothese Bestandteil der Frage. Beispiel: *Was müsste passieren, damit ... ? Gesetzt den Fall, Sie entschließen sich für den Kauf eines Notebooks, wie lange werden Sie ohne externe Stromversorgung arbeiten müssen?*

Solche Fragen zielen auch darauf ab, dem Gesprächspartner über einen Einwand hinwegzuhelfen und das Gespräch weiterzuführen. Oft erledigt sich der Einwand dann von allein.

Den Gefragten durch Suggestionen gezielt beeinflussen

Eine häufig verwendete, aber gefährliche Form der Frage, ist die SUGGESTIVFRAGE. Hier wird der Gefragte durch Suggestionen gezielt beeinflusst. Beispiel: *Wollen Sie nicht auch einen Beitrag zum Kostensenkungsprogramm leisten? Sie sind doch sicher auch an einer möglichst praktischen Lösung interessiert? Sie sind doch sicher auch an der Zukunft Ihrer Kinder interessiert, oder?*

Diese Frageform setzt den Gesprächspartner unter Druck und erzeugt oft das genaue Gegenteil von dem, was der Frager beabsichtigt. Druck erzeugt Gegendruck.

Erfolgreiche Therapeuten sind immer gute Fragesteller. Erfolgreiche Führungskräfte auch. Und Verkäufer sowieso. Und Sie?

4.5.2 Die Psychologie der Information oder psychologisch-intelligente Informationsvermittlung

Der psychologische Gehalt einer Nachricht ist viel bedeutender als der reine Inhalt

Die bisherigen Kapitel haben verdeutlicht, dass Informationsübermittlung ein heikles Geschäft ist. Sie wissen nun, dass der psychologische Gehalt einer Nachricht viel bedeutender ist als der reine Inhalt und nicht die wie auch immer positiv geartete Absicht entscheidend ist, sondern allein die Wirkung.

Immer wieder geht es um den Dreiklang zwischen Ihnen selbst, dem Empfänger und dem Setting. Wenn Sie wissen, was Sie sagen wollen und bekannt ist, an wen sich Ihre Botschaft richtet, ist zu klären, welches die geeignete Form der Vermittlung ist. Bei der schriftlichen Kommunikation ist die Gefahr eines Missverständnisses besonders groß. Das Telefonat bietet da schon mehr Möglichkeiten. Denn durch die Stimme haben Sie die Möglichkeit, mehr Emotionen zu transportieren und dem anderen dabei zu helfen, Ihre Botschaft so zu entschlüsseln, wie Sie es gemeint haben. Die persönliche Begegnung bietet die beste Möglichkeit, Missverständnisse zu vermeiden.

Senden Sie nur eindeutige Botschaften

Die erste Voraussetzung erfolgreicher Informationsvermittlung ist sich bewusst zu machen, was Sie eigentlich genau sagen wollen. Andernfalls laufen Sie Gefahr diffuse Botschaften auszusenden. Zweideutige Informationen werden meist zu Ihrem Nachteil interpretiert. Versetzen Sie sich in die Situation Ihres Adressaten und überlegen Sie, wo er oder sie vielleicht ein zu großes Beziehungsohr hat (siehe Kap. 5.3).

Zweideutige Informationen werden meist zu Ihrem Nachteil interpretiert

Vielleicht kennen Sie den resignativen Stoßseufzer „*Es reicht nicht, nicht zu wissen, was man will, man muss auch unfähig sein, sich auszudrücken*“. Dies ist leider die Realität in vielen Unternehmen. Um Ihre Botschaft erfolgreich auszudrücken, helfen Ihnen die vier Verständlichmacher.

Die vier Verständlichmacher

Wenn der Inhalt auch nur den geringsten Teil der Wirkung ausmacht, so ist es dennoch wichtig, sich verständlich auszudrücken. Ein hier hilfreiches Modell stammt von Friedemann Schulz von Thun, der mit seinem Kollegen Langer die sog. vier Verständlichmacher entwickelt hat, die sich sowohl für die schriftliche Kommunikation als auch für das gesprochene Wort anwenden lassen.

- Einfachheit

Verwenden Sie kurze Sätze. Mit Sätzen à la Thomas Mann machen Sie keine Karriere. Fremdwörter sind möglicherweise „in“, bei Ihrem Gesprächspartner oder E-Mailempfänger aber garantiert „out“! Stellen Sie sich auf das Niveau Ihres Gesprächspartners ein. Verwenden Sie anschauliche Formulierungen und seien Sie konkret – sagen Sie, was Sie meinen.

Verwenden Sie kurze Sätze und sagen Sie, was Sie meinen

- Ordnung

Entwickeln Sie eine logische Struktur und sagen Sie in welcher Reihenfolge Sie vorgehen wollen. Trennen Sie Wichtiges von Unwichtigem. Liefern Sie Zusammenfassungen. Verwenden Sie sinnvolle Überleitungen und Einleitungen.

Entwickeln Sie eine logische Struktur

- Kürze und Prägnanz

Wie sagt ein Sprichwort? In der Kürze liegt die Würze! Das gilt auch für die Kommunikation im Beruf. Seien Sie effizient und effektiv. Abschweifungen sind vollkommen unnötig.

Motivieren Sie Ihre Gesprächspartner und Zuhörer

- ZUSÄTZLICHE STIMULANZ

„Willst du was schildern, sag es in Bildern", sagt ebenfalls ein Sprichwort. Sprechen und schreiben Sie so, dass die anderen sich gut unterhalten fühlen. Motivieren Sie Ihre Gesprächspartner und Zuhörer und stellen Sie sich auf die Landkarte, den Erfahrungsschatz Ihres Gesprächspartners ein. Dann wird er Ihnen zuhören oder Ihre Dokumente mit Interesse lesen.

Ich-Botschaften – Lassen Sie sich beim Wort nehmen

Können Sie sich noch an den ehemaligen Fußballbundestrainer Berti Vogts erinnern? Hans Hubert Vogts ist nach wie vor für seine Blutgrätsche und seinen fußballerischen Sachverstand bekannt. Seine kommunikative Kompetenz war und ist jedoch gefürchtet. Eine seiner Eigenschaften bestand darin, Sätze in der „man"-Form zu formulieren, wenn er eigentlich von sich selbst sprach. Höhepunkt dieser Entpersonalisierung waren Aussagen in der dritten Person über sich selbst.

Stehen Sie zu dem, was Sie sagen

Selbstbewusste Kommunikatoren scheuen sich nicht davor, auch persönliche Dinge in der Ich-Form zu beschreiben. Typische Beispiele für Man-Sätze in der Arbeitswelt sind: *„MAN hat so viel zu tun"*, *„MAN weiß gar nicht mehr, wie es weitergehen soll"*, statt: *„ICH habe viel zu tun"* und *„ICH weiß gar nicht mehr, wie es weitergehen soll"*. Sprechen Sie in der Ich-Form, wenn Sie „Ich" meinen, senden Sie Ich-Botschaften.

Du-Botschaften provozieren Rechtfertigungsdruck bei Ihrem Gesprächspartner

Eine weitere oft unangenehme Tendenz, da sie Verantwortlichkeiten und Konsequenzen dem anderen zuschiebt, besteht darin, Du oder Sie zu sagen, wenn es um eigene Gefühle geht. Beispiel: *„Das können WIR so nicht machen"* statt *„MIR gefällt das so nicht"*. Oder *„SIE akzeptieren mich nicht"* statt *„ICH HABE DEN EINDRUCK, dass Sie mich nicht akzeptieren."* Solche Du-Botschaften stoßen oft auf Ablehnung oder erzeugen Rechtfertigungsdruck, da hier Ihr Gesprächspartner sein Beziehungsohr ganz weit öffnet. Mit Ich-Botschaften, wirken Sie dagegen authentisch und glaubhaft. Natürlich laufen Sie so Gefahr beim Wort genommen zu werden. Aber das ist ja letztlich der Sinn von Kommunikation.

4.5.3 Aktives Zuhören und das Umgehen von Kommunikationssperren

Das Thema *„Niemand hört mehr richtig zu"* ist kein Problem der modernen Zivilisation, hervorgebracht durch Computer und andere Arten der sterilen, nicht mehr direkten Kommunikation. Das Problem ist so alt wie die Menschheit.

EINFÜHLENDES ZUHÖREN IST EINE DER KERNKOMPETENZEN FÜR ERFOLGREICHE KOMMUNIKATION.

Ein schlauer Mensch sagte einmal, die meisten Menschen hören zu, um zu antworten, nicht um zu verstehen. Wenn Sie Ihren Gesprächspartner positiv in Ihre Richtung beeinflussen wollen, müssen Sie zunächst Verständnis herstellen. Dabei ist aktives Zuhören von besonderer Bedeutung.

Die meisten Menschen hören zu, um zu antworten, nicht um zu verstehen

Achten Sie einmal in einem der nächsten Meetings darauf, ob Sie erkennen können, wer wirklich zuhört. Wahrscheinlich werden Sie sehen, dass, während jemand spricht, in den Unterlagen gekramt, gelangweilt geguckt oder gar mit dem Handy hantiert wird. All dies signalisiert dem anderen: *„Es ist nicht wichtig, was Du sagst“*. Hier wird also das genaue Gegenteil von Anerkennung vermittelt.

Aktives Zuhören verdeutlicht dem anderen dagegen mit verbalen und nonverbalen Signalen: *„Ich höre Dir zu“*. Dazu gehört ein freundlicher und aufmerksamer Blickkontakt, lächeln, ab und zu mal mit dem Kopf nicken, bestätigende Laute wie „hm, hm“ oder „ja“, eine angepasste Körpersprache, im Idealfall körpersprachliches Spiegeln, möglicherweise Kontroll- und Bestätigungsfragen und Paraphrasieren, also kurzes Wiederholen des Gesagten mit eigenen Worten (siehe Kap. 5.5.4).

Was so einfach klingt, ist für viele in der Praxis schwer zu realisieren, denn schon während der andere spricht, fangen wir an, das Gesprochene zu bewerten und möglicherweise eigene Gedanken, eigene Argumente für die Erwiderung zu bilden. Dies ist ein Grund, warum Menschen immer wieder ihre ursprünglichen Argumente wiederholen. Sie erhalten nicht das Signal, dass der andere wirklich verstanden hat, was sie gemeint haben. Geben und signalisieren Sie dem anderen daher, was er braucht: Verständnis.

Schon während der andere spricht, fangen wir an eigene Argumente für die Erwiderung zu bilden

Thomas Gordon und Carl Rogers

Der Begriff „aktives Zuhören“ geht auf Carl Rogers und Thomas Gordon zurück. Aktives Zuhören geht über das reine passive Zuhören hinaus. Der Zuhörer sendet Informationen zurück, versucht die Gefühle seines Gesprächspartners in eigenen Worten auszudrücken, um sie dem anderen bewusst zu machen und zu überprüfen, ob er tatsächlich verstanden hat, was der andere gemeint hat. Einen Teil dieser Technik haben wir in diesem Buch unter dem Begriff „Spiegeln" zusammengefasst (siehe Kap. 5.5.4). Aktives Zuhören ist nicht nur für die Kontrolle der Informationsvermittlung notwendig, sondern vor allen Dingen auch eine emotionale Methode. Es schafft ein positives Gesprächsklima, macht die Gespräche effektiver und sorgt für mehr Verständnis unter den Beteiligten.

Als emotionale Methode schafft aktives Zuhören ein positives Gesprächsklima

In seinem Buch „Managerkonferenz" drückte Gordon aus, welche Einstellung dem aktiven Zuhören zugrunde liegt.

- *Ich höre, was du fühlst.*
- *Ich verstehe, wie du die Dinge im Moment siehst.*
- *Ich begreife dich so, wie du im Moment bist.*
- *Ich bin interessiert an dir und deiner Meinung und nehme Anteil.*
- *Mir ist klar, wo du im Moment stehst.*
- *Ich verspüre keinen Wunsch dich zu verändern.*
- *Ich fälle kein Urteil über dich.*
- *Du brauchst keine Angst vor meiner Kritik zu haben.*

Hier handelt es sich um eine der sog. *„Ich bin o.k., du bist o.k."*-Grundpositionen, die wir beim Thema Transaktionsanalyse noch genauer beleuchten werden (siehe Kap. 7.4.6).

Besonders bei Führungskräften spielt aktives Zuhören eine zentrale Rolle

Gordon entwickelte Grundprinzipien für Führungskräfte, in denen aktives Zuhören eine zentrale Rolle spielte. Sein Ideal im Führungsprozess ist das Verzichten auf jeglichen Machtgebrauch. Er sieht die Führungskraft als Brücke zwischen den Bedürfnissen einzelner Mitarbeiter oder des Teams und den Interessen der gesamten Organisation. Diese Führungstheorie und die daraus folgenden Seminare waren in Deutschland in den 70er-Jahren und Anfängen der 80er-Jahre weit verbreitet.

Kommunikation sollte vermeiden den anderen verändern zu wollen

Auf Gordon gehen auch die Begriffe „Kommunikationssperren" und die noch bekannteren „Killerphrasen" zurück. Gordon plädiert für eine Kommunikation, die gänzlich vermeidet den anderen verändern zu wollen. Denn dadurch werde dieser unweigerlich in eine Verteidigungshaltung gedrängt, die ein konstruktives Gesprächsklima verhindere und einen lösungsorientierten Gesprächsfortgang blockiere.

Die folgende Liste zeigt die von Gordon aufgestellten Kommunikationssperren, auf die Führungskräfte unbedingt verzichten sollten.

Führungskräfte sollten darauf achten keine Kommunikationssperren zu errichten

- Befehlen, Anordnen, Auffordern. *„Das muss getan werden." „Sie müssen das tun."*
- Warnen, Mahnen oder Drohen. *„Wenn nicht dann ..."*
- Beschwören, Moralisieren, Predigen. *„Ich bitte Sie inständig, das zu tun."*
- Beraten, Vorschläge machen, Lösungen vorgeben. *„Das Beste ist ... "*
- Vorträge halten, Gründe anführen, durch Logik überzeugen wollen. *„Die Vergangenheit hat gezeigt, dass ..."*
- Kritisieren, Urteilen, Widersprechen, Vorwürfe machen. *„Sie sind auf dem falschen Weg, das geht so nicht!"*
- Loben, Zustimmen, Schmeicheln. *„Sie sind doch ein intelligenter Mensch und haben große Fähigkeiten."*
- Beschimpfen, Lächerlichmachen, Beschämen. *„So wie Sie reden, klingt es als ob Sie zum ersten Mal davon hören!"*
- Diagnostizieren, Interpretieren, Analysieren. *„Das sagen Sie nur, weil Sie gegen den Vorschlag sind."*
- Beruhigen, Sympathie äußern, Trösten, Aufrichten. *„So schlimm wird das gar nicht!"*
- Forschen, Fragen, Verhören. *„Warum haben Sie das getan?"*
- Ablenken, Ausweichen, Aufziehen. *„Warten wir erst einmal ab."*

Typische Killerphrasen, die jeden fruchtbaren Dialog im Keim ersticken und die Sie sicher auch aus Meetings kennen, sind:

Killerphrasen verhindern unweigerlich jeden fruchtbaren Dialog

„So wird das nie etwas!", „Da stimmt die Geschäftsführung nicht zu!", „Wie soll das in der jetzigen Situation funktionieren?", „Woher haben Sie das?", „Dafür bekommen wir niemals die Zustimmung!", „Das können wir uns nicht leisten." etc.

Exkurs: Gutes Zuhören, gute Kommunikation am Beispiel von Fernseh-Talkmastern

Im Fernsehen sind nicht unbedingt die Moderatoren am erfolgreichsten, die immer besonders tief in die Inhalte eindringen und sich als besonders kritisch hervor tun, sondern jene, die es schaffen, in kurzen Momenten eine sehr freundliche Atmosphäre mit ihrem Gast herzustellen. Gute Beispiele dafür sind Johannes B. Kerner und Reinhold Beckmann, denen von

Eine positive Atmosphäre ist oft entscheidender als das starre Fokussieren auf Inhalte

manchen Kollegen, die besonderen Wert auf ihre inhaltliche Kompetenz legen, vorgeworfen wird, sie seien zu seicht. Aber gerade diesen beiden Moderatoren gelingt es, Gäste ins Studio einzuladen, die andere nie bekommen. Und dies genau deshalb, weil die Gäste wissen, dass sie hier angenehm behandelt werden. Manchmal passiert es dann auch, dass die Gäste, gerade wegen der angenehmen Atmosphäre, mehr von sich preisgeben, als in einem kritischen Interview.

Machen Sie es genau so. Wenn Sie es schaffen, mit Ihrem Vorgesetzten oder einem manchmal schwierigen Mitarbeiter eine freundliche Atmosphäre herzustellen, werden Sie mehr über diesen Menschen erfahren und einen engeren Kontakt zu ihm aufbauen, als wenn Sie sich stur auf den Inhalt konzentrieren.

4.5.4 Spiegeln

Spiegeln ist das Multitool der Gesprächsführung

Spiegeln ist das Multitool der Gesprächsführung, quasi das Schweizer Taschenmesser für erfolgreichen Kontakt im Gespräch. Mit Spiegeln lässt sich ein positiver Kontakt auf der Beziehungsebene herstellen, Sie gewinnen Zeit, um sich zunächst mit den Argumenten Ihres Gegenübers auseinander zu setzen, Sie können inhaltliche Übereinstimmung betonen, Sie können das Gespräch inhaltlich in eine von Ihnen gewünschte Richtung steuern, ohne dass es anderen bewusst wird, Sie können Einwände bearbeiten, Teilergebnisse zusammenfassen und oftmals erledigt sich durch Spiegeln ein scheinbar inhaltlicher Einwand ganz von selbst.

Dem Gesprächspartner einen Spiegel vorhalten, in dem er seine Inhalte und Gefühle wiederfindet

Wie funktioniert dieses scheinbar magische Multitool? Wie der Name schon sagt, geht es beim Spiegeln darum, dem Gesprächspartner quasi einen Spiegel vorzuhalten, in dem er sich und seine Inhalte und Gefühle wiederfindet. Er fühlt sich verstanden und erkannt.

Körpersprachliches Spiegeln

Es gibt verschiedene Arten des Spiegelns. Das körpersprachliche Spiegeln ist besonders effektiv (siehe auch Kap. 5.6), weil Sie hier bereits mehr als die Hälfte der Wirkung erfassen. Beobachten Sie einmal bei einem nächsten Restaurant- oder Kneipenbesuch die Körpersprache der anwesenden Gäste. Sie werden sehr gut erkennen, wer einen guten persönlichen Kontakt hat und wo sich ein junger Mann vergeblich um die Zuneigung einer Dame bemüht. Wenn Sie einen guten Kontakt zu einem Gesprächspartner aufbauen wollen, achten Sie auf seine Körpersprache und stellen Sie Ihre eigene Körpersprache darauf ein.

Spiegeln Sie Inhalte und Gefühle Ihres Gesprächspartners wider

Ein weiterer wichtiger Bereich des Spiegelns betrifft die inhaltliche Ebene. Hier wird mit eigenen Worten wiederholt, was der andere gesagt hat. Diese Technik ist auch als Paraphrasieren bekannt. Dabei ist zu unterscheiden zwischen dem plumpen wortwörtlichen Wiederholen und einer eleganten Form, die mit wenigen eigenen Worten Verständnis herstellt.

Paraphrasieren: Inhaltliches Spiegeln

Noch wirkungsvoller ist das Spiegeln von Gefühlen. Beim sog. Verbalisieren werden die wahrgenommenen Gefühle des anderen in Worte gefasst: *„Sie sind verärgert“*.

Verbalisieren: Gefühle spiegeln

Punkte sammeln auf der Beziehungsebene

Stellen Sie sich vor, Sie nehmen an einem Spiel teil. Für jedes Paraphrasieren, das der andere mit einem Nicken, d.h. einer innerlichen Zustimmung quittiert, erhalten Sie 1 Punkt, für jedes auch tatsächlich verbalisierte *„Ja“* erhalten Sie 2 Punkte und jedes Mal, wenn der andere sich so verstanden fühlt, dass er ein bestätigendes *„Ja genau!“* äußert, erhalten Sie 3 Punkte. Ziel eines jeden Gespräches, das Sie unter dieser Prämisse führen, ist natürlich so viele Punkte zu erhalten wie möglich.

Der psychologisch interessante Aspekt dabei ist, dass es sich beim Spiegeln gar nicht um eine inhaltliche Zustimmung handelt, dies aber auf Ihren Gesprächpartner beinahe so wirkt. Wenn Sie beispielsweise das Unbehagen Ihres Gegenübers mit der Frage spiegeln *„Sie meinen, Ihnen ist unwohl bei dem Gedanken, dass ... ?“* oder noch besser die Aussage machen *„Ihnen ist also unwohl bei dem Gedanken, dass ... ?“*, fühlt sich dieser fast so, als ob Sie seine Bedenken teilen.

GEKONNTES SPIEGELN ÖFFNET DAS GEGENÜBER, DA ES DEN EINDRUCK ERWECKT, MAN WÜRDE SEINE ARGUMENTATION UND SEINE GEFÜHLE TEILEN.

Nichts ist schöner, als wenn wir jemanden treffen, der uns wirklich versteht

Und nichts ist schöner, als wenn wir jemanden treffen, der uns wirklich versteht. Kennen Sie das Buch „Momo“ von Michael Ende? Die Heldin des Buches ist ein junges Mädchen, das eine besondere Gabe hat. Sie ist eine so gute Zuhörerin, dass alle anderen sich schon nach kurzer Zeit nicht mehr vorstellen können, wie sie ohne Momo leben können. Dabei äußert sich Momo inhaltlich gar nicht. Sie zeigt sich nur interessiert, sie schafft es, eine derart positive Atmosphäre herzustellen, dass die anderen sich wohl fühlen. Der positive Effekt ihres Zuhörverhaltens ist, dass ansonsten wenig kreative Menschen plötzlich gute Ideen haben.

In politischen Talkshows nehmen die Gäste in der Regel keinen Bezug aufeinander

Könnte es sein, dass die mangelnde Kreativität in vielen Meetings vielleicht auch etwas damit zu tun hat, dass die Menschen einander nicht wirklich zuhören und niemand sich verstanden fühlt? Beobachten Sie in dieser Hinsicht demnächst einmal eine der politischen Talkshows. Sie werden feststellen, dass dort nahezu kein Gast wirklich Bezug auf eine Äußerung eines anderen Gastes nimmt. Gespiegelt wird hier, wenn überhaupt, nur von Moderatoren. Dies ist mit ein Grund, warum jeder Politiker immer nur die gleichen Statements in abgewandelter Form vorträgt. Niemand hört zu und niemand geht auf den anderen ein und so entsteht am Ende auch kein wirklich neues qualitativ besseres Ergebnis. Nach einer Stunde haben wir wieder nur die gleichen Argumente der gleichen Politiker in unterschiedlicher Färbung gehört.

Übung in scholastischer Disputation

Eine weitere Übung, die scholastische Disputation, kann Ihnen helfen Ihr rhetorisches Geschick und die Technik des Spiegelns zu üben. Die Scholastiker waren eine Philosophenschule, die für ihre besondere Art der Rhetorik und der Diskussion bekannt war. Sie führen mit einem Partner eine Pro und Kontra

Diskussion. Bevor Sie jedoch das Argument Ihres Gegenübers durch Ihr eigenes Argument widerlegen, müssen Sie zunächst inhaltlich korrekt wiedergeben, was der andere gesagt hat, und eine Pause machen, sodass der andere bestätigen kann, ob er sich richtig verstanden fühlt. Achten Sie darauf, dass Sie die Inhalte des anderen nicht wortwörtlich, sondern nur dem Sinn nach spiegeln und auf typische Redewendungen wie *„Habe ich Sie richtig verstanden ...“*, *„Sie meinen also ...“* verzichten. Am besten drücken Sie die Inhalte so aus, dass Sie am Ende des Satzes einen Punkt setzen können, kein Fragezeichen. Jedes Mal, wenn der andere mit „Ja!“ oder „Ja, genau!“ antwortet, wissen Sie, dass Sie zwei oder drei Punkte auf der Beziehungsebene gemacht haben.

Die Argumente des anderen korrekt wiedergeben bevor gegenargumentiert wird

ANWEISUNG ZUR ÜBUNG: Suchen Sie sich mit einem Partner ein Thema, bei dem Sie unterschiedlicher Meinung sind. Formulieren Sie dann drei Argumente in kurzen Stichpunkten für Ihre eigene Position, dann beginnen Sie die Diskussion. Wenn A sein erstes Argument genannt hat, wiederholt B zunächst das Argument, macht eine kurze Pause und wenn A mit *„Ja“* oder *„Ja genau“* geantwortet hat, bringt B sein eigenes Argument. Anschließend verfährt A genauso: Er wiederholt zunächst das Argument von B, macht eine Pause, wartet die Bestätigung ab und bringt dann sein eigenes zweites Argument.

Es ist bei dieser Übung vollkommen unerheblich, ob Ihre Beiträge inhaltlich sinnvoll sind oder nicht. Es macht sogar besonderen Spaß, ein Thema zu nehmen, zu dem Sie eigentlich eine ganz andere Meinung vertreten oder das bewusst sinnlos oder merkwürdig ist.

Zerrspiegel

Wenn Sie schon einmal in einem Spiegelkabinett auf einem Jahrmarkt waren, haben Sie vielleicht schon einmal vor einem Zerrspiegel gestanden, d.h. einem Spiegel der konvex oder konkav geformt ist und deshalb unseren Körper auf grotesk komische Art und Weise verzerrt. Genau dies können Sie natürlich auch verbal tun und manche Profis in der Kommunikation machen genau dies: Sie drehen uns buchstäblich das Wort im eigenen Munde herum.

Eine nicht immer faire Art des Spiegelns

Diese Form der Rabulistik, der Wortverdreherei, schauen wir uns jetzt einmal genauer an. Als Beispiel kann wieder ein Blick in eine der politischen Talkshows dienen: Zwei Politiker

Rabulistik: Die Kunst der Wortverdreherei

streiten sich über den Sinn oder Unsinn weiterer Zuwanderung ausländischer Arbeitnehmer mit besonderer Qualifikation.

Politiker Nr. 1 äußert sich wie folgt: *„Der Misserfolg der bisherigen Greencard hat deutlich gezeigt, wir brauchen eine andere Regelung, um qualifizierte Arbeitnehmer dauerhaft nach Deutschland zu holen."*

Darauf antwortet Politiker Nr. 2: *„Sie glauben also, durch eine erhöhte Zuwanderung können Sie die jetzt schon hohe Arbeitslosigkeit beseitigen."*

Politiker Nr. 1: *„Das habe ich so doch gar nicht gesagt."*

Politiker Nr. 2 hakt sofort ein und sagt: *„Sie nehmen es also selbst zurück."*

Nun ist Politiker Nr. 1 in einer ungünstigen Position. Egal, was er sagt, es sieht für den Zuschauer aus wie eine Rechtfertigung. Politiker Nr. 2 hat also emotional einen Punkt gemacht. Mancher Rhetorikratgeber empfiehlt genau das, um einen schwierigen Teilnehmer in einer Präsentation oder einem Meeting öffentlich zu widerlegen, lächerlich oder mundtot zu machen.

Die Technik des Zerrspiegels nur mit Vorsicht einsetzen

Der Einsatz einer solchen Technik kann sinnvoll sein, birgt jedoch auch Gefahren. Sie haben möglicherweise einen kurzfristigen und auch öffentlichen Sieg errungen, doch nicht selten handelt es sich hier um einen Pyrrussieg: Die Schlacht ist gewonnen, aber der Krieg verloren. Oder um es anders auszudrücken: Denken Sie immer daran, Freunde kommen und gehen, Feinde sammeln sich an.

4.6 Körpersprache – Jeder spricht sie, wenige verstehen sie

Ein großer Teil der Wirkung von Kommunikation hängt vom Körper ab

In den vorhergehenden Kapiteln haben wir gesehen, dass die Wirkung der Kommunikation nur zu einem geringen Teil vom Inhalt ausgeht. Ein weitaus größerer Teil hängt von der Körpersprache ab. Samy Molcho, der bekannte Körpersprachentrainer und Pantomime nennt sie den *„Handschuh der Seele"* und meint damit, dass unsere Körpersprache viel ehrlicher ist als es uns oft lieb ist und unsere wahren Empfindungen ausdrückt.

Unser Körper lügt nicht

Selbst wenn Stimme und Inhalt positiv sind, aber Ihre Körpersprache als negativ wahrgenommen wird, ist das Gesamtergebnis Ihrer Kommunikation negativ.

Körpersprache – Jeder spricht sie, wenige verstehen sie

Speziell in Deutschland gibt es eine lange Tradition, sich ganz auf den Inhalt der Kommunikation zu konzentrieren und nicht auf die Art und Weise der Darstellung und Übermittlung. Rhetorik, die Kunst der Rede, hat nur eine geringe Tradition, ganz anders etwa als im angelsächsischen Bereich. Wie viele gute Redner fallen Ihnen auf Anhieb ein, die Sie persönlich kennen? In wie vielen Meetings, Vorträgen und Präsentationen wurden Sie schon gelangweilt durch langatmige, möglicherweise inhaltlich brillante Vorträge, von denen Sie sich aber nur an weniges erinnern können.

Rhetorik, die Kunst der Rede, hat in Deutschland nur eine geringe Tradition

Wenn Sie die Wirkung Ihrer Kommunikation verbessern wollen, macht es Sinn sich zunächst nicht auf den Inhalt, sondern auf das „Wie" zu konzentrieren. Wichtig zu wissen:

Ihre Körpersprache können Sie nicht abstellen, sie wirkt, ganz gleich, ob Sie sich bewusst darauf konzentrieren oder nicht.

Eine falsche Geste, ein zögerliches Zupfen am Hemdkragen, ein Wischen über die Augenbraue kann darüber entscheiden, ob der Kunde dem Vertrag zustimmt oder nicht.

Der erste Schritt besteht darin, sich für die Köpersprache bei anderen und bei sich selbst zu sensibilisieren. Im zweiten Schritt geht es darum, die eigenen Körpersprache gezielt an andere Menschen und Situationen anzupassen.

Sich für die Köpersprache anderer und bei sich selbst sensibilisieren und sie dann je nach Situation anpassen

Die folgende Liste verdeutlicht wie umfangreich und komplex die Bereiche der nonverbalen Kommunikation sind:

Bereiche der nonverbalen Kommunikation

Äussere Erscheinung
- Kleidung
- Frisur
- Make-Up
- Schmuck

Gestik und Motorik
- Körperhaltung
- Kopfhaltung
- Blickrichtung
- Blickkontakt

Mimik
- Augen
- Stirn
- Mundstellung
- Lippen

Wortmotorik und Sprachdynamik
- Sprachduktus
- Stimmlage
- Stimmodulation
- Wortwahl

Gestaltung des persönlichen Umfeldes
- Statussymbole
- Ausstattung und Einrichtung

Räumliche Distanz
- Abstand und Nähe zu Personen
- Position im Raum oder im Gebäude

Eine Fülle umgangssprachlicher Redewendungen verdeutlicht die Ausdrucksfähigkeit unseres Körpers

Wenn Sie sich für Körpersprache sensibilisieren und die Bedeutung verschiedener Verhaltensweisen entschlüsseln möchten, hilft es sich gebräuchliche Redewendungen einmal genauer anzuschauen. Häufig illustrieren wir mit unseren verbalen Äußerungen körpersprachliche Ausdrucksformen. Hier einige Beispiele:

Sprachliche Bilder mit Bezug auf den Körper

- Mit beiden Beinen auf dem Boden stehen.
- Sich die Hände reiben.
- Mit leeren Händen dastehen.
- An sich halten.
- Sich zusammenreißen.
- Bleib mir vom Leibe.
- Jemandem die kalte Schulter zeigen.
- Etwas gleitet aus den Händen.
- Jemand nimmt etwas in die Hand.
- Etwas fest im Griff haben.
- Der Schreck fährt Ihnen in die Glieder.
- Zu einer Sache stehen.
- Weiche Knie bekommen.
- Haltung bewahren.
- Eine gute Figur machen.
- Geneigt sein.
- Den Kopf verlieren.
- Den Kopf bewahren.
- Den Kopf hängen lassen.
- Hochnäsig.
- Jemanden die Stirn bieten.
- Argumente wegwischen.
- Abstand wahren.
- Eine Nase für etwas haben.
- Das juckt mich nicht.
- In sich gehen.
- Sich an die eigene Nase fassen.
- Den Mund halten.
- Hinter vorgehaltener Hand sprechen.
- Gute Miene zum bösen Spiel machen.
- Das steht ihm ins Gesicht geschrieben.
- Jemanden keines Blickes würdigen.
- Offenen Auges durch die Welt gehen.
- Aug in Aug.
- Von oben herab.
- Das Gesicht wahren.

„Wer Augen hat zu sehen und Ohren zu hören, überzeugt sich, dass die Sterblichen kein Geheimnis verbergen können. Wessen Lippen schweigen, der spricht mit den Fingerspitzen; aus allen Poren dringt ihm der Verrat."

Sigmund Freud

4.6.1 Körpersprache deuten

Verräterische Tells

Pokerspieler sind immer auch Experten in Sachen Körpersprache

Spielen Sie Poker? Ein guter Pokerspieler wird immer auch ein Experte in Sachen Körpersprache sein. Zum einen geht es darum, die eigene Körpersprache so undurchschaubar wie möglich aussehen zu lassen, sprich das Pokerface zu wahren, zum anderen bei den Mitspielern zu erkennen, ob diese nun ein gutes oder ein schlechtes Blatt haben. Aus dem Poker stammt auch die englische Redewendung der so genannten Tells.

Tells sind körpersprachliche Signale, die mehr verraten als dem Sender lieb ist.

Unbewusste, verräterische Gesten, die im Widerspruch zur verbalen Äußerung stehen

Damit sind also unbewusste, verräterische Gesten gemeint, die im Widerspruch zur verbalen Äußerung stehen. Pokerspieler achten auf jede Kleinigkeit in den Bewegungen und Verhaltensweisen Ihrer Gegenspieler. Wie hält er sein Blatt? Wie ist seine Mimik? Wie sortiert er seine Karten? Wie oft fasst er sie an? Was macht er mit seinen Händen? Spielt er mit seiner Brille? Wie zündet er sich eine Zigarette an?

Ein guter Pokerspieler merkt sich jedes Detail, sodass er nach ein paar Spielen weiß, welche Unterschiede im Anzünden der Zigarette bei seinem Gegenüber bestehen, wenn dieser ein gutes oder ein schlechtes Blatt hat. Wenn Sie einen Pokerspieler nach einer langen Pokernacht über das Verhalten seiner Mitspieler befragen, kann ihnen dieser jede Menge Details nennen. Er wird sich diese Details hinterher auch aufschreiben, dokumentieren und eine Datenbank anlegen mit den Tells und typischen Verhaltensweisen, typischen Spielzügen seiner Gegenspieler, um beim nächsten Mal besser vorbereitet zu sein.

Hervorragende Verkäufer, Verhandlungsführer und Führungskräfte achten gezielt auf körpersprachliche Details

Hervorragende Verkäufer, Verhandlungsführer und Führungskräfte achten ebenfalls auf die Details in den körpersprachlichen Äußerungen ihres Gegenübers. Nach Möglichkeit sammeln Sie schon vor der ersten Begegnung viele nützliche Informationen, z.B. indem Sie Menschen befragen, die den neuen Gesprächspartner bereits kennen. Sie holen sich Informationen über Vorzüge oder Abneigungen, um darauf vorbereitet zu sein. Sie überlegen sich, wann, wie und wo Sie Ihren Gesprächspartner begrüßen werden. Manche sorgen dafür, den Gesprächspartner schon vor der eigentlichen Begegnung beobachten zu können, um weitere Informationen über seinen aktuellen Gemütszustand zu erhalten. Bei der Begrüßung achten Sie nicht nur auf Kleidung und deutliche Körpersprache, sondern auf Feinheiten, wie etwa die Art und Weise des Händedrucks. Sie werfen einen Blick auf die Schuhe und erkennen, ob der Gürtel am Anzug bereits sichtbare Spuren zurückliegender Gewichtsveränderungen zeigt.

Sie registrieren das Muster der Krawatte oder die Art und Weise des Schmucks und die Tiefe des Ausschnitts. Sie werden ihrem Gesprächspartner möglicherweise verschiedene Getränke zur Auswahl anbieten und aufgrund dessen Auswahl Rückschlüsse auf seinen Charakter ziehen. All dies tun Profis in wenigen Sekunden, wenn Sie mit einem neuen Gesprächspartner zu tun haben.

Die durchschnittliche Führungskraft ist für körpersprachliche Signale wenig sensibilisiert

Die durchschnittliche deutsche Führungskraft kann dagegen nach einem Mitarbeitergespräch kaum noch richtig angeben, welche Farbe der Anzug des Mitarbeiters hatte. Die meisten Menschen sind ein Bündel an unbewussten Verhaltensweisen und haben keinen professionellen Blick für ihr Gegenüber. Seien Sie froh! In einem solchen Umfeld können Sie schnell der Einäugige unter den Blinden sein, auch ohne jahrelang mit dem Studium der Körpersprache zu verbringen.

Für Peter Collett, einen bekannten Verhaltenspsychologen der Oxford-University, müssen vier Bedingungen erfüllt sein, damit ein körpersprachliches Signal ein TELL ist.

PRAXIS

Kennzeichen eines Tells

1. Das körperliche Signal muss ein charakteristisches Detail in der Aktivität einer Person sein, z.B. das Verschränken der Arme, Lächeln oder bestimmte Gesten.
2. Die Handlung muss etwas über die Person enthüllen, das ansonsten nicht direkt zu beobachten ist. Entscheidend ist die Verbindung zwischen der Handlung und dem Innenleben des Menschen, über das uns die Handlung etwas aussagt.
3. Die Handlung muss überhaupt bemerkt werden können, solche Tells können große ausholende Bewegungen sein oder ein kleines Schnippen mit dem Finger.
4. Die vierte Bedingung ist die korrekte Deutung der Handlung. Sie muss als solche erkannt werden und es muss klar sein, was diese Handlung über den inneren Zustand der Person zum Ausdruck bringt.

Auch die Experten sind sich über die Bedeutung mancher Gesten und Signale nicht einig

Insbesondere die vierte Bedingung ist natürlich eine Frage der Interpretation und auch die Experten sind sich über die Bedeutung mancher Gesten und Signale nicht einig.

Typisches Beispiel dafür ist der sog. Pinocchio-Effekt. Damit ist das sich an die Nase fassen beim Lügen gemeint. Einige Experten behaupten, dass beim Lügen durch die Anspannung die Durchblutung im Gesicht sinkt, deshalb eine Spannung entsteht, die dazu führt, dass der Mensch sich an die Nase fasst. Es gibt sogar Untersuchungen, die ähnlich wie bei der berühmten Holzfigur eine Vergrößerung der Nase beim Lügen um einige Millimeter gemessen haben. Eine andere Erklärung des Griffs an die eigene Nase besagt, dies habe etwas mit Ablehnung zu tun. Diese beiden Interpretationen führen dann zu einer vollkommen unterschiedlichen Aussage beispielsweise über das Verhalten von Bill Clinton während der Lewinsky-Anhörung. Die einen werten sein häufiges Fassen an die Nase als klaren Beleg, dass er gelogen habe, andere sehen darin nur ein Zeichen der Ablehnung von jenen Personen, die ihn in diese unangenehme Befragungssituation gebracht haben.

Der Pinocchio-Effekt: das sich an die Nase fassen beim Lügen

Letztlich ist es wie beim Pokerspielen. Es ist nicht die eine kleine Geste allein, sondern die Summe von verschiedenen Signalen, die den Aufschluss über die wahren Beweggründe und Motive Ihres Gegenübers geben.

Makrosignale sind kaum zu übersehen

Im Unterschied zu den auslegungsbedürftigen TELLS sind manche Zeichen natürlich kaum zu übersehen. In der Tierwelt gibt es eindeutige anatomische Merkmale, die die Stärke und Fortpflanzungsfähigkeit betonen. Ein gerne zitiertes Beispiel ist die sog. Winkerkrabbe, deren gewaltige roten Scheren größer sind als ihr Körper selbst. Damit werden andere Männchen eingeschüchtert und die Weibchen beeindruckt.

Makrosignale fallen auch dem weniger geschulten Auge sofort auf

Gleiches ist bei uns zu beobachten, wenn Männer durch Gewichtheben und Einnahme von Anabolika ihre Muskeln vergrößern, während, was immer beliebter wird, Frauen sich durch plastische Chirurgie ihre Brust vergrößern lassen. Auch hier geht es – Grüße aus der Steinzeit – wieder um die alten Themen Dominanz und Fortpflanzungsfähigkeit (siehe Kap. 1.3.6). In Ihrem Unternehmen ist es vielleicht der Fuhrpark, der einige wertvolle Hinweise bereithält. Wer fährt welches Auto und in welcher Farbe? Auch der Zustand des Innenraums in einem Auto kann bedeutende Rückschlüsse über den Fahrer geben, genauso wie der Zustand seines Schreibtisches oder seines Büros.

Für Sie heißt das: Sammeln Sie so viele Informationen, wie Sie bekommen können und fertigen Sie ein psychologisches Bild Ihrer Kollegen, Kunden, Führungskräfte und Lieferanten an, kurz: von allen Menschen, mit denen Sie im Berufsleben zu tun haben.

Ihre Mimik spiegelt deutlich Ihre aktuelle Befindlichkeit

In der Regel nutzen wir unsere 60 Gesichtsmuskeln nur wenig

Nehmen Sie regelmäßig an Besprechungen teil? Achten Sie beim nächsten Meeting einmal auf die Mimik Ihrer Kollegen! Die meisten schauen, als ob sie gerade einen nahen Anverwandten verloren hätten. Ernste Inhalte führen nicht selten zu ernster Stimme und ernsten Gesichtsausdrücken. Kein Wunder, dass viele Meetings so wenig Spaß machen. Wir haben ganze 60 Muskeln im Gesicht, doch viele von uns nutzen sie nicht. Zeigen Sie durch eine bewegte Mimik, dass Sie am Geschehen teilhaben und lächeln Sie. Damit ist kein Dauergrinsen gemeint, sondern ein freundlicher, entspannter Gesichtsausdruck. Fragen Sie sich selbst, welches der drei Gesichter auf Sie sympathischer wirkt:

Ein entspanntes Lächeln wirkt sympathisch

Männer lächeln deutlich weniger als Frauen

Männer lächeln deutlich weniger als Frauen. Dieser Unterschied zeigt sich schon bei zwei Monate alten Babys. Wenn Sie Meetings auf verschiedenen Hierarchieebenen in Unternehmen beobachten, werden Sie feststellen, dass in der Vorstandsetage am wenigsten gelächelt wird. Während Männer in hohen Positionen deutlich weniger lächeln als ihre Geschlechtsgenossen in niederen Positionen, gibt es bei Frauen keine signifikante Veränderung.

Echtes und simuliertes Lächeln

Grundsätzlich gibt es zwei Arten von Lächeln. Das echte Lächeln umfasst zwei Muskelgruppen um Mund und Augen und lässt sich nicht simulieren. Das zweite, eher gespielte Lächeln umfasst nur die Muskelgruppe um den Mund. Das gespielte Lächeln ist auch eine Unterwürfigkeitsgeste. Es zeigt dem Anführer, dass er nichts zu befürchten hat. Während die untergeordnete Person quasi lächeln muss, hat die dominante Person die Lizenz zu lächeln, wann immer sie möchte. Wenn der Chef mit seinen Mitarbeitern zusammen ist, ist die Wahrscheinlichkeit also größer, dass wir bei ihm ein echtes Lächeln mit Augen und Mund beobachten können, während die Mitarbeiter häufiger das eher unterwürfige Lächeln mit Einsatz nur der Mundmuskeln zeigen werden.

Lächeln wirkt, ob es echt ist oder falsch

Frauen, die nicht lächeln, gelten eher als unglücklich. Männer, die nicht lächeln, gelten als dominant. Das Interessante ist, Lächeln wirkt, ob es echt ist oder falsch. Entscheidend ist das Lächeln überhaupt.

Der Abstand zwischen Personen signalisiert ihre Vertrautheit miteinander

Kennen Sie Menschen, die Ihnen bei der ersten Begegnung gleich buchstäblich auf die Pelle rücken? Vielleicht gut gemeint, ist dies doch für viele Menschen äußerst unangenehm.

Experten unterscheiden vier Abstandszonen

Experten unterscheiden vier Abstandszonen. Am ungefährlichsten ist die öffentliche Zone. In ihr bewegen wir uns, wenn wir zu größeren Gruppen sprechen, zu denen wir einen Abstand von mehr als 3,5 Metern haben. Danach folgt die gesellschaftliche Zone. Sie umfasst 3,5 bis 1,2 Meter. In ihr begegnen wir Fremden, einem neuen Kollegen, einem Kunden oder einem Fremden auf einem gesellschaftlichen Ereignis. Die persönliche Zone zwischen 1,2 Metern und 46 Zentimetern beschreibt die private Distanz. Darunter beginnt die Intimzone. In sie dürfen nur unsere Liebespartner, unsere Eltern, Kinder, enge Freunde und Verwandte eindringen.

Der persönliche Raum, den ein Mensch beansprucht, kann individuell unterschiedlich sein. Jemand, der auf dem Land aufgewachsen ist, benötigt möglicherweise mehr Raum als jemand, der immer in eher beengten Verhältnissen in einer Großstadt gelebt hat.

In jedem Fall tun Sie gut daran, im Zweifel zu viel Abstand zu wahren als zu wenig. Bauen Sie nach und nach Kontakt auf und achten Sie auf die Signale Ihres Gegenübers, die Ihnen erlauben, die nächste Zone zu betreten.

4.6.2 Unbewusste Signale und was sie uns verraten

Zu den vielfach unbewussten Signalen gehören natürlich die oben erwähnten Tells (siehe Kap. 4.6.1). Es gibt aber noch weitere interessante Indikatoren, von denen wir hier einige vorstellen.

Dominanz-Signale

Wenn wir einen neuen Menschen kennen lernen, gibt es zunächst drei Faktoren, nach denen wir diese beurteilen: Dominanz, Sympathie und sexuelle Attraktivität. Im Unternehmen sind Dominanz-Signale oder Dominanz-Gesten von besonderer Bedeutung. Das Verhalten in einer männlich-dominierten Vertriebsorganisation hat durchaus noch viele Parallelen mit einer Pavianhorde.

Körpergröße ist immer auch mit Status und Dominanz verbunden

So ist Körpergröße immer auch mit Status und Dominanz verbunden. Untersuchungen zeigen, dass Menschen, die größer sind, eine längere Lebenserwartung haben und mehr verdienen. Vielleicht haben Sie in Ihrer Umgebung oder Ihrem Unternehmen Menschen, die durch ihre Größe und möglicherweise durch ihr Volumen raumfüllend sind und dominierend wirken.

Helmut Kohl war dafür ein gutes Beispiel in seiner politischen Karriere. Schon durch seine Größe beeindruckte er die meisten Besucher, politische Gegner und Weggefährten.

Auto als Statussymbol

Früher hatte das Alphamännchen das größte Pferd, heute fährt es das größte Auto. In den meisten Unternehmen gibt es eine klare Rangordnung, wer welche Autos fahren darf. Hierzu eine kurze Anekdote zur Dienstwagenregelung, die zeigt, dass die Geschichten, die sich um das Auto als Statussymbol ranken, tatsächlich ihre Berechtigung haben:

In einem Unternehmen, für das wir tätig sind, brachte eine der Führungskräfte ihren Dienstwagen zur Inspektion, einen 5er-BMW, der ihr laut Position zustand. Da der Inhaber des Autohauses ein persönlicher Freund war, gab er ihr einen 7er-BMW als Ersatzwagen mit. Knapp zwei Stunden, nachdem sie den 7er-BMW auf den Firmenparkplatz gestellt hatte, klingelte beim Vorstand das Telefon. Eine Führungskraft auf gleicher Ebene, die mehrere hundert Kilometer entfernt einen Standort leitetete, fragte nach, wie es komme, dass die besagte Führungskraft nun einen 7er-BMW fahre, wo ihr doch nur ein 5er-BMW zustünde. Sollte sich die Regelung geändert haben, beantrage sie (die Führungskraft des anderen Standorts) sofort ebenfalls einen 7er-BMW.

Was war passiert? Unbewusst hatte die Führungskraft begünstigt durch das Autohaus des Freundes die betriebliche Hackordnung verletzt.

Die Alphamännchen-Parade

Eine unserer internationalen Klientinnen hat für ein besonderes Phänomen einen eigenen Ausdruck geprägt, die Alphamännchen-Parade. Die Dame arbeitet als Führungskraft in einem männlich dominierten Umfeld und nimmt an zahlreichen Meetings mit internationaler Besetzung teil. Schon seit längerer Zeit hatte sie sich daran gewöhnt, mit ihren weiblichen Kolleginnen quasi als stille Beobachterinnen an den Meetings teilzunehmen und zu beobachten, wie die unterschiedlichen Alphamännchen aufeinander losstürmten und ihre Dominanz zur Schau trugen. Dabei kam es während eines der turnusmäßig stattfindenden Meetings zu folgender Begebenheit.

Einer der Manager schob während einer sehr kontrovers geführten Diskussion seinen Stuhl zurück, stand auf und redete weiter, während er am Tisch stehen blieb. Nach und nach standen die anderen Manager ebenfalls auf, sodass am Ende alle Streithähne am Tisch standen, während sie redeten oder zuhörten. Lediglich die beiden Frauen sowie zwei männliche Mitarbeiter niederen Ranges waren sitzen geblieben.

Was war passiert? Einer der männlichen Teilnehmer hatte versucht, sich einen Vorteil durch eine Dominanzgeste zu verschaffen (Aufstehen), die anderen hatten diese neue Hackordnung nicht akzeptiert und standen ebenfalls auf.

In einer angeregten Diskussion aufzustehen und im Stehen zu reden ist eine Dominanzgeste

Rational betrachtet macht dieses Verhalten keinen Sinn. Die Frauen waren lediglich Beobachterinnen dieses männlichen Streits und amüsierten sich prächtig über diese Alpha-Männchen-Parade. Die beiden anderen Männer fühlten sich durch ihren niedrigeren Rang nicht direkt angesprochen und stellten die Hackordnung daher nicht in Frage.

Territoriale Dominanzgesten oder wer hat das grösste Büro?

Vorstandsbüros sind meistens im obersten Stockwerk und haben eine Größe, die weit über den tatsächlichen Platzbedarf des Inhabers hinausreicht.

Je höher der Rang, desto größer das Büro

In einigen Großunternehmern ist es sogar üblich, dass der Vorstand einen eigenen Fahrstuhl hat. Dies geht zum Teil so weit, dass der Vorstandsfahrstuhl tatsächlich nur vom Vorstand genutzt werden darf, selbst wenn der Vorstand gar nicht im Hause ist.

In einem Schweizer Unternehmen wollte der neue Vorstandsvorsitzende seinen eigenen Schreibtisch in das neue Büro mitnehmen. Unglücklicherweise handelte es sich dabei um ein derart großes Exemplar, dass es nicht durch das Treppenhaus passte. Der neue Chef ließ kurzerhand die gesamte Fensterfront seines Büros im obersten Stockwerk herausreißen und den neuen Schreibtisch über einen Kran in das Büro hieven. Eine deutlichere Geste, um zu zeigen, wer künftig das Sagen hat, ist kaum noch vorstellbar.

Gang und Körperhaltung

Unsere Körperhaltung sagt etwas über unsere aktuelle Befindlichkeit aus

Experten behaupten, sie könnten am Gang eines Menschen sogar seinen Umgang mit Geld ablesen. Vielleicht kommt der raumgreifende und ausladende Schritt jedoch von einer bäuerlichen Herkunft. Hüten Sie sich vor allzu schnellen Be- und Verurteilungen. In jedem Fall sagt die Körperhaltung etwas über die aktuelle Befindlichkeit aus. In unseren Seminaren stellen die Teilnehmer beim Betrachten von Videos, die von ihnen in bestimmten Kommunikationssituationen aufgenommen wurden, immer wieder erstaunt fest, wie eindeutig sie ihre Körperhaltung im Nachhinein mit ihrer jeweiligen Befindlichkeit in Verbindung bringen können.

Auch die Reaktionen Ihres Gesprächspartners oder Zuhörers signalisieren oft sehr eindeutig Zustimmung oder Missbilligung. Wenn Sie jedoch nur mit sich selbst beschäftigt sind, werden Sie dies kaum wahrnehmen und können auch nicht angemessen reagieren, um die Situation wieder zu Ihrem Vorteil zu beeinflussen.

Gestik

Je größer der Wortschatz desto größer scheint auch das Repertoire an Gesten zu sein

Untersuchungen haben gezeigt, dass Menschen mit einem großen aktiven Sprachschatz auch über eine lebendigere und variablere Gestik verfügen. Grundsätzlich wird zwischen sprachbezogenen Gesten und sprachinterpretierenden Gesten unterschieden. Mit sprachbezogenen Gesten beschreiben wir mit Händen und Armen den Inhalt des Gesagten und unterstützen und betonen so das gesprochene Wort. Wenn Sie ein Rhetoriktraining besuchen, lernen Sie, wie Sie mit einer kraftvollen Geste die Wirkung Ihrer Argumentation noch verstärken können.

Sprachinterpretierende Gesten geben Aufschluss über die wahren Intentionen des Sprechers

Bei den sprachinterpretierenden Gesten handelt es sich dagegen um die eingangs beschriebenen Signale der wirklichen Einstellung und Empfindungen, die dem Sprecher womöglich gar nicht bewusst sind. Für denjenigen, der durch Beobachtung der Körpersprache seines Gegenübers Aufschlüsse über dessen wahre Intentionen sucht, sind diese Gesten natürlich interessanter. Oft verrät uns die unbewusste Körpersprache, ob der Redner tatsächlich zu dem steht, was er sagt.

Ein Vorgesetzter, der eine schlechte Nachricht überbringt und seinem Mitarbeiter diesbezüglich Unterstützung zusichert, ihm dabei aber nicht in die Augen sehen kann, macht sich unglaubwürdig

Der Verkäufer, der einen Liefertermin zusagt und dabei an seinem Kragen zerrt, sich an die Stirn fasst oder an seinen Ohrläppchen zieht, ist vielleicht insgeheim davon überzeugt, dass der Termin eigentlich nicht einzuhalten ist.

Von Kennedy wird berichtet, dass er vor dem Spiegel gezielt Unsicherheitsgesten trainierte, z.B. das Wischen über die Augenbrauen, um bei seiner weiblichen Wählerschaft besonders positiv anzukommen.

Übereinstimmung durch Körpersprache

Ist Ihnen schon einmal aufgefallen, dass Menschen, die sich sehr sympathisch sind, die gleiche Körpersprache haben? Wenn nicht, beobachten Sie einmal abends in einem Restaurant, wie die Menschen sitzen und sich bewegen. Sie werden dann feststellen, dass Menschen, die offensichtlich ein angeregtes und positives Gespräch miteinander führen, sich körpersprachlich spiegeln: Sie greifen gleichzeitig zum Glas, sie zünden sich gleichzeitig eine Zigarette an und sie ändern gleichzeitig ihre Körperhaltung.

Rapport herstellen: Die Körpersprache des Gegenübers spiegeln

Was hier unbewusst geschieht, können Sie selbst durch gezielten Einsatz Ihrer Körpersprache steuern. Im neurolinguistischen Programmieren (siehe auch Kap. 4.8) wird diese Technik als RAPPORT HERSTELLEN bezeichnet. RAPPORT ist ein aus dem Französischen stammender Begriff, der das Verhältnis zwischen Hypnotiseur und Hypnotisiertem beschreibt. Indem

Sie bewusst die Körpersprache Ihres Gegenübers spiegeln, also Rapport herstellen, schaffen Sie auch eine sehr hohe Übereinstimmung auf der Beziehungsebene.

Im ersten Schritt geht es darum, die Körpersprache und den Gemütszustand Ihres Gegenübers wahrzunehmen und sich langsam darauf einzustellen. Im zweiten Schritt spiegeln Sie die Körpersprache eine Zeit lang. In einem dritten Schritt können Sie nun selbst Ihre eigene Körpersprache verändern und sehen, ob der andere Ihnen folgt. Mit einiger Übung sind Sie auf diese Weise in der Lage, den Gesprächspartner einfacher und nachhaltiger zu beeinflussen als durch die Konzentration auf Ihre inhaltlichen Argumente.

Den Gesprächspartner durch Angleichung der Körpersprache beeinflussen

ÜBUNG MIT PARTNER: Bitten Sie Ihren Partner an ein emotional intensives Erlebnis zu denken und sich in die entsprechende „Haltung“ zu bringen. Setzen Sie sich ihm gegenüber und konzentrieren sich genau auf seine Körpersprache. Achten Sie auch auf seinen Atemrhythmus. Passen Sie die eigene Haltung und Atmung möglichst genau dem anderen an. Schließen Sie dann die Augen und spüren Sie in sich hinein. Was empfinden Sie? Äußern Sie Ihre Gefühle und die inneren Bilder, die sich einstellen und überprüfen Sie, inwiefern Sie die Erinnerung Ihres Partners emotional getroffen haben.

ÜBUNG FÜR UNTERWEGS: Spiegeln Sie unauffällig die Körperhaltung von anderen Menschen in der U-Bahn, im Park auf der Bank oder in der Kantine und achten Sie darauf, was passiert. Oft fühlt die andere Person sich positiv angezogen ohne zu wissen weshalb. Diese Technik können Sie auch erfolgreich zum Flirten einsetzen. Ungezwungenes körperliches Spiegeln an der Bar oder auf der Tanzfläche ist wesentlich wirkungsvoller als die verbale Kontaktaufnahme durch die üblichen Floskeln à la *„Kennen wir uns nicht?“*

4.7 Anerkennung bringt Sie weiter

Wie wir inzwischen erfahren haben, werden große Teile unseres Verhaltens, wenn nicht gar alle unsere Verhaltensweisen durch Emotionen und Instinkte dominiert. Es stellt sich also die Frage, wie wir vor diesem Hintergrund am wirkungsvollsten mit unseren Bezugspersonen interagieren.

Wenn Sie möchten, dass andere Sie als sympathisch empfinden und auch entsprechend handeln, sollten Sie sich fragen, was Sie tun können, um dem anderen ein gutes Gefühl zu bereiten. Überlegen Sie zunächst einmal, was Ihnen selbst ein gutes Gefühl bereitet, wenn Sie es von anderen erhalten. Wahrscheinlich werden Sie feststellen, dass dies immer etwas damit zu tun hat, dass Sie von anderen in irgend einer Form anerkannt werden. Anerkennung und Verständnis sind die Währung in der Kommunikation.

Sympathie hat in der Regel immer etwas mit Anerkennung zu tun

Nicht umsonst heißt es in einem Buchklassiker mit dem Titel *Wie man Freunde gewinnt: „Kritisiere niemals, niemals, niemals einen anderen Menschen“*. Dabei muss Anerkennung nicht immer tatsächlich ein verbales Lob sein. Anerkennung fängt schon mit Erkennen an. Manchmal ist es nur ein freundlicher Blickkontakt, der dem anderen signalisiert, dass ich ihn registriert habe oder eine Frage, die dem anderen zeigt, dass ich seine Meinung ernst und wichtig nehme.

Anerkennung fängt schon mit Erkennen an

Wenn Sie möchten, dass andere Sie sympathisch finden, sorgen Sie dafür, dass sie im Umgang mit Ihnen positive Gefühle bekommen.

Wie viel Anerkennung erhalten Sie bei der Arbeit? Immer wieder geben Mitarbeiter in Untersuchungen an, dass sie von ihren Führungskräften zu wenig Anerkennung erhalten. Meistens verhält es sich bei der Arbeit wie in einer Beziehung, die schon etwas länger existiert. Irgendwann gilt das Motto: Wenn ich nichts sage, ist alles in Ordnung. Ist es aber nicht! Wir brauchen die Anerkennung wie die Luft zum Atmen. Deshalb holen wir uns die Anerkennung, wenn wir sie nicht direkt erhalten. Zum Beispiel, indem wir das Verhalten unserer Führungskraft interpretieren und dann für uns selbst entscheiden, ob sie zufrieden war oder nicht.

Auch in eingefahrenen (Arbeits)Beziehungen brauchen wir kontinuierlich Anerkennung

Übung: Machen Sie eine Liste von fünf Personen, denen Sie künftig mehr Anerkennung geben wollen und schreiben Sie auf, wofür Sie diesen Menschen Anerkennung geben können. Ihnen fällt nichts Rechtes ein? Dann überprüfen Sie Ihre Einstellung.

Machen Sie Komplimente

In der Tierwelt gibt es das Phänomen, dass rangniedere Tiere dem Ranghöheren das Fell reinigen, um es von Insekten zu säubern. Verhaltenspsychologen gehen davon aus, dass

Komplimente und Schmeicheleien bei Menschen den gleichen Sinn und Effekt haben. Diese verbale Beziehungspflege zielt darauf ab, selbst als sympathisch und für den Ranghöheren unbedrohlich zu erscheinen.

Plumpe Einschmeichelungen wirken in der Regel kontraproduktiv

Doch auch Schmeicheln und Komplimentemachen will gelernt sein. Sie kennen das aus der Schule. Allzu offensichtliche Einschmeichelungen eines Schülers gegenüber dem Lehrer, noch dazu in Gegenwart der anderen Schüler, wirken eher kontraproduktiv. Der Schmeichler wurde zum Schleimer degradiert und die Zielperson des Kompliments konnte dieses schon deshalb nicht annehmen, da sie sonst gezeigt hätte, wie leicht sie zu beeinflussen ist.

Anleitung für psychologisch wirkungsvolle Komplimente

Bei Goethe heißt es, *„Man spürt die Absicht und ist verstimmt“*. Deshalb hier die Anleitung für psychologisch wirkungsvolle Komplimente.

Klein beginnen

Statt dem anderen sofort einen deutlich sichtbaren und Mühe verursachenden Gefallen zu tun, machen Sie zunächst ein freundliches Kompliment. Das kostet wenig Zeit und Mühe und erregt nicht gleich Verdacht.

Konkret ist besser als allgemein

Statt die gesamte Rede Ihres Vorstandsvorsitzenden allgemein zu loben, beziehen Sie sich besser auf ein ganz konkretes Detail. *„Mich hat beeindruckt, wie Sie mit wenigen Worten die aktuelle Situation treffend beschrieben haben!“*

Den Ansatzpunkt sensibel auswählen

Entscheidend ist auch, auf welchen Inhalt sich das Kompliment bezieht. Hier gilt es sensibel vorzugehen. Es ist sehr wohl erlaubt, dass der junge Außendienstmitarbeiter seinem Verkaufsleiter ein Kompliment für dessen Verkaufsgespräch macht und sein Geschick in der Preisverhandlung herausstellt. Eine Bemerkung über den gut sitzenden Anzug des Verkaufsleiters wäre jedoch unpassend.

Bei der Sekretärin verhält es sich dagegen genau umgekehrt. Sie darf den Anzug kommentieren, wird möglicherweise sogar bewusst oder unbewusst dazu aufgefordert werden, über das Verhandlungsgeschick ihres Vorgesetzten wird sie sich jedoch ihm gegenüber direkt nicht äußern.

Besser unter vier Augen als in der Öffentlichkeit

Eingedenk unserer Anekdote vom Klassenstreber sollten Sie darauf achten, dass Sie Komplimente gegenüber Höhergestellten lieber unter vier Augen abgeben als vor Ihren Kollegen.

4.8 Geheime Kommunikationsmuster erkennen

Richard Bandler und John Grinder verdanken die moderne Psychotherapie und das Management-Training das bereits erwähnte Neurolinguistische Programmieren (NLP). Diese Methode wurde in Deutschland in den 80er- und 90er-Jahren ebenso populär wie umstritten. NLP beruht auf der Idee, dass menschliches Verhalten grundsätzlich programmiert und damit veränderbar ist. Gesteuert werden diese Programme durch die Sprache, mit der wir die Herausbildung neuronaler Strukturen beeinflussen. Aus dem NLP stammen zahlreiche nützliche Werkzeuge, die bei der Herstellung eines guten kommunikativen Kontaktes helfen. Unter andrem fanden Bandler und Grinder durch die Analyse von Sprachmustern heraus, dass die meisten Menschen ein geheimes Muster in ihrer Kommunikation verwenden. Wenn Sie nun in der Lage sind, dieses Muster zu erkennen und darauf einzugehen, bieten sich Ihnen völlig neue Wege der Beeinflussung Ihrer Mitmenschen. Gerade deshalb ist NLP bei manchen Kritikern so umstritten. Entscheiden Sie selbst, ob Sie die folgenden Tools für praktikabel halten.

Werkzeuge des Neurolinguistischen Programmierens (NLP) können helfen guten kommunikativen Kontakt zu schaffen

4.8.1 Sprechen Sie den kommunikativen Lieblingskanal Ihres Gesprächspartners an

Wie viele Sinne hat der Mensch? Wenn Sie alle Sinne aufzählen, werden Sie auf fünf kommen. Sehen, Hören, Fühlen, Riechen, Schmecken. Als sechster Sinn wird häufig die Intuition bezeichnet.

Von den fünf Sinnen oder auch Wahrnehmungskanälen sind drei besonders stark ausgeprägt. Viele Menschen bevorzugen entweder den visuellen, auditiven oder kinästhetischen (gefühlsorientiert) Wahrnehmungskanal. Dies drückt sich auch in ihrem Sprachgebrauch, den sog. Sprachmustern aus. Obgleich inhaltlich identisch, macht es doch einen Unterschied, ob jemand sagt: *„Ja, das sieht gut aus"* oder *„Ja, das hört sich gut an"* bzw. *„Ja, das fühlt sich gut an"*. Im NLP-Jargon wird von

Jeder Mensch bevorzugt bestimmte Wahrnehmungskanäle

Der jeweils bevorzugte Wahrnehmungskanal drückt sich in sprachlichen Repräsentationssystemen aus

sog. bevorzugten Repräsentationssystemen gesprochen. Die Terminologie können Sie getrost wieder vergessen, entscheidend ist die praktische Anwendung. Menschen, mit denen Sie sich auf Anhieb gut verstehen, verwenden möglicherweise das gleiche sprachliche Repräsentationssystem. Sie haben quasi den gleichen Lieblingskanal wie Sie.

Wenn Sie hohe Übereinstimmung mit einem anderen Menschen herstellen wollen, macht es Sinn herauszufinden, welchen Lieblingskanal dieser benutzt, um sich dann auf diesen Sender einzustellen. Das Problem dabei ist, dass nur wenige Menschen dazu ohne Übung wirklich in der Lage sind.

In den Hochzeiten des Neurolinguistischen Programmierens (NLP) hat es Verkaufstrainings gegeben, in denen die Verkäufer mit einfachen Fragen herausfinden sollten, was der Lieblings-Wahrnehmungskanal des Kunden ist. Bei visuellen Menschen wurde dann die herrliche Metallic-Lackierung angepriesen, bei auditiv veranlagten Menschen der schöne Klang des Sechszylinders und kinästhetisch orientierte Menschen wurden aufgefordert, einmal den schönen Lederbezug der Sitze anzufassen. Solche Programme haben wohl hauptsächlich den Veranstaltern genützt, denn auf diese einfache Art und Weise lassen sich nur die wenigsten Menschen manipulieren.

Je nach Wahrnehmungskanal haben Menschen unterschiedliche Kommunikationsstile

Interessant und einfach für die Praxis zu übersetzen ist jedoch die Beobachtung, dass die drei Hauptwahrnehmungskanäle auch zu unterschiedlichen Kommunikationsstilen, ja sogar verschiedenen Lebenskonzepten führen.

Menschen, die sehr stark visuell veranlagt sind, leben häufig auch in der Zukunft. Sie haben klare Bilder davon, was sie erreichen wollen. Sie sprechen oft schneller und sind meist schon ein paar Schritte voraus. Auditiv veranlagte Menschen leben eher in der Gegenwart, wägen Entscheidungen ab und brauchen möglichst viele Informationen. Kinästhetisch orientierte Menschen orientieren sich häufig in der Vergangenheit. Sie brauchen länger für Entscheidungen und sind nicht nur in ihrem Kommunikationsstil sondern auch in ihren Bewegungen eher etwas langsam.

Was können Sie davon für die Praxis anwenden? Wenn Sie beispielsweise ein visueller Mensch sind, eher schnell, begeisterungsfähig und oft schon ein paar Schritte voraus, und Sie treffen auf einen Kinästheten, z. B. Ihren neuen Abteilungsleiter, ist es wichtig, dass Sie sich auf sein Tempo einstellen.

Anderenfalls könnte es leicht passieren, dass Ihr neuer Chef Sie für einen sprunghaften Phantasten hält.

Sich auf den Kanal des Gegenübers einstellen

Auch wenn Sie nicht vorhaben, eine therapeutische Zusatzausbildung im Bereich NLP zu absolvieren, können Sie dieses Wissen in praktischen Gesprächen während der Arbeit berücksichtigen. Nehmen Sie zunächst die eigene Wahrnehmung genauer unter die Lupe. Zu welchem Typ gehören Sie?

Zu welchem Wahrnehmungstyp gehören Sie?

Interessant ist das Wissen um die unterschiedlichen Wahrnehmungskanäle immer dann, wenn Sie einen anderen Menschen zu einer Handlung bewegen wollen. Wenn Sie selbst sehr stark visuell veranlagt sind, Ihr Gegenüber aber auditiv, macht es wenig Sinn ihm die Vorzüge des Ergebnisses bildlich zu beschreiben. Wenn Sie es mit Kinästheten zu tun haben, ist es besser, ihm die Möglichkeit zu geben, Dinge tatsächlich auszuprobieren. Häufig neigen wir dazu, unsere eigenen Kommunikationsstrategien ungefragt auf andere zu übertragen. Dies ist einer der Hauptfehler in der Kommunikation.

Unbedingt vermeiden die eigene Kommunikationsstrategie auf andere zu übertragen

Wenn Sie in einem multinationalen Unternehmen tätig sind, haben Sie vielleicht bereits bemerkt, dass es dabei auch kulturelle Unterschiede gibt. In Mitteleuropa und Nordamerika dominiert die visuelle Wahrnehmung. Dies ist angesichts einer derart visuell dominanten Ungebung nicht verwunderlich. Laut einer Studie verarbeiten etwa 40 Prozent der Menschen entsprechender Herkunft ihre Umwelt visuell, womit in dieser Studie auch Geruch und Geschmack gemeint waren, und nur 15 Prozent verarbeiten dieser Untersuchung zufolge ihre Erlebnisse auditiv. Im östlichen Sprachraum dagegen dominieren Menschen mit auditiven Verarbeitungsstrategien, während in Afrika die kinästhetische Wahrnehmung am häufigsten anzutreffen ist. Insgesamt gilt: Je flexibler Sie sich auf andere Menschen – gleich welcher Kultur – einstimmen und einstellen können umso größer sind Ihre Erfolgsaussichten.

4.8.2 Augenbewegungsmuster – Zeige mir, wo du hinschaust, und ich sage dir, was du denkst

Stellen Sie sich einmal Ihre Wohnung vor und zählen Sie im Geiste die Anzahl der Fenster, die Sie in der Wohnung haben, während Sie sich vorstellen ihre Wohnung abzulaufen. Wenn Sie ein normaler Rechtshänder sind, werden Sie jetzt wahrscheinlich Ihre Pupillen links oben haben: Sie erinnern sich visuell. Umgekehrt, wenn wir Sie auffordern, sich vorzustellen, was Sie nach Abschluss der Lektüre dieses Buches tun werden, wandern Ihre Augen wahrscheinlich nach rechts oben, weil Sie sich etwas bildlich vorstellen. Wenn Sie Geräusche erinnern oder sich Geräusche vorstellen, ist Ihr Blick wahrscheinlich eher nach links oder rechts gerichtet. Und wenn Sie Gefühle innerlich erleben, blicken Sie wahrscheinlich eher nach unten.

Augenbewegungsmuster können uns verraten, was in unserem Gegenüber innerlich vorgeht

Die Bewegung der Augen folgt einem Muster, das bei den meisten Menschen gleich ist. Diese sog. Augenbewegungsmuster können Ihnen helfen, in einem Gespräch herauszufinden, was in Ihrem Gesprächspartner gerade innerlich vorgeht und welchen Wahrnehmungskanal er gerade innerlich bevorzugt. Geschulte Therapeuten können umgekehrt ihre Klienten durch das Einnehmen einer bestimmten Augenstellung dazu veranlassen, eine Erinnerung mit mehreren Sinneskanälen wahrzunehmen, um so einen breiteren Zugang für die Lösung eines Problems zu erarbeiten.

Augenbewegungen und ihre Bedeutung

Wenn Sie in einem Gespräch erkennen, dass Ihr Gesprächspartner häufig nach unten schaut, können Sie annehmen, dass er sich gerade mit seinen eigenen Gefühlen beschäftigt. Beispielsweise hilft Ihnen dann die gezielte Frage nach den Zukunftsaussichten eines Projektes nicht nur das Gespräch inhaltlich in die gewünschte Richtung zu steuern, sondern auch das emotionale Erleben des anderen zu beeinflussen und ihn aus seiner Selbstbetrachtung herauszuholen, indem Sie ihn zur Konstruktion innerer Bilder anregen.

Es kommt also nicht lediglich auf eine Methode an, sondern auf die richtige Kombination unterschiedlicher psychologischer Werkzeuge zum richtigen Zeitpunkt. Dafür ist nicht zuletzt eine geeignete Struktur für das Gespräch notwendig.

4.9 Psychologisch erfolgreiche Gesprächsführung

Wenn wir ein erfolgreiches Gespräch führen wollen, kommt es darauf an, auf allen vier Gesprächsebenen (siehe Kap. 5.3) professionell zu agieren. Dies bedeutet sich auf der Inhaltsebene klar und verständlich auszudrücken. Auf der Beziehungsebene kommt es darauf an, einen guten persönlichen Kontakt zu Ihrem Gesprächspartner herzustellen. Schließlich geht es um die Frage, wie geht es Ihnen selbst? Wie haben Sie sich mental auf das Gespräch vorbereitet? Wie ist es um Ihr eigenes Selbstwertgefühl bestellt und viertens, nach welchen Spielregeln soll das Gespräch verlaufen. Hier geht es um die Struktur des Gespräches.

Leitfaden für Gespräche

Der folgende Gesprächsstufenplan ist für beinahe jede Situation anwendbar, ganz gleich, ob es dabei um ein Telefonat, eine Verhandlung, ein Verkaufsgespräch, ein Mitarbeitergespräch oder die Planung Ihres nächsten Urlaubs in der Familie geht.

Der Gesprächsstufenplan

1. Die Vorbereitung

Je schwieriger das Gespräch, umso wichtiger die professionelle Vorbereitung

Je schwieriger das Gespräch, umso wichtiger die professionelle Vorbereitung. Es ist immer wieder erstaunlich, wie viele Menschen unvorbereitet in wichtige Meetings und Verhandlungen gehen. Sie vertrauen auf ihre Intuition und landen oft im Desaster. Sie machen es künftig anders. Zunächst geht es darum, was Ihr Ziel in dem Gespräch, in der Verhandlung, in dem Meeting ist. Mit wem haben Sie es zu tun? Was sind die Ziele und Interessen Ihres Gesprächspartners?

Das psychologische Gesamtsetting der Situation erfassen

Psychologisch erfolgreiche Gesprächsführung meint allerdings noch weit mehr als nur die inhaltliche und strategische Vorbereitung. Analysieren Sie die Situation mit Ihrer neuen Psychobrille.

Wie ist Ihr Verhältnis zum Gesprächspartner aus psychologischer Sicht? Wie ist seine aktuelle Situation und persönliche Befindlichkeit? Mit welchen Einwänden müssen Sie rechnen? Je mehr Sie über Ihren Gesprächspartner wissen, umso besser. Achten Sie auch auf Details. Scheinbar unbedeutende Informationen über persönliche Details Ihres Gesprächspartners können gerade in schwierigen Situationen wichtiger sein als alle inhaltliche Vorbereitung.

Schließlich spielt auch die Umgebung, in der das Gespräch stattfinden wird, eine bedeutende Rolle. Wo wird das Gespräch stattfinden? Wie können Sie den Raum zu Ihren Gunsten beeinflussen? Zu guter Letzt sollten Sie immer Ihre Einstellung überprüfen und gegebenenfalls anpassen. Auch hier lauert die Gefahr der selbsterfüllenden Prophezeiung.

2. Die Begrüssung

Die ersten Sekunden entscheiden über den Verlauf des Gespräches

Wie Sie inzwischen wissen, entscheiden die ersten Sekunden über den Verlauf des Gespräches. Wahrscheinlich haben Sie auch schon Menschen erlebt, die mit einer unterkühlten oder achtlosen Begrüßung die gesamte Atmosphäre vergiften. Geben Sie Ihrem Gesprächspartner schon bei der Begrüßung das, was er benötigt: Anerkennung. Würdigen Sie seine Person mit einem freundlichen Blick, einem kräftigen Händedruck und einer freundlichen Geste. Gehen Sie ihm entgegen.

Wenn Ihr Vorgesetzter Sie in seinem Büro empfängt und hinter seinem Schreibtisch sitzen bleibt, nur kurz sein Gesäß lüftet und Ihnen mit einer wegwerfenden Handbewegung einen Platz anbietet, während er selbst auf seinem Schreibtisch herumkramt und telefoniert, zeigt dies vor allem eins: Er schenkt Ihnen nicht die notwendige Aufmerksamkeit. Nur in den seltensten Fällen handelt es sich dabei um eine bewusste Zurschaustellung der eigenen Machtposition. Meistens liegt es schlicht an Gedankenlosigkeit. Ihnen passiert das künftig nicht mehr. Es sei denn, Sie wollen ganz bewusst einen solchen Eindruck hervorrufen.

3. Der Einstieg

Nach einer kurzen Anwärmphase und allerlei Smalltalk (je nachdem, ob es sich um ein akutes Problem handelt oder nur um ein zwangsloses Gespräch) kommen Sie zum Thema. Worum geht es in Ihrem Gespräch? Was ist das Ziel?

4. Situation und 5. Bedarf

In Phase vier und fünf geht es darum, die Situation und den daraus folgenden Bedarf zu klären. Hier müssen die richtigen Fragen gestellt werden. Stellen Sie offene Fragen (siehe Kap. 4.5.1), um möglichst viele Informationen zusammenzutragen, geschlossene Fragen um einzelne Teilbereiche entscheidend zu klären.

Tragen Sie möglichst viele Informationen zusammen

6. Lösungssuche

In Phase sechs suchen Sie nach einer konsensfähigen Lösung. Hier geht es darum, die richtigen Strategien anzuwenden, damit sich keine Partei benachteiligt fühlt.

Die richtigen Strategien anwenden, damit sich keine Partei benachteiligt fühlt

Sollten Sie aus einer Position der Stärke verhandeln, sorgen Sie dafür, dass Ihr Gesprächspartner sein Gesicht wahren kann. Sind Sie in einer schwächeren Position, nutzen Sie die in diesem Kapitel dargestellten Methoden, um Ihren Gesprächspartner besonders wirkungsvoll beeinflussen zu können. Tragen Sie einen Konflikt aus, vermeiden Sie verbrannte Erde zu hinterlassen; Sie wissen nie unter welchen Bedingungen Sie einem Kontrahenten wieder begegnen.

7. Vereinbarung

Phase sieben bildet den Abschluss oder die Vereinbarung Ihres Gespräches. Im folgenden Kapitel Psychologie des Verkaufs finden Sie für diese Phase einige wertvolle Tricks.

8. Verabschiedung und 9. Auswertung

Die Verabschiedung sollte nicht nur rein formal abgespult werden. Wenn Sie sich bei Ihrem Gesprächspartner für ein möglichst konkretes Detail des zurückliegenden Gesprächs bedanken oder ihm einen positiven Ausblick mit auf den Weg geben, schaffen Sie eine Erfolg versprechende Basis für die Umsetzung der getroffenen Absprachen.

Die Verabschiedung sollte einen positiven Ausblick eröffnen

Wichtig für die Steigerung Ihrer kommunikativen Kompetenz ist es, das Gespräch auszuwerten und Ihre psychologische Gesprächsführung einer kritischen Revision zu unterziehen. Wie waren Sie vorbereitet? Wie haben Sie sich während des Gespräches gefühlt? Wie war die Strategie Ihres Gesprächspartners? Welche Werkzeuge konnten Sie einsetzen, wo gibt es noch Verbesserungsbedarf und selbstverständlich, was ist jetzt zu tun, wie geht es weiter?

Die Struktur zu wahren heißt, bessere Ergebnisse zu erzielen

Wenn Sie diese neun Punkte erst einmal verinnerlicht haben, werden Sie künftig in kürzerer Zeit viel bessere Ergebnisse erzielen. Viele Gespräche scheitern daran, dass wahllos zwischen den einzelnen Phasen hin- und hergesprungen wird. Oft befindet man sich viel zu schnell in der Lösungssuche, ohne die Situation und den Bedarf ausreichend geklärt zu haben. Dies gilt sowohl für den Verkauf und die Verhandlungsführung als auch für Mitarbeitergespräche.

Viele Führungskräfte haben das Ergebnis eines bevorstehenden Gespräches schon im Kopf, wenn sie den Meeting- oder den Besprechungsraum betreten. Selbstverständlich sollen Sie sich vorbereiten, aber degradieren Sie Ihren Gesprächspartner nicht zum Stichwortgeber für ein längst feststehendes Ergebnis.

Sonderfall Telefonieren

Das Telefon ist Ihr wichtiger Verbündeter bei der psychologischen Gesprächsführung im Berufsalltag. Wer das Telefon als Instrument zu nutzen weiß, kann mit wenig Zeit effektiv Kontakte pflegen und Beziehungen aufbauen. Unprofessionelles und gedankenloses Telefonieren kann demgegenüber auch viel zerstören.

Auch beim Telefonieren macht sich Ihr Gesprächspartner ein Bild von Ihnen

Warum ist das Telefonieren ein Sonderfall? Sie sehen Ihren Gesprächspartner nicht. Aus gutem Grund hat sich das Bildtelefon, obwohl technisch möglich, bisher nicht durchgesetzt. Wir schätzen die Anonymität beim Telefonieren, aber dennoch macht sich Ihr Gesprächspartner ein Bild von Ihnen. Auf Ihrer Stimme liegt daher besondere Bedeutung.

Bringen Sie sich also vor wichtigen Telefonaten in Stimmung, d.h. trainieren Sie Ihre Stimme, sorgen Sie dafür, dass Sie körperlich in der richtigen Verfassung sind. Wenn Sie während des Telefonats gestikulieren, so als hätten Sie Ihren Gesprächspartner leibhaftig vor sich, können Sie einen Teil Ihres körpersprachlichen Ausdrucks wirkungsvoll in Ihre Stimme legen.

Bereiten Sie sich organisatorisch auf das Telefonat vor. Als Struktur dienen Ihnen wieder die zuvor geschilderten neun Phasen. Stellen Sie sich mental auf Ihren Gesprächspartner ein und versuchen Sie sinnvoll an den letzten Kontakt anzuknüpfen. Achten Sie besonders auf eine freundliche und professionelle Begrüßung.

5 PSYCHOLOGIE DES VERKAUFS

Auch wenn Sie kein Verkäufer und weder in Marketing noch im Vertrieb tätig sind, sollten Sie dieses Kapitel nicht überschlagen. Letztlich arbeiten die wenigsten von uns unabhängig ganz für sich allein, sondern die meisten haben, wenn nicht unmittelbar „richtige" externe Kunden, so doch mittelbar interne Kunden, für die sie im Rahmen einer Unternehmensorganisation eine Leistung erbringen und mit denen sie folglich umgehen müssen. Immer wieder müssen wir im beruflichen oder auch privaten Umfeld anderen etwas „verkaufen" oder schmackhaft machen. Sei es eine Meinung, eine Idee oder eine bestimmte Vorgehensweise. In diesem Sinne gelten die hier dargestellten Kundentypologien und Strategien für alle Situationen, in denen wir andere von etwas überzeugen oder zu einer bestimmten Verhaltensweise bewegen wollen.

Auch wenn Sie kein Verkäufer sind, sollten Sie dieses Kapitel nicht überschlagen

5.1 Die Kunst der Beeinflussung

Der Kunde betritt das Schnellrestaurant: „Ich hätte gerne einen Cheeseburger und eine Cola". Der freundliche Service-Mitarbeiter: „Eine große oder eine mittlere Cola?" Kunde: „Eine mittlere bitte".

Obwohl dieser Vorgang ganz harmlos erscheint, wurde hier manipuliert. Vielleicht wollte der Kunde eigentlich nur eine kleine Cola. Dem sympathischen Service-Mitarbeiter aber ist es gelungen, das „Programm" des Kundenhirns in Richtung „mittlere Cola" zu verändern. Wie hat er das geschafft? Oder allgemein gefragt: Wieso schaffen es manche Menschen uns zu etwas zu bringen, was wir vielleicht gar nicht wollen?

Wie schaffen es manche Menschen uns zu etwas zu bringen, was wir vielleicht gar nicht wollen?

Um diese spannende Frage zu klären, müssen wir die psychologischen Voraussetzungen betrachten, nach denen Beeinflussung funktioniert. Die Psychologie hat psychische Automatismen entdeckt, nach denen unser Gehirn gewissermaßen „programmiert" ist. Diesem Programm sind wir wie einem Naturgesetz unterworfen. Daher wird auch von „psychologischen Gesetzen der Beeinflussung" gesprochen.

Psychische Automatismen, nach denen unser Gehirn gewissermaßen „programmiert" ist

5.1.1 Das Revanchegesetz – Eine Hand wäscht die andere

Erweist mir jemand eine Gefälligkeit, fühle ich mich zu einer Revanche verpflichtet. Dieses Gesetz der sozialen Verpflichtung ist eine Grundbedingung für gesellschaftlichen Zusammenhalt. Ein Sozialgefüge wäre nicht funktionsfähig, wenn alle nur „nehmen“ und niemand „geben“ würde.

WIE DU MIR, SO ICH DIR

In einem Versuch wurden an hunderte, willkürlich aus dem Telefonbuch herausgesuchte Personen Weihnachtskarten versendet. Über das Ergebnis waren selbst die Psychologen erstaunt: 85 Prozent der Angeschriebenen fühlten sich verpflichtet, zurückzuschreiben. Und das, obwohl niemand den Absender „Dein Thomas“ kannte. Niemand konnte es auf sich sitzen lassen, eine Karte zu bekommen, ohne diese Gefälligkeit mit einem „Gegengruß“ zu vergelten.

„Testbettler“ wurden zum Betteln in die Fußgängerzone geschickt. Ihr Erfolg war eher mäßig. Er steigerte sich aber um mehrere hundert Prozent, wenn sie den Passanten vor dem Betteln kleine Papier-Blumen ansteckten.

Soziale Verpflichtung herstellen

ANWENDUNG: Soziale Verpflichtung herstellen durch kleine Geschenke und Gefälligkeiten, überdurchschnittlichen persönlichen Einsatz, Einladungen (Essen, Golf, Theater usw.) Vermittlung von Kontakten, Zusendung von nützlichen Informationen auch über die berufliche Sphäre hinaus.

Druck zur Revanche erzeugen

ZIEL: Ein Kunde, der eine Gefälligkeit annimmt, fühlt den sozialen Druck zur Revanche. Dies kann ein Auftrag oder auch ein anderweitiges Entgegenkommen sein.

5.1.2 Das Konsequenzgesetz – Wer A sagt, muss auch B sagen

Gesellschaftliches Grundvertrauen in die Sicherheit durch Konsequenz

Konsequenz hat in unserer Gesellschaft einen hohen Stellenwert. Jemand, der ständig seine Meinung ändert, gilt als launisch und ungefestigt. Menschen, die besonders konsequent ihren Weg gehen, werden als willensstark und verlässlich angesehen. Ohne das gesellschaftliche Grundvertrauen in die Sicherheit durch Konsequenz könnten keine Verträge oder Geschäfte abgeschlossen und keine Pläne gemacht werden.

Wer sich einmal zu einem Entschluss durchgerungen hat, braucht die Bestätigung, dass sein Handeln richtig war. Langes Nachgrübeln würde den Weg verstellen für weiteres Entscheiden und Handeln. Entscheidungen und Vorgänge müssen abgeschlossen sein, damit wir genügend Energie für weitere Aufgaben haben. Selbst Fehlentscheidungen werden im Nachhinein gerechtfertigt und nicht revidiert, da man sich eben entschieden hatte und nicht dauernd sein (vielleicht falsches) Programm ändern kann. Wer sich z.B. nach langem Ringen für ein bestimmtes Auto entschieden hat, dessen Benzinverbrauch sich später als unangemessen hoch herausstellt, redet sich den Wagen schön durch den Hinweis auf dessen überragenden Komfort und Sicherheit, die den hohen Benzinverbrauch rechtfertigen. Konsequent sein erspart uns auch mühsame Kopfarbeit, da wir „automatisch" reagieren können.

Ständiges Überdenken und Revidieren macht auf Dauer handlungsunfähig

„Zementierte Entscheidungen"

Kanadische Psychologen führten eine Befragung unter Besuchern von Pferderennen durch. Diese wurden nach den Chancen ihrer Favoriten befragt. Und zwar einmal vor dem Abschluss der Wette und einmal nach dem Abschluss der Wette. Nach dem Abschluss der Wette zeigten sich die Besucher wesentlich optimistischer in Bezug auf die Chancen des gesetzten Pferdes, als unmittelbar vor dem Abschluss der Wette. Sie hatten eine Entscheidung getroffen und rechtfertigten diese Entscheidung danach durch eine Bestätigung der getroffenen Wahl. Noch eine halbe Minute vor Wettabschluss waren sie zweifelnd und unsicher. Unmittelbar nach der getroffenen Entscheidung waren sie deutlich optimistischer und selbstsicherer.

Sich festzulegen bedeutet Sicherheit

Anwendung: Entscheidungshilfen bieten. Vorbereitung von Abschlüssen durch die Einholung von festen Zusagen im Vorfeld. Steigerung der Kundenzufriedenheit durch Bestätigung der Kundenentscheidung in der „Aftersales"-Phase *(„Sie haben genau die richtige Entscheidung getroffen und sich für ein Spitzenprodukt entschieden")*. Verkaufsprozesse zerlegen durch sukkzessive Abschlüsse: erst die Maschine, dann den Wartungsvertrag; erst die teure Limousine, dann die Alufelgen. *(„Jetzt habe ich mich schon für Ledersitze entschieden, da brauche ich auch noch die Sitzheizung.")*

Eine einmal getroffene Entscheidung wird ungern wieder rückgängig gemacht

Ziel: Verminderung des „Kaufkaters" („Kaufreue" des Kunden: *„War meine Entscheidung nicht vielleicht doch falsch?"*) Förderung von Abschlüssen und Folgegeschäften durch Gliederung des Verkaufsprozesses in Stufenschritte.

Bestätigung einer Entscheidung

5.1.3 Das Kontrastgesetz – Alles ist relativ

Entscheidungen fallen leichter, wenn es Alternativen gibt, deren Ablehnung nahe liegt

Große Dinge erscheinen kleiner, wenn sie noch größeren Dingen gegenüberstehen. Kleine Dinge erscheinen kleiner, wenn sie von größeren Dingen kontrastiert werden. Deshalb legt uns der Schmuckverkäufer zuerst das unerschwingliche Brillantcollier vor. Das danach gezeigte Schmuckstück erscheint uns dann, im Kontrast zu dem hohen Preis des vorher präsentierten, als besonderes Schnäppchen. Einen ähnlichen Zweck verfolgt natürlich auch die eingangs vorgestellte Frage: *„Möchten Sie eine große oder eine mittlere Cola?"* Fast alle Kunden wählten dann die mittlere Cola, obwohl es auch eine kleine hätte sein können.

Wollen Sie Ihrem Chef eine Entscheidung abringen, legen Sie ihm eine Alternative vor, die er wahrscheinlich ablehnen wird und in Ihrem Sinne auch soll: Hat er nämlich schon einen Vorschlag abgeschmettert, wird er die von Ihnen wirklich präferierte Vorgehensweise eher gutheißen.

Wir entscheiden uns oft für das kleinere Übel

Die Macht des „kleineren Übels"

Man verkündete einer Testgruppe, dass sie eine hervorragende Gelegenheit für eine gute Tat hätte. Es bestünde die Möglichkeit, einen Behinderten ein Jahr lang in der Wohnung aufzunehmen und zu pflegen. Die Ablehnungsquote lag bei 99,9 Prozent. Danach stellte man die Frage, wer denn am nächsten Sonntag für zwei Stunden mit einem Behinderten einen Zoo besuchen wolle. Jetzt antworteten fast 100 Prozent mit einem klaren Ja. Wurde die Eingangsfrage dagegen nicht gestellt, sondern direkt mit dem Zoobesuch begonnen, lag die Akzeptanz unter 30 Prozent. Im Kontrast mit der Zumutung der einjährigen Pflege erschien ein Besuch im Zoo also als durchaus akzeptabel.

Kontraste setzen, um den Preis oder die Konsequenzen einer Entscheidung zu relativieren

Anwendung: Zur Erleichterung von Kundenentscheidungen werden Kontraste gesetzt, um die Höhe z.B. eines Preises zu relativieren. (*„Sie haben aber eine schöne Einbauküche, die hat doch damals bestimmt über 20.000 Mark gekostet. Unsere komplette Küchenrenovierung liegt bei nur 4.800 Euro*). Durch Kontrastierung mit einem „größeren Übel" erscheint die angebotene Lösung relativ günstiger.

Ziel: Zustimmung eines Kunden zum Angebot

5.1.4 Das Massengesetz – Den Herdentrieb nutzen

Dem Herdentrieb können wir uns nur schwer entziehen

Wenn in einem Fußballstadion plötzlich eine größere Gruppe von Menschen losrennt, entsteht ein eigentümlicher Sog und alle beginnen mit zu rennen, bis eine der berühmten Massenpaniken ausbricht.

Dieses Verhalten sichert normalerweise das Überleben von Gruppen. Verantwortlich für das blinde Folgen ist der Effekt der kollektiven Unwissenheit. Wenn eine Herde Lämmer losrennt, wissen 90 Prozent der Tiere nicht, ob sich vielleicht ein Wolf nähert. Für Individuen, die das prüfen, könnte es zu spät sein. Sind die Geräusche, die dazu führen, dass sich alle Passanten zu Boden werfen, Pistolenschüsse oder Fehlzündungen eines vorüberfahrenden Autos? Darüber denken wir nicht nach, wir richten unser Verhalten augenblicklich nach dem Verhalten der anderen.

Der Herdentrieb erklärt auch, warum wir Moden oder Trends im Sinne sozialer Erwünschtheit folgen.

Alle lachen, also muss es lustig sein

In manchen Fernsehserien, insbesondere „Sitcoms“ wird vom Band künstliches Gelächter eingespielt. Bei Publikumsbefragungen lehnen fast alle diese künstliche Art der Stimulierung der Lachmuskeln ab. Setzt man dagegen Testpersonen Comedy-Sendungen mit Lachkonserven aus, lassen sich alle anstecken. Werden dieselben Sitcoms ohne Lachkonserven gesehen, können sich die meisten nur zu einem müden Grinsen hinreißen.

Woran liegt das? Wir wissen ganz genau, dass die uns vorgeführten Lacher nicht echt sind. Das weiß allerdings nur unser Bewusstsein. Unser Unterbewusstsein lässt sich gerne betrügen. Es empfängt Lachsignale von anderen (möglichst mehreren) Menschen und lacht „automatisch“ mit.

Durch Referenzen zeigen, dass das gewünschte Verhalten dem der Mehrheit entspricht

Anwendung: *„90 Prozent unserer Kunden entscheiden sich für die Produktvariante xy“ „Die Ausführung „orange“ müssen Sie dieses Jahr haben, die führen auch alle Mitbewerber“.* Durch Referenzen zeigen, dass das gewünschte Verhalten dem der Mehrheit entspricht.

Ziel: Förderung von Kundenentscheidungen durch Verweis auf das Verhalten der Mehrheit.

5.1.5 Das Attraktivitätsgesetz – Wer nicht lächeln kann, soll kein Geschäft eröffnen

In unserer Imagegesellschaft fliegt den Schönen der Erfolg zu

Wer gut aussieht, hat es leichter im Leben. Er verfügt über einen erheblichen Sympathiebonus. Da wir nicht – wie immer behauptet wird – in einer „Leistungsgesellschaft", sondern in einer Imagegesellschaft leben, haben „hässliche" Menschen eigentlich keine Chancen. Den Schönen fliegt der Erfolg zu, auch wenn ihre Leistung vielleicht unterdurchschnittlich ist.

Lächeln macht attraktiv und sympathisch

Untersuchungen haben aber ergeben, dass auch weniger attraktive Menschen durch Lächeln sympathisch wirken. Sollten Sie also nicht zu dem erlauchten Kreis der Beaus und Belles gehören, gibt es dennoch einen Trost. Die Lösung heißt hier: Lächeln! Selbst Vorwürfe, die lächelnd geäußert werden, verlieren ihre Spitze.

Treten Sie jemandem aus Versehen auf den Fuß und versichern lächelnd mit Ihrem freundlichsten Gesicht: *„Oh Verzeihung, es geschah mit Absicht."* Der Getretene, betört von herzlichem Lächeln, ist in der Regel außerstande, den Sinn der Worte zu erfassen. Er lässt sich von der äußeren Form leiten und antwortet ebenso freundlich: *„Ach, das macht doch nichts."*

ANWENDUNG: Lächeln!

ZIEL: Erzielung eines Sympathie-Effekts bei Kunden.

5.1.6 Das Autoritätsgesetz – Fach- und Amtsautorität ist Trumpf

Argumentationen wirken besonders überzeugend, wenn sie durch Autoritäten bestätigt sind

Argumentationen wirken dann besonders überzeugend, wenn sie durch entsprechende Autoritäten bestätigt und „gedeckt" sind. Da unsere Gesellschaft hierarchisch strukturiert ist, haben wir gelernt, Autoritäten zu gehorchen und unsere Verantwortung an sie abzugeben.

„ICH HABE DOCH NUR DIE ANWEISUNGEN BEFOLGT"

Man hat in Krankenhäusern Versuche gemacht, in denen Ärzte ausgebildeteten Krankenschwestern aberwitzige Anordnungen zur Patientenbehandlung gaben. In einem Fall wollte man die Absurdität auf die Spitze treiben und erteilte die Weisung, Ohrentropfen rektal zu verabreichen. Auch dieser Anordnung wurde Folge geleistet.

Titelträger in weißen Kitteln vermitteln eine Autorität, der sich die meisten Menschen nahezu kritiklos unterwerfen. Auch Verkaufsgespräche lassen sich durch die Nennung von Referenz-Autoritäten effektivieren. *„Sogar der Bundeskanzler verwendet unser Produkt", „Amerikanische Wissenschaftler haben herausgefunden ..."* Auch die Kunden-Referenzen bewirken Ähnliches, wenn sie von bedeutenden (Groß-)Unternehmen stammen.

Die eigenen Argumente mit Aussagen von Autoritäten untermauern

Anwendung: Als Autoritäten bieten sich an: Stiftung Warentest, Berichte in den Medien, Untersuchungsergebnisse, Berufsverbände, Bundesaufsichtsamt für Versicherungswesen, Kammern, Zitate bekannter Autoritätspersonen *(„Professor von Ardenne sagt dazu ...")*, die Nennung von Qualifikationen oder Titeln *(„Ich habe die Angelegenheit vom Abteilungsdirektor prüfen lassen ...")*. Besonders gut machen sich natürlich auch eigene Titel oder Qualifikationen, mit denen man in solchen Fällen dezent trumpfen kann *(„Ich kann das wirklich beurteilen, ich bin nämlich Chemiker")*.

Ziel: Förderung von Kundenentscheidungen durch Verweis auf beeindruckende Autoritäten.

5.1.7 Das Gesetz des Mangels – Knappe oder gefährdete Güter sind besonders nachgefragt

Hart umkämpfte Güter erscheinen uns besonders erstrebenswert

Wer ein gebrauchtes Fahrzeug verkaufen möchte, tut gut daran, alle Interessenten zum selben Zeitpunkt zu bestellen. Alle wollen dann unbedingt dieses Fahrzeug haben. Lehnt aber der erste ab, ist das Auto für die anderen plötzlich völlig uninteressant.

Liebe wird erst dann richtig knusprig, wenn wir um sie kämpfen müssen; wenn uns der Geliebte zu entgleiten droht und er vielleicht auch noch von anderen begehrt wird. Die Liebesgeschichten der Weltliteratur leben von der prickelnden Knappheit des hohen Gutes der Zuneigung. Goethe bringt es auf den Punkt: *„Was ich besitze, sehe ich wie im Weiten, was verschwand, das wird zu Wirklichkeiten"*.

Hier greift auch wieder ein Prinzip aus der Steinzeit (siehe Kap. 1.3.6): Wenn es Nahrung gibt, muss man mithalten, sonst geht man leer aus. Aus diesen Urinstinkten resultiert auch das Verhalten der Menschen. Wenn es etwas gibt, das knapp ist, gilt es, zuzuschlagen. Wer da lange überlegt, für den bleibt nichts mehr übrig.

Was selten ist, gilt als besonders begehrenswert

Man hat Barbesucher um 20 Uhr die Attraktivität der Gäste des jeweils anderen Geschlechts beurteilen lassen. Gegen 24 Uhr stellte man dieselbe Frage denen, die „übrig geblieben waren", die also bis dahin noch keinen Partner gefunden hatten. Wurden bei der ersten Befragung für eine Besucherin z.B. fünf Attraktivitätspunkte gegeben, so waren es gegen Ende des Abends bei erfolgloser Partnersuche für exakt dieselbe Person 20 Punkte.

Konkurrrenz belebt das Geschäft

Sobald wir direkter Konkurrenz ausgesetzt werden, steigt unser Blutdruck, Stresshormone werden ausgeschüttet, unser Blickfeld wird enger und die Emotionen übernehmen das Kommando. Gleichzeitig sinkt der Einfluss der rationalen Instanzen, unser Verstand tritt zurück. Daher können wir den Verhaltenszwängen angesichts der (künstlich erzeugten oder tatsächlichen) Knappheit auch nicht entgehen, obwohl wir vielleicht die dahinter liegenden Mechanismen durchschaut haben.

Anwendung: Das Knappheitsprinzip wird eingesetzt, um Entscheidungen zu befördern. Drohende Knappheit oder Konkurrenzsituationen bewegen Kunden zu Handlungsweisen, zu denen sie niemals bereit wären, wenn die Güter, Informationen oder Gelegenheiten unbegrenzt zur Verfügung stünden. Dazu bieten sich die zeitlich limitierte „Sonderaktion", der „begrenzte Vorrat" usw. an.

Ziel: Beschleunigung von Kaufentscheidungen

5.2 Charaktertypologie der Kunden – König Kunde auf der Couch

Im folgenden Kapitel soll es um die Frage gehen, inwieweit Verkaufsprozesse psychologisch determiniert sind. Sind die oftmals vorgetragenen rationalen Maßgaben wie „ökonomisches Prinzip", Verdrängungswettbewerb, Preiskampf, Innovationszwang usw. wirklich die objektiven Kriterien, nach denen Produkte oder Dienstleistungen gekauft bzw. nicht gekauft werden? Sind die scheinbar sachlich vorgetragenen Argumente wie Preis- und Termindruck oder verschärfter Wettbewerb wirklich stichhaltig? Entspricht es den Tatsachen, wenn Ihr Kunde nach langen Verhandlungen kurz vor dem Ergebnis plötzlich sagt, er müsse das Geschäft noch von seinem Chef absegnen lassen, obwohl er doch von Anfang an immer wieder betonte, der alleinige Entscheider zu sein? Entspringt das Bemühen des Kunden, den Preis zu drücken, wirklich dem Zwang zum Kostensparen?

Sind die rationalen Elemente im Verkaufsprozess wirklich ausschlaggebend?

Sicherlich lasten auf dem Kunden Erwartungen der Geschäftsleitung und der Druck, für das eigene Unternehmen optimale Resultate zu erzielen. Es ist eine Selbstverständlichkeit, dass Preis und Qualität absolute Priorität eingeräumt werden. In weiten Bereichen der Wirtschaft werden Kaufprozesse nach ebendiesen messbaren Kriterien gestaltet. So viel zur Theorie. Die Praxis sieht oftmals – und dies gilt sicherlich nicht für alle, aber für viele Bereiche – anders aus.

Sachzwang oder Zwangsvorstellung?

Selbstverständlich gibt es rationale Entscheidungsmotive im Verkaufsprozess. Uns interessiert aber vielmehr, warum so viele Entscheidungen getroffen werden, die bei näherer Betrachtung gar nicht diesen objektiven Kriterien entsprechen. Die Frage stellt sich, welche tiefer dahinter verborgenen Beweggründe oder psychologische Dispositionen der handelnden Personen entscheidungsrelevant sind.

Warum entsprechen so viele Kaufentscheidungen nicht rationalen Kriterien?

Als Beispiel mag hier das objektive Kriterium des „Preisdrucks“ gelten: Geht es wirklich um das rationale ökonomische Prinzip „möglichst viel und qualitativ hochwertige Ware fürs Geld“ bzw. „möglichst wenig Geld für eine Ware“? Oder drückt der Kunde nur den Preis, weil er vom Charaktertypus her ein notorischer „Preisdrücker“ ist, der aus einem psychologischen Zwang heraus und ohne rationale Legitimation grundsätzlich keinen Preis akzeptiert? Interessiert sich ein Kunde für eine neue Technologie wirklich rein rational aufgrund der zu erwartenden Vorteile oder ist der technologische Innovationszwang nur ein Vorwand? Will er in Wahrheit nur der persönlichen Eitelkeit frönen, will er „in“ sein, braucht er das neueste Gerät nur als Statussymbol, um seine Zugehörigkeit zu einer technisch orientierten Elite zu demonstrieren?

Sind die angeführten Kaufargumente wirklich die wahren Kaufmotive?

Analyse des Kundentyps und seiner psychologischen Kaufmotivation

Vor jedem Verkaufen muss die Analyse des Kundentyps und seiner psychologischen Kaufmotivation stehen. Dazu sollten wir den Kunden im Vorfeld „scannen", sortieren und einordnen. Dies kann schon in vorbereitenden Telefongesprächen geschehen.

Stimmung durch Stimme

Die Grunddisposition unseres Gegenübers lässt sich oft an seiner Stimme erkennen

Bereits an der Stimme Ihres Gegenübers lassen sich viele Charaktereigenschaften erkennen, die Stimme verrät oft die Stimmung. Ist die Stimme hoch oder tief, resonanz- und obertonreich, klar und gepflegt oder rauchig und gebrochen, ist sie trainiert oder vernachlässigt, stark oder schwach?

Schüchterne Menschen geben auch ihrer Stimme keinen Nachdruck, ängstliche Naturen neigen zu einer flachen Atmung oder Hyperventilation, die eine „Kopfstimme" erzeugt. Dies liegt daran, dass den Stimmbändern zu viel „falsche" Luft zugeführt wird, dadurch schwingen sie nicht in ihrer gesamten Breite und erzeugen dadurch kein sonores Resonanzbild. Ergebnis ist eine dünne Stimme, die bis zur „Fistelstimme" reichen kann. Befangenheit lässt sich auch erkennen an einer überartikulierten Aussprache und gestelzten Sprechweise.

Unnatürliche, künstliche oder reservierte Gesprächsatmosphäre

Man merkt ziemlich schnell, ob der Gesprächspartner normalerweise in einem anderen Sprachduktus spricht und sich um eines vermeintlich „guten Eindrucks" willen verstellt. Ergebnis ist dann nicht selten eine unnatürliche, künstliche oder reservierte Gesprächsatmosphäre. Sie erkennen sie besonders dadurch, dass Sie kein herzliches, befreites Lachen vernehmen, dass keine persönliche Ebene erreicht wird, dass Sie miteinander nicht „warm werden" und dass keine wirkliche Offenheit herrscht. In einer solchen Gesprächsatmosphäre lassen sich keine Verkaufserfolge realisieren.

Verkaufen und Überzeugen kann man nur, wenn „das Eis gebrochen ist"

Dies erreichen Sie nur, wenn Sie Ihr Gegenüber „öffnen" und aus seiner Befangenheit lösen. Dazu müssen so lange geschickte Fragen gestellt werden, bis man genau weiß, welchen Charaktertypus man vor sich hat. Verkaufen und Überzeugen kann man nur, wenn „das Eis gebrochen ist". Wenn es so weit ist, merken Sie das daran, dass die Stimme Ihres Gesprächspartners freier, die Wortwahl natürlicher, und die Atmung ruhiger wird. Es nehmen dann auch Dialektfärbungen zu und der Gesprächspartner versteckt sich nicht hinter Phrasen, sondern findet zu eigenen kreativen Wendungen. Wenn es etwas zu lachen gibt, so geschieht dies frei, offen und herzlich.

Kundentypen und ihre bevorzugten Strategien erkennen

Für das Kapitel Psychologie und Verkauf sind zwei Aspekte von grundlegender Bedeutung. Auf der einen Seite steht der Kunde als psychologisch disponierter Charaktertypus, auf der anderen stehen die Methoden, Strategien, Techniken und Verhaltensweisen, deren sich bestimmte Charaktertypen in ihrer alltäglichen „Kaufpraxis" bedienen. Verkaufs- und Verhandlungserfolge werden erzielt, wenn beide Aspekte analysiert, zusammengeführt und möglichst geschickt beeinflusst werden.

Unser Kunde als psychologisch disponierter Charaktertypus zeigt ganz spezifische Verhaltensweisen

Zur Analyse dieser Prozesse stellen wir zunächst die psychologischen Kundentypen vor und zeigen, welche Eigenschaften sie auszeichnen, welche spezifische „Behandlungsmethode" sie erfordern und auch, welche Gefahren bei bestimmten Charaktertypen auf uns warten.

Nachdem wir die unterschiedlichen psychologischen Typen „im Griff haben", betrachten wir aus einer psychologischen Perspektive das Einkaufsverhalten von Kunden und stellen dazu anhand konkreter Beispiele typische Verhaltensmuster vor. Dabei geht es uns nicht um ökonomische oder rational begründete Rahmenbedingungen, sondern um die Erkundung der psychologischen Motive des Handelns.

Erkundung der psychologischen Motive des Handelns

Beginnen wir mit den psychologischen Charakterstudien. Dazu haben wir, populärwissenschaftlich verkürzt, aber darum nicht minder fundiert, Charaktertypen herausgearbeitet, wie sie etwa die populäre Variante der Verkaufspsychologie benutzt. Wo dies allzu plakativ erscheinen sollte, bitten wir um Nachsicht; schließlich wollen wir hier keinen abgehobenen wissenschaftlichen Diskurs führen, sondern konkrete Hilfestellungen und Handlungsanweisungen bieten, die jeder Praktiker sofort umsetzen und anwenden kann. Dazu haben wir den Kundentypen eine Nomenklatur gegeben, die dem Tierreich entliehen ist. Mithilfe dieser bildhaften „Eselsbrücke" lassen sich menschliche Eigenschaften sehr plastisch und symbolhaft auf den Punkt bringen.

Zudem haben wir oben im Zusammenhang mit dem Kontrastgesetz gesehen (Kap. 5.1.3), dass vor dem Hintergrund deutlich konturierter Alternativen die Dinge klarer werden.

5.2.1 Clientulus hippus: Das rationale Pferd

Der neutrale und „pflegeleichte" Kunde

Das „Pferd" (lateinisch hippus) symbolisiert den „normalen", in sich ruhenden, neutralen Kunden, der im Wesentlichen frei ist von psychologischen Zwängen und negativen Verhaltensauffälligkeiten. Er ist kontrolliert, charakterlich gefestigt, selbstbewusst, frei von negativen, störenden Emotionen oder beherrscht diese zumindest, ist nicht kontaktgehemmt, denkt und arbeitet konstruktiv und entscheidet, so gut es eben geht, vorwiegend nach rationalen Gesichtspunkten. Er ist dem Verkäufer neutral bis positiv gegenüber eingestellt. Er hört zu, wägt ab und bemüht sich um ein faires Verfahren.

Er braucht vonseiten des Verkäufers oder Beraters keine spezielle „Therapie".

RISIKO

Auch diesen Kunden sollte man nicht vernachlässigen

Dass dieser Typ sich als so pflegeleicht darstellt, birgt die Gefahr, dass man sich bei ihm weniger Mühe gibt und diesen Kunden etwas vernachlässigt. Man sollte hier nicht allzu siegessicher sein, der Kunde benötigt dieselbe Aufmerksamkeit wie alle anderen im Folgenden beschriebenen Charaktertypen.

THERAPIE

Sachliche, freundliche und fachkompetente Ansprache

Die Kundenansprache muss sachlich, freundlich und fachkompetent erfolgen. Man kann den Clientulus hippus als unterstützenden Partner einsetzen, wenn es darum geht, die „schwierigen" Kundentypen zu behandeln. So kann man ihn beispielsweise bei negativen Einwänden als neutralen Zeugen ansprechen: *„Herr Pferd, wie beurteilen Sie aus Ihrer fachlichen Sicht denn das vorgetragene Problem?"* Man muss das Pferd aber auch gewissermaßen vor den „schwierigen Typen" beschützen. Es registriert es als sehr positiv, wenn Sie zum Beispiel bei einer Gruppenpräsentation die negativen Eigenschaften der Problemtypen im Zaum halten, damit diese das Pferd nicht verunsichern können.

5.2.2 Clientulus capreolus: Das zurückhaltende Reh

Die Spezies capreolus (zu Deutsch: Reh) ist ein scheues Wesen, das wenig redet und wenn, dann sehr leise und verhalten, kaum Blickkontakt zeigt und sich überhaupt gerne im Hintergrund hält. Es ist äußerst schwierig, seine Wünsche,

Talente und Emotionen zu erkennen. Es hält überhaupt nichts vom „großen Auftritt“. Das Reh wird landläufig als „schüchtern“ bezeichnet, es ist gehemmt und nicht selten voller Selbstzweifel. Es traut sich nichts zu, ist zuweilen hilflos und die Komplexität der Welt mit ihren widersprüchlichen Erscheinungen ängstigt es sehr. Den capreolus gibt es in zwei Erscheinungsvarianten. Da ist zunächst die harmlose Version (Das „hilflose Reh“), die bei aller Schüchternheit doch relativ friedlich ist. Eine Unterart entwickelt jedoch unter Umständen ein stark aggressives Verhalten (Das „aggressive Reh“).

Das Reh ist vorsichtig und äußerst gehemmt

Das „hilflose“ Reh

„Guten Tag, ich habe vorgestern bei Ihnen einen Computer gekauft und komme damit überhaupt nicht zurecht. Ich habe es gerade noch geschafft, die einzelnen Teile zusammenzubauen, aber wenn ich das Gerät einschalte, erscheint ein Schriftzug, der mir sagt, dass ich die Anykey-Taste pressen soll. Ich habe jetzt genau nachgesehen, aber auf meiner Klaviatur ist keine Anykey-Taste. Ich habe die Taste auch nicht in der Betriebsanleitung gefunden, obwohl ich die genau durchgelesen habe. Das hat mich ganz nervös gemacht. Meine Frau hat es gestern wenigstens geschafft, das Schreibprogramm zu starten, aber als wir dann so ein bisschen hin und her geklickt haben, sind oben die Bildchen verschwunden und die haben wir bis jetzt auch noch nicht wieder bekommen. Ich glaube, das Gerät ist kaputt. Kann ich es bitte umtauschen?“

Dass man dem „hilflosen“ Reh hilft, ist sicherlich jedem klar. Im Umgang mit entsprechenden Kunden bemerkt man bei vielen Verkäufern jedoch eine gewisse Unsicherheit darüber, wie denn eine solche Hilfe aussehen könnte.

Risiko

Viele Mitarbeiter sind aufgrund der eigenen Fachkompetenz nicht mehr in der Lage, sich in die Gehirne von Otto-Normalverbrauchern hineinzuversetzen. Sie beginnen dann, Fachchinesisch zu sprechen nach dem Motto: *„Fachidiot schlägt Kunden tot“*. Sie benutzen Fachbegriffe, ohne sie zu erklären und werden schnell ungeduldig, wenn der Kunde sie nicht sofort versteht. Sie überprüfen auch gar nicht erst, ob der Kunde ihre Argumentation wirklich nachvollzogen hat.

Sich auch als Fachexperte in den Kopf des Laien vesetzen

Verständnis für die fehlende Fachkenntnis zeigen

Der größte Fehler, der immer wieder beobachtet wird, ist, dass der Mitarbeiter kein Verständnis für die fehlende Fachkenntnis des Kunden zeigt, arrogant und herablassend auf ihn herabsieht, und seine Überlegenheit deutlich spüren lässt.

Viele Verkäufer, besonders im technischen Bereich, fühlen sich durch ihre spezifische Fachkompetenz auch insgesamt dem Kunden überlegen. Sie halten ihn nicht nur auf diesem Fachgebiet für unbedarft, sondern für allgemein minderintelligent. Sie empfinden sich aufgrund ihrer vielleicht einseitigen fachlichen Versiertheit als allgemein überdurchschnittlich intelligent. Diese Arroganz wird vom Kunden rasch durchschaut und missbilligt.

THERAPIE

Wenn Sie einen fachunkundigen Kunden mit „hilflosen" Tendenzen vor sich haben, versichern Sie sich nach jedem Satz durch geschickte Rückfragen, die den Kunden nicht beleidigen, ob der Kunde Ihnen überhaupt folgen konnte.

Bitte bedenken Sie, dass selbst Selbstverständlichkeiten wie „Betriebssystem", „grafische Benutzeroberfläche" und „Speichererweiterung" nicht für jeden verständlich sind. Fragen Sie nicht, was der Computer beim „booten" machte, sondern *„Was passierte, als Sie den Computer anstellten?"*

Den Kunden einzelne Schritte selbst vornehmen lassen

Wenn Sie dem Kunden etwas demonstrieren, gehen Sie in Einzelschritten vor. Lassen Sie ihn jeden Schritt einzeln wiederholen und überprüfen Sie, wie weit er diesen beherrscht. Vermeiden Sie, alle Schritte selbst zu übernehmen und den Kunden nur zuschauen zu lassen. Der Lerneffekt durch passives Zuschauen ist äußerst gering. Wirklich behalten und verstanden wird nur, was man selbst getan und im wahrsten Sinne des Wortes (mit dem Verstand und womöglich auch mit den Händen) „begriffen" hat.

Gesagt heißt nicht gehört, gehört heißt nicht verstanden, verstanden heißt nicht behalten

Der „Hilflose" muss zunächst mit viel Einfühlungsvermögen beruhigt werden *(„Wir schaffen das schon")*. Versuchen Sie niemals, einen Nichtfachmann *„über den Tisch zu ziehen"*. Deuten Sie mangelnden Widerspruch nicht als Einverständnis. Auch wenn der Kunde Ihnen fachlich vielleicht nicht folgen kann, so hat er doch ein feines Empfinden dafür, wenn ein Fachmann ihn überreden will.

Schuldzuweisungen vermeiden

Wenn Sie zur Problemanalyse übergehen, vermeiden sie Schuldzuweisungen. Fragen Sie nicht: *„Haben Sie denn über-*

haupt den Stecker eingesteckt", sondern *„War die Kontrollleuchte an oder aus?"*.

Das aggressive Reh

Latente „hinterhältige" Komponente

Die aggressive Variante des Rehs hat eine latente „hinterhältige" Komponente. Es erscheint zunächst als unproblematisch. Er „poltert" nicht, zeigt keine Emotionen und wirkt gefasst und ruhig. Vielleicht räuspert es sich häufiger und verrät dadurch eine gewisse Schüchternheit. Wer sich ständig zwanghaft räuspert, befürchtet, seine Stimme könnte nicht klar und überzeugend wirken. Räuspern wird in der Psychologie auch als vorwegnehmende Entschuldigung für das folgende Sprechen gedeutet.

Mit dem aggressiven Reh gerät man nur selten in einen offenen Streit, es lässt sich zunächst „viel gefallen". Wo andere schon längst „an die Decke" gegangen sind, bleibt es immer noch erstaunlich ruhig. Doch diese Gelassenheit ist nur die Ruhe vor dem Sturm. Aufgrund seiner Schüchternheit hat das Reh selten den Mut, sich sofort zur Wehr zu setzen. Durch seine Gehemmtheit mangelt es ihm auch an der nötigen Schlagfertigkeit, um im Streit spontan zu kontern. Es braucht eine gewisse Zeit und Vorbereitung, um sich mit entsprechenden Argumenten zu versehen und zurückzuschlagen. Es ist von Natur aus eher ängstlich und wird von autoritär auftretenden Personen schnell eingeschüchtert. Dieses Verhalten resultiert oft in Angsterfahrungen aus der Kindheit (z.B. autoritärer Vater). Diese Angst führt zu einer Verkapselung seines Seelenlebens, möglichst wenig davon soll nach außen dringen. Was sich in seinem Innern zusammenbraut, bemerkt die Umgebung in der Regel nicht. Durch die bei Konflikten nicht unmittelbar vollzogene Aggressionsabfuhr kommt es zu einem Emotionsstau, der sich erst nach mehreren „gesammelten" Negativerfahrungen entlädt. Dann aber gewaltig und mit starken Vernichtungstendenzen.

Emotionsstau, der sich erst nach mehreren „gesammelten" Negativerfahrungen entlädt

Erschwerend kommt hinzu, dass dieser Charaktertyp selbst frustriert ist über seine Unfähigkeit zur spontanen Reaktion. Dies und das Erleben ständiger Misserfolge stellt ein explosives Gemisch dar, das sich dann plötzlich und unerwartet bei einem vielleicht im Grunde nichtigen Anlass entlädt. Dann schießt das Reh aus allen Rohren und schreckt auch nicht davor zurück einen Anwalt einzuschalten.

Risiko

Auf mögliche Alarmzeichen achten

Man könnte die ruhige Art und mangelnde Gegenwehr als Zustimmung interpretieren und Alarmzeichen übersehen. Die latent aggressive Mentalität verleitet leicht zu aggressiven Gegenreaktionen. Die Befangenheit könnte auch beim Gegenüber Schüchternheit auslösen.

Therapie

Schließen Sie niemals aus dem Fehlen von Unmutsäußerungen auf Zustimmung

Wenn Sie einem aggressiven Reh begegnen, schließen Sie niemals aus dem Fehlen von Unmutsäußerungen auf Zustimmung. Achten Sie auf Anzeichen von Schüchternheit und mangelnder Fähigkeit zur spontanen Gegenwehr. Ignorieren Sie weder Forderungen noch Drohungen.

Zwischen den Zeilen lesen

Mit dem aggressiven Reh müssen Sie mehr reden als mit den anderen Charaktertypen. Versuchen Sie, zwischen den Zeilen zu lesen und herauszufinden, was es genau will. Locken Sie es aus der Reserve, helfen Sie ihm durch eine gelöste, heitere Atmosphäre aus sich herauszukommen. Es wird Ihnen dankbar sein, wenn Sie ihm helfen, sich für einen Moment von seiner Schüchternheit zu befreien. Dann ist es zwar nicht mehr so „pflegeleicht" und neigt zu sichererem Auftreten. Sie wissen aber wenigstens, woran Sie sind und haben ihm den größten Gefallen getan: ihm Gelegenheit gegeben, für einen Moment die bedrückende Befangenheit abzulegen und so sein zu dürfen, wie es wirklich ist. Die Befreiung von seinem größten Problem, nämlich sich selbst im Weg zu stehen, wird es Ihnen danken.

5.2.3 Clientulus canis – Der aufbrausende Hund

Ausgesprochen stark entwickeltes Temperament

Dieser Charaktertyp (canis = der Hund) hat als Choleriker ein ausgesprochen stark entwickeltes Temperament. Er ist voller Emotionen, leicht aufbrausend, wird schnell grob und ist selten sachlich. Das einzig sympathische, was sich zu ihm sagen lässt, ist, dass er sich, ebenso schnell wie er losbraust, auch wieder beruhigt. Wenn man seine Gefühlsausbrüche psychologisch geschickt kanalisiert, kann man aus einem zunächst schwierigen Gesprächspartner einen ganz umgänglichen Zeitgenossen machen.

Die Erregungskurve des Cholerikers hat zunächst einen starken Ausschlag nach oben. Hierbei handelt es sich gewissermaßen um die „Brüllphase". In diesem ersten starken

Gefühlsausbruch sucht sich der Choleriker ein Ventil, um seine angestaute Aggression loszuwerden.

Ventil, um die angestaute Aggression loszuwerden

Risiko

Es geht dem Clientulus canis in der aggressiven Anfangswelle noch nicht um die sachliche Klärung eines Problems, er will hier auch noch keine Lösung hören, ja er ist kaum imstande, sein Anliegen präzise und vernünftig vorzutragen. Es wäre grundverkehrt, ihn in dieser Phase der Aggressionsabfuhr zu unterbrechen. Das wäre so, als würde man auf einen Topf mit kochendem Wasser gewaltsam einen Deckel pressen. Durch den sich aufstauenden Druck würde der Kessel platzen. Besser ist es, die heiße Luft in geschickten Dosierungen abdampfen zu lassen.

Den Choleriker in der Phase der Aggressionsabfuhr nicht unterbrechen

Therapie

Man lässt den Choleriker also ungestört toben. Auf keinen Fall darf man ihm widersprechen, selbst dann nicht, wenn er im Unrecht ist. Wenn Sie merken, dass die Erregungskurve nach dem ersten Anfall abzuflachen beginnt, senden Sie ein erstes Signal der Anteilnahme aus. Dazu bietet sich z. B an:

Signale der Anteilnahme äußern

„Oh, das ist aber wirklich ärgerlich."
„Ich kann verstehen, dass Sie jetzt ungehalten sind."
„Da sind Sie aber bestimmt ganz schön sauer."

Diese Zeichen der Anteilnahme sollten nicht geheuchelt klingen, sondern müssen echt sein. Bieten Sie aber nach dieser ersten Welle noch keine Lösung an. Versuchen Sie nicht einmal, das Problem genauer zu erörtern. Der Choleriker ist nämlich noch nicht fertig. Er holt zu einem zweiten Anlauf aus, der aber, wenn Sie geschickt genug waren, merklich sachter ausfällt.

Sie lassen auch diese zweite Welle widerspruchslos über sich ergehen. Jetzt, nach dem zweiten Signal der Anteilnahme können Sie damit beginnen, durch geschickte Fragen das Problem zu analysieren.

Wenn Ihr Kunde beispielsweise behauptet, er habe Unterlagen abgegeben, diese aber unauffindbar sind, könnten Sie etwa fragen: *„Mit wem haben Sie denn gesprochen? Haben Sie die Unterlagen persönlich abgegeben? Wer hat sie denn entgegengenommen? Haben Sie eine Empfangsbestätigung erhalten?"* usw.

Der Choleriker wird immer noch nicht ganz abgekühlt sein. Er wird nun emotionsgeladen seine Geschichte mehr oder weniger sachlich vortragen. Sie wenden nun alle Techniken des aktiven Zuhörens an wie „grunzen“, „Anteilnahme zeigen“ und „positive Bestärkung“ geben (Kap. 4.5.3). Sie zeigen dem Kunden, dass Sie seinen Unmut nachvollziehen. Das können Sie auch wörtlich so ansprechen. Wenn Sie ihm signalisieren, dass Sie seine Erregung verstehen, werden Sie ihm damit schnell den Wind aus den Segeln nehmen. Der Choleriker erwartet nämlich Widerstand. Diesen versucht er durch besondere Temperamentsausbrüche zu brechen. Dafür hat er sich gefühlsmäßig mit Munition versehen. Stößt er nun nicht auf den erwarteten Widerstand, schalten seine Hormone nach der erfolgten Abdampfungsreaktion schnell wieder auf „Harmonie“.

Den Choleriker ins Leere laufen lassen und ihm damit den Wind aus den Segeln nehmen

5.2.4 Clientulus hippopotamus – Das abgeklärte Flusspferd

Das Flusspferd lässt sich durch nichts aus der Ruhe bringen

Dieser Typus besitzt die Charaktereigenschaften, die gemeinhin dem Flusspferd zugewiesen werden. Von diesem behäbigen Tier hat er auch seinen Namen. Breit und gemütlich, mit sich und der Welt zufrieden sitzt Ihnen der Hippopotamus gegenüber. Er hat für Ihr jugendliches Temperament und Ihren mitreißenden Vortrag nur ein müdes Lächeln übrig. Zu weiterreichender Mimik könnte er sich auch gar nicht aufschwingen, da ihm sonst die Zigarre aus dem Mund fiele. Er geht oft deutlich auf die 60 zu, zuweilen ist er auch schon darüber, in Behörden findet sich diese Spezies aber auch schon mit 42.

Nachdem Sie unter Aufbietung all Ihrer verkäuferischen Talente und Kräfte in glühenden Farben geschildert haben, welche enorme Kostenersparung und Leistungssteigerung Ihr Produkt für sein Unternehmen bedeuten würde, grunzt der Hippopotamus gemütlich: *„Fahrräder für Ameisen? Kennen wir schon.“* Na, das war's dann, jetzt könnten Sie eigentlich wieder nach Hause fahren.

Risiko

So schnell lassen Sie sich nicht unterkriegen? Dann frisch gewagt! Preisen Sie den technologischen Fortschritt, glänzen Sie mit besten Referenzen, loben Sie Ihren besonderen Service und vergessen Sie auch nicht die doppelte Garantiezeit im Vergleich zum Branchendurchschnitt.

Der Hippopotamus wirkt seltsam müde, seine Augen senken sich, er ist Ihren Ausführungen entweder gar nicht oder mit einem selbstzufriedenen Kopfschütteln gefolgt. *„Das haben wir schon vor zwanzig Jahren versucht, hat schon damals nicht geklappt“* oder *„Wir sind mit unserer Methode bisher immer gut gefahren, die Umsätze stimmen und ich werde doch jetzt kurz vor der Rente nicht die Milch neu erfinden, ha, ha“*. Der Hippopotamus hat schon alles gesehen, alle Moden überlebt und sich in seinem Unternehmen ein kuscheliges Plätzchen, ein warmes Nest eingerichtet, das er demnächst nur verlassen wird, um nahtlos in den Ruhestand umgebettet zu werden.

Therapie

Der Hippopotamus ist das genaue Gegenteil eines Revolutionärs. Veränderungen irritieren ihn und Unternehmensinteressen verfolgt er nur, wenn sie sich zufällig mit den eigenen decken. Interessen? *„Dieses zu Stein gewordene Fossil interessiert sich doch für rein gar nichts“*, wird der engagierte Salesman, der wirklich alles versucht hat, um dieses Monument hinter dem Ofen hervorzulocken, nun einwenden.

Auch der Hippopotamus hat Interessen und genau hier ist der Ansatzpunkt, seine Lethargie zu brechen

Doch, auch der Hippopotamus hat Interessen und genau hier ist der Ansatzpunkt, seine Lethargie zu brechen. Ihn mit geschäftlichen Belangen reanimieren zu wollen, ist verlorene Liebesmüh. Es gilt, seine schwerfällige Persönlichkeit zu „knacken“, indem Sie seine tief verborgenen Leidenschaften aufspüren und zum Leben erwecken. Irgendeine Passion hat nämlich selbst der Hippopotamus. Das sind sicherlich keine Leasingmodelle, Optimierungen der Kostenstruktur, Managementmethoden oder Hightech-Produkte, aber vielleicht sein Schützenverein, seine Enkelkinder, Briefmarken, der gute Moseltropfen oder die liebevoll gehegte Orchideenzucht.

Wenn es Ihnen gelingt, diese tiefer liegenden Saiten zum Klingen zu bringen, werden Sie erstaunt feststellen, wie lebendig diese vermeintliche Schlaftablette plötzlich wird. Jetzt wird das Flusspferd auf einmal redselig, hört aufmerksam zu und hat alle Zeit der Welt.

Wem es nun gelingt, auf diesen, nunmehr freigelegten Gleisen weiterzufahren, erreicht direkt das Herz des Hippopotamus und öffnet es womöglich auch für geschäftliche Themen. Das kann allerdings lange dauern und erfordert viel

Arbeit und Geduld. Dann aber kann es sich lohnen, denn ist der Hippopotamus erst einmal Ihr Freund – und dies ist die Grundvoraussetzung für eine geschäftliche Beziehung – wird er großzügig und nichts ist ihm zu teuer.

Behandeln Sie das Flusspferd wie einen erfahrenen Seniorpartner

Vertiefen lässt sich diese Beziehung, wenn es Ihnen gelingt, an seine Vater- bzw. Opa-Gefühle zu appellieren. Begegnen Sie ihm wie ein Sohn oder eine Tochter, die den erfahrenen Seniorgeschäftspartner um seinen väterlichen Rat bittet. Bedanken Sie sich stets für seine weisen Ratschläge und geben Sie ihm das Gefühl, auch in seiner beruflichen Sphäre noch eine bedeutende Größe zu sein. Vielleicht entdeckt er auf diese Weise auch wieder, dass das für ihn bereits abgehakte Berufsleben doch den einen oder anderen interessanten Aspekt aufweist.

5.2.5 Clientulus camelopardalis – Die selbstverliebte Giraffe

Die Giraffe ist von sich selbst überzeugt und dokumentiert dies auch selbstbewusst

Die Spezies camelopardalis verkörpert unter den Kunden die „Giraffe". Sie trägt die Nase recht weit oben, hat in Harvard oder Oxford studiert oder hätte es zumindest gerne. Sie verfügt über beste Abschlussnoten, weit reichende Auslands- (am besten USA-)Erfahrungen und kennt sich bestens in der Nomenklatur des „Businesstalk" aus, dessen sie sich auch gerne und virtuos bedient. Sie spricht statt Klartext perfekt „Denglisch" und scheut sich auch nicht, Phrasen zu bemühen wie *„Synergieeffekte nutzen", „Worst-Case-Szenarien aufzeigen"* oder *„IT-Lösungen implementieren"*. Sie ist äußerst eloquent, redet viel und druckreif, ist dabei aber nicht sonderlich originell und in Auftreten, Habitus, Wortwahl, Sprechweise, Interessen und leicht verwechselbar mit allen anderen Vertretern ihrer Gattung. Der bzw. die Camelopardalis trägt Maßanzüge, Edelmarken und rahmengenähtes Schuhwerk.

Sie definiert sich durch Hightech-Statussymbole und dies stets in der allerneuesten Version (Laptop, Handy, Organizer usw.). Nach diesen Kriterien beurteilt sie auch ihre Umgebung. Welcher Verkäufer hier noch glaubt, bei einer Präsentation mit Overheadprojektor, Folien, selbst gebastelten Angebotsmappen und dergleichen Relikten aus der Steinzeit zu trumpfen, der wird mild lächelnd und höflich ins Jenseits katapultiert. Auf jeden Fall werden seine Ausführungen inhaltlich gar nicht erst wahrgenommen, seien sie auch noch so kompetent und vielleicht tausendmal besser als die der Mitbewerber. Angebote werden nicht nach der Qualität ihres Inhalts geprüft, sondern durchlaufen zunächst den Filter einer formalistischen Beurteilung, die als einziges Kriterium die technologische Aktualität der äußeren Form kennt.

Gewinner sind hier diejenigen, die es verstehen, unter Aufbietung aller technischen Möglichkeiten und Ausreizung dessen, was modernste Grafikprogramme und Präsentationsmedien hergeben, eine perfekte Hightech-Show abzuliefern. Der Verkäufer als Mensch tritt in den Hintergrund und wird uninteressant. Angebote müssen wie von Designerhand gestaltet, klar strukturiert, mit umfangreichem Inhaltsverzeichnis und Gliederungen versehen sein und einen bedeutenden Umfang aufweisen. Sie werden natürlich nicht wirklich gelesen, sondern nur durchgeblättert. Daher muss der erste Eindruck stimmig sein, auf Inhalte kommt es weniger an, da sie kaum noch wahrgenommen werden. Als „Top Act“ gilt, wenn dem deutschen Teil auch noch die komplette englische Übersetzung in gleicher formaler Güte angehängt ist. Internationale Ausrichtung an sich ist hip, unabhängig von ihrer tatsächlichen Notwendigkeit oder ihrem Nutzen.

Angebote werden lediglich formal beurteilt und sollten die neuesten technischen Möglichkeiten voll ausreizen

Die Giraffe ist selbstgefällig und arrogant, mächtig stolz auf das Geleistete und stark karriereorientiert. Unternehmensinteressen werden zwar vordergründig als Ziel und Motivation für das eigene Handeln herausgestellt, sind aber bestenfalls Nebeneffekte bei der Verfolgung der eigenen Karriereinteressen. Die Giraffe stellt sehr direkte, kritische Fragen, die scharf formuliert sind und teilweise unter die Gürtellinie gehen.

Die Giraffe ist selbstgefällig und arrogant, stolz auf das Geleistete und stark karriereorientiert

Die Giraffe vertritt die Auffassung, dass Verkaufs-, aber auch beispielsweise Bewerbungsgespräche nur erfolgreich sind, wenn sie dem „Kandidaten“ intensiv auf den Zahn fühlen und das bei Führungskräften beliebte „Stress-Interview“ darstellen. Der Verkäufer, in dem man eigentlich eine wertvolle Informationsquelle über Inhalte wie Produktqualität usw. sehen sollte, wird auf diese Weise zum Prüfling, dessen Standfestigkeit und persönliche Stärke getestet wird.

Der Verkäufer wird zum Prüfling, dessen Standfestigkeit und persönliche Stärke getestet wird

Das Kernbedürfnis der Giraffe ist dabei, den anderen emotional niederzumachen und stets die eigene Überlegenheit zu demonstrieren und auszukosten. Die Giraffe muss ständig kämpfen und Schwächen bei anderen suchen, um dann siegreich zu triumphieren. Dieses übersteigerte Geltungsbedürfnis

Übersteigertes Geltungsbedürfnis

entspringt oft – allerdings sehr tief verborgenen – Defiziten des eigenen Selbstbewusstseins, die aber meisterlich kompensiert werden durch extremes Karrierestreben und das Bedürfnis, besser als andere zu sein.

Risiko

Sich nicht einschüchtern lassen und persönlich angegriffen fühlen

Es besteht die Gefahr, dass man sich einschüchtern lässt von der weltmännisch auftretenden Giraffe mit ihrem scheinbar perfekten Outfit, Auftreten und Kommunikationstalent. Viele fühlen sich in Gegenwart der Giraffe unsicher und minderwertig, die offen zur Schau gestellte Perfektion führt dann zu Selbstzweifeln.

Die Atmosphäre im Verkaufsgespräch kann schnell frostig werden. Der Verkäufer sieht seine Felle schwimmen und glaubt schon allein menschlich verloren zu haben, bevor er überhaupt auf sein Produkt zu sprechen kommen kann. Er läuft Gefahr, sich persönlich angegriffen und in seiner Ehre gekränkt zu fühlen. Dies löst nicht selten Aggressionen aus, die aber alles nur verschlimmern, denn wer sich ärgert, gibt sich damit Blöße und zeigt letztlich Schwäche. Wer sich von der Giraffe provozieren lässt, zeigt ihr, dass sie ihr Ziel erreicht hat.

Therapie

Lassen Sie sich nicht provozieren und unterdrücken Sie aufkeimende Aggressivität

Lassen Sie sich von der Giraffe nicht aus der Ruhe bringen, bleiben Sie souverän. Zeigen Sie innere Stärke und Größe, lassen Sie sich nicht provozieren und unterdrücken Sie aufkeimende Aggressivität.

Da Sie erkannt haben, dass es sich bei dem arroganten Gebaren Ihres Gegenübers im Kern um die Kompensation eines persönlichen Defizits und damit eigentlich um eine Schwäche handelt, sind Sie letztlich der Stärkere. Daher haben Sie es auch gar nicht nötig, ebenso arrogant wie Ihr Gegenüber aufzutreten. Bleiben Sie natürlich, versuchen Sie die Giraffe nicht durch gestelzte Redeweise, den Gebrauch von Fremdwörtern oder eine übertriebene Fachsprache zu übertrumpfen. Bleiben Sie stets freundlich und zeigen Sie niemals, dass Sie sich eventuell ärgern.

Begegnen Sie den provokant formulierten Einwänden stets mit der *„Ja, aber …“*- oder der *„Ja, gerade deshalb“*-Technik. Beispiel: Die Giraffe hat soeben ihre Standardphrase

„Sie sind viel zu teuer“ geäußert. Sie antworten souverän: *„Ja, Herr Giraffe, da haben Sie völlig Recht. Wir bewegen uns mit unserem Produkt wirklich im hochwertigen Preissegment. Und dies ist ein ganz besonderer Vorteil für Sie, da wir es uns leisten können, über die gesetzliche Gewährleistung hinaus eine zweijährige Garantie und einen Vor-Ort-Service anbieten zu können.“*

Verwenden sie die „Ja, aber ...“- oder „Ja, gerade deshalb“-Technik

Versuchen Sie auch stets, nicht gegen die Giraffe zu argumentieren, sondern deren Argumente scheinbar nur zu ergänzen, ohne dabei allerdings den roten Faden Ihrer Argumentation zu verlieren. In der Sache bleiben Sie hart, in der Formulierung aber geben Sie Ihrem Gegenüber stets Recht und stellen Ihre durchaus konfrontative Gegenmeinung stets als interessanten, ergänzenden Aspekt dar, dessen Vorstellung Sie etwa so einleiten: *„Und darüber hinaus bieten sich weitere interessante Vorteile wie ...“*. Jetzt können Sie das genaue Gegenteil der Ausführungen der Giraffe vortragen, ohne dass dies sonderlich auffallen würde. Denn wirklich sensibel sind Giraffen nicht. Entwickeln Sie auch ein sehr feines Gespür dafür, was die Giraffe an Antworten hören will. Sie ist da sehr stark festgelegt auf vorgefasste Meinungen und Erwartungen und überhaupt nicht flexibel gegenüber von dieser Grundeinstellung abweichenden Überlegungen.

Versuchen Sie mit Ihrer Argumentation die Argumente der Giraffe scheinbar zu ergänzen

Dass die Giraffe nicht besonders sensibel ist, macht sie auch anfällig gegenüber Schmeicheleien und hier können Sie alle Register ziehen. Allerdings sollten Sie nicht allzu dick auftragen, aber auch dann würde die Giraffe es wahrscheinlich nicht merken. Die Giraffe freut sich über jedes Lob, das ihre Ausbildung, Status und gesellschaftliche Stellung herausstellt. Dies können Sie auch direkt ansprechen, allerdings nicht nach dem Motto: *„Sie tragen aber schicke Anzüge“* oder *„Ich bin beeindruckt von Ihren Auslandserfahrungen“*. Sie können diese Eigenschaften aber dennoch diskret preisen. Beispiel: *„Ich denke, dass in Ihrem Fall eine maßgeschneiderte Lösung effektiver wäre, schließlich tragen Sie ja auch keine Anzüge von der Stange ...“* oder *„Der Kofferraum ist für einen Sportwagen relativ groß, Sie können bequem Ihr Golfbag darin verstauen“* oder *„Die Reißfestigkeit der Seidenfäden Ihrer Armani-Krawatte beträgt xy, unsere Glasfaserverbindungen dagegen ...“* oder *„Aus den USA kennen Sie sicherlich die Vorliebe der Amerikaner für ...“*.

Die Giraffe ist anfällig gegenüber Schmeicheleien

5.2.6 Clientulus simia – Der allwissende Affe

Der Affe ist ein Alleswisser und glänzt mit seinem Fachwissen

„Simia" bedeutet Affe und kennzeichnet den vorwitzigen, aktiven und sehr aufgeschlossen wirkenden Kunden. Er ist ein Alleswisser und glänzte bereits in der Schulzeit mit seinem Expertenwissen à la: *„Herr Lehrer, ich weiß was."* Wenn der Affe groß ist, begegnet er den Ausführungen des Verkäufers mit klugen Sätzen wie *„Ich habe aber gelesen ..."* Der Clientulus simia weiß in seinem Fachgebiet wirklich erstaunlich viel und ist nicht selten darin seinen Gesprächspartnern überlegen. Er wendet dieses Fachwissen auch oft erfolgreich an, manchmal verwendet er es aber auch weniger konstruktiv einfach aus dem Geltungsbedürfnis heraus, mit seinem Fachwissen zu glänzen.

Risiko

Auch wenn der Affe noch so kompetent ist, lassen Sie keine Zweifel an sich selber oder Ihrer Leistung aufkommen

Der Affe nervt. Er weiß ständig alles besser, lässt nichts gelten und wird Sie so oft unterbrechen, dass Sie keine Gelegenheit haben, Ihre Leistung angemessen zu erklären. Bleiben Sie daher cool und zeigen Sie niemals Ärger oder Ungeduld über das vielleicht ungebührliche Verhalten Ihres Gegenübers. Da der Affe wirklich sehr viel weiß und meist auch recht intelligent ist, besteht die Gefahr, dass Sie an sich selbst oder Ihrem Produkt zu zweifeln beginnen. Lassen Sie diese Zweifel auf keinen Fall aufkommen und geben Sie sich keine Blöße. Üben Sie sich in selbstbewusstem Verharren auf den eigenen Qualitäten, selbst wenn diese kompetent in Frage gestellt werden. Bedenken Sie stets, dass es dem Affen nicht wirklich um ein konstruktives Ergebnis des Meinungsaustausches geht. Auch seine klügsten Einwendungen haben nicht das Ziel der Prozessoptimierung, sondern lediglich der Selbstdarstellung.

Der Affe versteht oft von der Materie genau so viel oder sogar mehr als der Verkäufer. Jeder Versuch, ihm ein „X für ein U" vorzumachen, ist zum Scheitern verurteilt. Wer hier Ausflüchte sucht oder „belehren" möchte, hat verloren.

Therapie

Befriedigen Sie die Sucht des Affen nach Lob

Der Affe ist süchtig nach Lob. Daher sollten Sie bei jeder sich bietenden Gelegenheit ihn und sein Fachwissen loben, Psychologen vermuten beim Affen, dass er in seiner Jugend sehr autoritär geführt wurde und Liebensbeweise nur als Belohnung für Glanzleistungen erhielt. Daher ist er stetig auf der Suche nach Bestätigung. Wichtig ist daher, dass Sie dem Affen ein Forum bieten, auf dem er genüsslich sein Expertenwissen ausbreiten kann. Unterbrechen Sie ihn dabei nicht und akzeptieren Sie, dass diese Prozedur leider etwas länger dauert. Das ist aber gut investierte Zeit, die sie später im Verkaufsprozess sparen können. Der vollzieht sich nämlich bei geschicktem Verhalten zügiger, weil Ihnen der Affe, wenn Sie ihn einmal anerkannt haben, buchstäblich aus der Hand frisst. Zeigen Sie ihm also kurz und aufrichtig, dass Sie ihn als ebenbürtigen Fachmann anerkennen und schätzen. Ein einfaches *„Oh, Sie kennen sich aber gut aus!"* ist da oft schon ausreichend.

Zeigen Sie ihm, dass Sie ihn als Fachmann anerkennen

5.2.7 Clientulus rana – Der geschwätzige Frosch

Der Frosch redet und arbeitet unstrukturiert, unorganisiert und völlig ineffektiv

Rana heißt zu Deutsch „der Frosch" und genauso benimmt sich der Kunde gleichen Namens: Er quakt. Und das ausgiebig, stundenlang, ohne Punkt und Komma und vor allem ohne Ziel. Es ist der berühmte Vielredner, der gerne vom ebenso berühmten *„Hölzchen aufs Stöckchen"* kommt. Er findet kein Ende in seinen weitschweifigen Ausführungen, in deren Verlauf er gar nicht mehr weiß, womit er angefangen hat und wo er eigentlich hinwollte. Er ist auch nicht in der Lage, Wichtiges von Unwichtigem zu unterscheiden, er kann Sachverhalte nicht auf den Punkt bringen und stiehlt anderen Leuten gerne die Zeit. Telefonate mit ihm dauern nicht selten eine halbe Stunde oder gar länger, ständig liefert er sich selbst Stichwörter, die ihm Anhaltspunkte für neue Litaneien bieten.

Der Frosch redet und arbeitet unstrukturiert, unorganisiert und völlig ineffektiv. Man fragt sich oft, was der Frosch an seinem Arbeitsplatz eigentlich leistet. „Arbeit" kann es jedenfalls nicht sein, jedenfalls dann nicht, wenn jede Problemstellung Auslöser für seine Verbaldiarrhöe ist.

Vielfach sind Frösche von sich selbst besessene Egomanen

Psychologisch gesehen handelt es sich bei dem Vielredner nicht selten um einen Egomanen, der sich selbst für den Mittelpunkt der Welt hält und von allen anderen erwartet, dass sie sich nur für ihn interessieren. Deshalb geht er auch bedenkenlos und völlig unkritisch verschwenderisch mit der Zeit seiner Mitmenschen um. Frösche kommen nicht selten aus wohl behüteten Familien, in denen die Eltern den Kindern alle unangenehmen Aufgaben abnehmen und sie vor den

Stürmen des Lebens bewahren. Daher mussten sie sich auch nie bewähren und die eigene Lebensbewältigung durch angemessene Effektivität meistern. Sie rutschen dann nicht selten aus dem Schoß der Familie direkt in fest gefügte soziale und berufliche Strukturen. Wenn Zeit für sie wirklich Geld wäre und dann noch das eigene, könnten sie sich ihren Wortreichtum bei gleichzeitiger Sinnarmut gar nicht leisten.

RISIKO

Der Frosch macht jede Argumentation im Ansatz unmöglich

Eine konstruktive Verkaufspräsentation oder -argumentation ist bei einem derart geschwätzigen Kunden in der Regel gar nicht möglich. Sie kommen weder zu einem systematischen Aufbau, noch dramaturgischen Spannungsbogen oder einfach nur zum Kern Ihres Anliegens. Der Frosch unterbricht Sie ständig und stört völlig destruktiv jede Gesprächsstruktur. Da er nicht richtig zuhören kann, wird er in der Regel den Produktnutzen gar nicht aufnehmen und erkennen. Die Gefahr besteht, dass Sie, aber auch andere Anwesende darüber ärgerlich und ungeduldig werden und den Frosch scharf zurechtweisen. Das verdirbt diesem natürlich die Stimmung, auf die Sie eventuell doch angewiesen wären.

THERAPIE

Unter gar keinen Umständen offene Fragen stellen

Wer dem Clientulus rana Fragen stellt und womöglich auch noch „offene Fragen", die mit „Wie" *(Wie gefällt Ihnen denn der neue ...)* beginnen, hat verloren (siehe Kap. 4.5.1). Wenn überhaupt, dürfen dem Frosch nur geschlossene Fragen, auf die er nur mit Ja oder Nein antworten kann, gestellt werden. Nach Möglichkeit sollte es sich dabei um so genannte Abschlussfragen handeln. Zum Beispiel wenn der Frosch ein für ihn typisches Fragespiel spielt und die fünfzigste Frage lautet *„Haben Sie das Modell denn auch in mintmetallic?"*, dann nageln Sie ihn fest durch die gezielte Frage *„Wollen Sie denn das Modell in mintmetallic?"*

Den Frosch gefühlvoll ausbremsen

Im Übrigen ist es Ihre Verpflichtung, den Frosch zu bremsen. Das sind Sie sich, Ihrer Zeit und vor allem allen eventuell anderen Beteiligten gegenüber schuldig. Ansonsten verlieren Sie nur Zeit, kommen zu keinem Ergebnis und verspielen das Interesse aller Anwesenden.

Unterbrechen Sie den Frosch aber nicht dadurch, dass Sie die Unterbrechung thematisieren. Stoßen Sie den Frosch nicht mit einem Satz wie *„Wenn ich Sie mal kurz unterbrechen darf …"* vor den Kopf. Stellen Sie auch keine Fragen wie *„Darf ich Sie einmal unterbrechen?"*. Abgesehen davon, dass dies schon eine Unterbrechung wäre, weiß der Frosch nun, dass er unterbrochen wird. Das lässt sich auch geschickter bewerkstelligen. Warten Sie, bis der Frosch Luft holt. Auch wenn es so klingt, als sei sein Sauerstoffvorrat unbegrenzt, muss doch auch der redseligste Frosch irgendwann einmal Luft schnappen. In diese Millisekunde müssen Sie hineinstoßen mit dem (nach Dale Carnegie) schönsten Klang der Welt, nämlich dem des eigenen Namens. *„Herr Frosch!"*, rufen Sie ihm begeistert zu, *„das ist ja ein sehr interessanter Gedanke! Den sollten wir unbedingt einmal vertiefen. Könnten wir jetzt noch einmal ganz kurz auf die genaue Stückzahl kommen, die Sie benötigen?"*

Nageln Sie den Frosch fest, lassen Sie es nicht zu, dass Sie Ihr Ziel aus den Augen verlieren. Unterbrechen Sie ihn (höflich!) sofort, wenn er abschweift. Führen Sie ihn zu konkreten Aussagen und halten Sie je nach Möglichkeit alles genau schriftlich fest. Bestätigen Sie auch alle Abmachungen zügig und seien Sie hartnäckig, wenn Sie konkrete Zusagen oder Unterschriften benötigen. Scheuen Sie sich nicht, penetrant vorzugehen, auch wenn Sie als kultivierter Zeitgenosse Ihr eigenes Verhalten als „lästig" empfinden. Sorgen Sie aber dafür, dass der Frosch durch Ihre strenge Behandlung nicht anderen gegenüber sein Gesicht verliert, stellen Sie ihn nicht bloß oder machen ihn lächerlich. Gehen Sie stets zielorientiert, aber taktvoll vor.

Halten Sie je nach Möglichkeit alles genau schriftlich fest

Sorgen Sie dafür, dass der Frosch sein Gesicht wahren kann

5.2.8 Clientulus vulpes – Der hinterlistige Fuchs

Der Clientulus vulpes ist der „Fuchs" unter den Kunden und leider auch der unangenehmste und gefährlichste Vertreter der Gattung Kunde. Er ähnelt stark der aggressiven Variante des introvertierten schüchternen Rehs. Was ihn von diesem unterscheidet, ist jedoch, dass er eigentlich nicht schüchtern ist. Er ist weder scheu noch ängstlich, tritt selbstbewusst auf, weist dabei aber einen stark destruktiven Zug auf. Dieser übermäßig ausgeprägte Destruktionstrieb macht uns nicht nur das Leben schwer, sondern verhindert im Grunde jeden Verkaufserfolg. Der Fuchs verhält sich zunächst ruhig, beobachtet Sie genau und folgt aufmerksam Ihren Ausführungen.

Der Fuchs ist der unangenehmste und gefährlichste Vertreter der Gattung Kunde

Das tut er aber nicht, um seinen Wissensdurst zu stillen oder zu konstruktiven Ergebnissen zu kommen. Seine intensive Aufmerksamkeit dient nur einem äußerst bösartigen Zweck: Er sucht Schwachstellen seines Gegners. Und Gegner sind für ihn alle, eigentlich hasst er seine Mitmenschen, besonders wenn es denen auch noch gut geht oder sie sich als fröhliche Naturen zeigen.

Er sucht Schwachstellen seines Gegners

Es kann Ihnen passieren, dass der Fuchs nach einer halben Stunde konzentrierten Zuhörens plötzlich zum ersten Mal sein Schweigen bricht und eine Frage an Sie richtet: *„Herr Verkäufer, ich habe gerade einmal die Prozentzahlen Ihrer Tortengrafik addiert und ich komme da auf 105 Prozent. Ist das nicht ein bisschen viel?“* Dieser Schlag sitzt und Sie geraten ordentlich ins Schwitzen. Leider zeichnet sich der Fuchs oft durch eine außerordentliche Geistesschärfe aus und meistens hat er Recht. Schließlich hat er seine „Fehlersuche“ jahrelang trainiert und irgendeinen Fehler findet man immer.

Der Fuchs findet immer irgendeinen Fehler

Vom Charaktertypus des Fuchses weiß man, dass er sein Zerstörungswerk unter einem psychologischen Zwang betreibt. Wie beim Schüchternen fehlt ihm ein adäquates Ventil, um seine Enttäuschungen, Frustrationen und Aggressionen in sozial adäquater Weise zu entladen. Nicht selten entstammt er einem äußerst autoritären Elternhaus mit starker Dominanz des Vaters. Dieser Patriarch verlangte das Äußerste von seinen Kindern und erwartete stets Höchstleistungen, die er gnadenlos kontrollierte und einforderte. Dabei konnte man ihm einfach nichts recht machen, so sehr man sich auch bemühte. Hatte man ein Leistungsziel dennoch einmal erreicht, so wurden die Anforderungen sofort erhöht. Lob für Vollbrachtes war unbekannt, der Tadel dagegen ein ständiger Hausgenosse. Geprägt war die Erziehung nicht selten durch eine als erniedrigend empfundene Ungerechtigkeit. Diesen Ballast schleppt der Fuchs sein Leben lang mit sich herum. Er überträgt nun die in der Erziehung erfahrenen Mechanismen auf seine Umwelt und unterliegt ständig dem Zwang, diese zu kontrollieren und zu maßregeln.

Der Fuchs überträgt in der Kindheit leidvoll erfahrene Konrollmechanismen auf seine Umwelt

Ein Nebeneffekt seines Tuns ist, sich selbst als überlegen darzustellen, schließlich entdeckt er Fehler, die ihm im Prinzip nicht unterlaufen wären. Er kann aber aus seiner Überlegenheit nicht wirklichen Gewinn ziehen, sie macht ihn nicht glücklich und er zieht daraus keine Kraft wie etwa die Giraffe.

Sie bestärkt nur seinen Glauben, dass er wieder einmal Recht hatte, dass die Welt schlecht und unvollkommen ist.

Risiko

Wie bereits betont, ist der Fuchs alles andere als dumm. Sein Urteil ist beißend, unfair und leider meistens zutreffend. Wenn es Sie trifft, schwächt es in den Augen aller Beteiligten Ihre Argumente. Selbst wenn es sich nur um formale Fehler handeln sollte, ist auch der Inhalt Ihrer Argumentation diskreditiert. Es besteht die Gefahr, dass man sich vom bösen Fuchs herunterziehen lässt und an den eigenen Qualitäten und Fähigkeiten zweifelt. Dies kann zum Verlust von Selbstvertrauen und Überzeugungskraft führen. Je nach Persönlichkeitsstruktur kann es auch zu Aggressionen und daraus resultierenden Attacken gegen den Fuchs führen. Die dabei zutage tretende Schwäche des Verkäufers wirkt dann wie ein Todesurteil im Verkaufsprozess. Eigenartigerweise solidarisiert sich zuweilen eine Gruppe mit dem angegriffenen Fuchs, auch wenn diesen keiner so recht leiden kann.

Das Urteil des Fuchses ist beißend, unfair und leider meistens zutreffend

Therapie

Auf keinen Fall darf man sich vom Fuchs herunterziehen lassen, auch wenn dies leichter gesagt als getan ist. Sich gegen seine Attacken zu wappnen, fällt aber umso leichter, je intensiver man verinnerlicht hat, dass die Fuchsattacken Ergebnis psychologischer Zwänge sind und keinesfalls berechtigte, objektive Urteile darstellen. Niemand ist fehlerfrei, Fehler können und müssen vielleicht sogar passieren und sind, sofern sie sich in angemessenem Rahmen bewegen, verzeihlich. Sie stellen dann auch überhaupt keine Beeinträchtigung einer ansonsten schlüssigen Argumentation dar. Dafür hat auch jeder normale Sterbliche Verständnis und ganz besondere Ihre „gesunden" Kunden. Hier muss man unbedingt Standing und Selbstbewusstsein trainieren. Dies gelingt am besten, wenn man sich, so oft es geht, gemeinen Fuchsattacken aussetzt. Dies sollte man zuerst in Bereichen üben (Verein, Politik, Freizeit etc.), bei denen ein eventueller Gesichtsverlust nicht karriererelevant ist.

Sich vergegenwärtigen, dass die Fuchsattacken Ergebnis psychologischer Zwänge und keine objektiven Urteile sind

Einer der größten Fehler gegenüber dem Fuchs ist außerdem, auf seine Angriffe aggressiv zu reagieren. Damit würden Sie genau seine Erwartungen erfüllen. Es würde zur Eskalation

Auf keinen Fall aggressiv reagieren

eines ziemlich fruchtlosen Konfliktes führen, der Ihnen bei allen Beteiligten nur Minuspunkte bringen würde. Ein Konflikt würde dem Fuchs lediglich die willkommene Gelegenheit zur totalen Vernichtung des Gegners geben. Bleiben Sie ruhig und freundlich und überhören Sie den Angriffston. Bedanken Sie sich sogar für die Korrektur und geloben Sie, beim nächsten Mal besser aufzupassen.

Machen Sie den Fuchs zum „Anwalt" seines erkannten Problems

Machen Sie den Fuchs zum „Anwalt" seines erkannten Problems. Bitten Sie ihn, nun genau aufzupassen, ob Ihnen ein ähnlicher Fehler erneut unterläuft und dann unverzüglich einzuschreiten. Auf diese Weise haben Sie den Fuchs erst einmal beschäftigt, er wird nun aufpassen wie ein Schießhund. Dadurch gewinnen Sie vielleicht zehn oder zwanzig Minuten, in denen er Sie in Ruhe lässt. Es besteht auch die (relativ kleine) Chance, dass er vom anstrengenden Aufpassen müde wird und ihm eine aufgedrängte Korrektur weniger Spaß bereitet. Suchen Sie auf keinen Fall die Konfrontation, widersprechen Sie nicht, versuchen Sie nicht zu überzeugen. Dies wäre ohnehin vergebliche Liebesmüh genauso wie der Versuch, den Fuchs „umzuerziehen" oder ihn auf den Pfad der Tugend zurückzubringen. Lassen Sie ihn links liegen und fügen Sie sich in das Schicksal, dass man nicht jedes Problem lösen kann.

5.3 Kundenkrankheiten oder wie kaufhemmenden Verhaltensweisen zu begegnen ist

Den hier vorgestellten Kundentypen und ihren charakterlichen Dispositionen entsprechen immer wieder zu beobachtende typische Verhaltensweisen – in unserem übertragenen Sinne also „Krankheitsbilder" –, die einen Kauf- oder Überzeugungsprozess erschweren. Kennt man deren psychologischen Hintergründe, lassen sich solche „Kaufhemmungen" wirkungsvoll „therapieren". Wie Sie den verschiedenen Kundentypen im Allgemeinen wirkungsvoll begegnen, haben Sie im vorigen Kapitel erfahren. Im Folgenden werden die wichtigsten Kaufhemmer im Besonderen und ihre Therapieformen vorgestellt.

Die wichtigsten Kaufhemmer und ihre Therapieformen

5.3.1 Diagnose: Preisdrücker-Syndrom – Billig um jeden Preis

Krankheitsbild: Zwanghaftes Preisdrücken aus Prinzip ohne jede sachliche Notwendigkeit

PATIENTEN: clientulus camelopardalis (Giraffe), vulpes (Fuchs), capreolus (aggressives Reh)

TYPISCHE PATIENTENÄUSSERUNGEN:

- *„Ich habe Sie nicht eingeladen, damit wir über Produkte reden. Wir reden grundsätzlich nur über Preise."*
- *„Wenn Sie mich besuchen wollen, vergessen Sie ihre Preisliste nicht. Damit will ich mir nämlich meine Zigarre anzünden."*
- *„Ist da noch Luft drin?"* (Kunde im telefonischen Erstkontakt, nachdem er den Verkäufer zur verfrühten Preisnennung genötigt hat, aber noch nichts über Produkte, Mengen, Nutzen usw. weiß.)

RISIKOFAKTOREN:

- Sich zwingen lassen, zu früh Preise zu nennen, ohne den Gegenwert verdeutlicht zu haben. Wer nichts weiter als billige Preise bietet, verliert den Kunden sofort, wenn die Mitbewerber noch billiger werden.
- Kunden belehren und erziehen zu wollen: *„Bevor ich den Preis nenne, müssen Sie den Produktnutzen kennen. Mit dem Preis allein können Sie nichts anfangen"*. Kundenreaktion: Verärgerung, Blockade

Preise sind relativ und beliebig, solange Ihr Kunde nicht detailliert den Gegenwert kennt

Hier ein besonders krasses Negativbeispiel:
Kunde: *„Was kostet denn die Erstellung einer Homepage bei Ihnen?"*

Verkäufer: *„Das kann ich so nicht beantworten. Erst muss ich wissen, wie viele Seiten, Farben, Features usw. Sie wollen. Die Kunden interessieren sich immer nur für Preise und schimpfen dann, wenn es doch teurer wird."*

Besser: *„Gerne nenne ich Ihnen einen Preis. Nehmen wir die Basis-Version: das sind 2.800 Euro für 25 Seiten, 48 Grafiken und automatischer E-Mail-Funktion. Aber lassen Sie uns doch einmal gemeinsam Ihren Bedarf analysieren. Wie viele Abbildungen haben Sie denn, benötigen Sie auch Formulare und ..."*

THERAPIE:

Verkäufer *„Natürlich reden wir nur über Preise: Unsere Schrauben liegen bei 2.000 Euro"*.

Der Kunde wird nun erstaunt fragen: *„Ja, wie, für welche Menge denn?“*

Verkäufer (lächelnd): *„Der Preis gilt bei Abnahme von 8.000 Einheiten, bei Abnahme von 16.000 Einheiten in Premium-Qualität aus nichtrostendem Stahl mit 30 Jahren Garantie und auf dem Markt einzigartiger kostenloser Anlieferung liegen wir bei nur 3.200 Euro und für 20.000 Stück kann ich Ihnen einen Mengerabatt von sage und schreibe 45 Prozent anbieten.“*

Kunde *„Sie haben völlig Recht, lassen Sie uns nur über Preise reden: 2.000 Euro für 8.000 Einheiten in Premium-Qualität aus nichtrostendem Stahl ...“* (siehe oben)

Wirkungsvoll den Spagat zwischen Preisnennung und Nutzenargumentation meistern

FAZIT: Stets zunächst Recht geben, niemals widersprechen, und dann wirkungsvoll den Spagat zwischen Preisnennung und Nutzenargumentation meistern. Trotz Verbots immer wieder charmant Produktvorteile nennen, aber nie GEGEN den Kunden, sondern immer IN ERGÄNZUNG zu dessen Äußerungen.

5.3.2 Diagnose: Multiple Veritas-Interpretation – Wenn Kunden lügen und bluffen

KRANKHEITSBILD: Kunde sagt bewusst die Unwahrheit
PATIENTEN: clientulus hippopotamus (Flusspferd), camelopardalis (Giraffe), capreolus (Reh, aggressive Variante)

TYPISCHE PATIENTENÄUSSERUNGEN:

- *„Ihr Mitbewerber ist 40 prozent billiger bei absolut identischen Konditionen.“*
- *„In diesem Jahr sind bereits alle Aufträge vergeben, rufen Sie mich nächstes Jahr noch einmal an.“*
- *„Aufgrund von Umstrukturierungsmaßnahmen haben wir das Projekt verschoben.“*

Wenn Sie den Kunden überführen, haben Sie zwar die Schlacht gewonnen, aber den Krieg verloren

RISIKOFAKTOREN:

- Kunden entlarven und bloßstellen. Selbst wenn Sie Recht haben gilt: Gewonnene Diskussion – verlorener Kunde.
- Kunden einen „Lügner“ nennen. Kundenreaktion: Verärgerung, Blockade.
- Sich darüber ärgern, dass man angelogen wird und aggressiv reagieren.

THERAPIE:

Überlegen Sie, ob es sich um eine Notlüge handelt oder ob der Kunde wirklich ein notorischer Lügner ist. Vielleicht ist seine Notlüge nur Ergebnis einer inkompetenten Arbeitsweise, die man möglicherweise geschickt optimieren könnte. Finden Sie heraus, weshalb der Kunde Sie anlügt: Sind Sie wirklich wichtig und interessant genug? Oder will er Sie abwimmeln, weil er Ihr Produkt oder Ihr Angebot negativ bewertet oder Sie ihm persönlich unsympathisch sind?

Finden Sie heraus, weshalb der Kunde Sie anlügt

Wenn Sie die Gründe analysiert haben, entwickeln Sie Gegenmaßnahmen. Wenn Sie wissen, dass Behauptungen wie *„Mitbewerber bietet mehr zu günstigeren Konditionen"* gelogen sind, lassen Sie sich Konkurrenzangebote zeigen, aber Vorsicht: Nie offen Misstrauen zeigen. Verstecken Sie sich hinter Ihrem eigenen Chef: *„Ich möchte gerne mit unserer Geschäftsleitung Ihre Rabattforderungen diskutieren: Ich hätte einen besseren Stand, wenn Sie mir die anderen Angebote mitgeben könnten"*.

Begegnen Sie vorgeschobenen oder echten Argumenten, ohne Ihren Kunden ins Unrecht zu setzen

FAZIT: Nie Detektiv spielen: ertappte Kunden kündigen sofort. Lügen nicht persönlich nehmen, sondern als Missverständnisse verharmlosen. Kundenangaben stets anhand aller zur Verfügung stehenden Informationsquellen überprüfen.

Lügen nicht persönlich nehmen, sondern als Missverständnisse verharmlosen

5.3.3 Diagnose: Latente Entscheidungsinkompetenz – Der Verhandlungspartner ist kein Kaufentscheider

KRANKHEITSBILD: Kunde gibt vor, der Kaufentscheider zu sein, ist aber in Wahrheit nur Vermittler zum Entscheidungsträger.
PATIENTEN: clientulus Rana (Frosch), simia (Affe), hippus (Pferd), camelopardalis (Giraffe) u.a.

TYPISCHE PATIENTENÄUSSERUNGEN:

- *„Sie verhandeln ausschließlich mit mir."* (Wahrheitswidrige Antwort auf die Frage des Verkäufers, wer der Entscheider sei oder ob der Gesprächspartner die Kaufentscheidung alleine treffen könne.)

RISIKOFAKTOREN:

- Ohne weitere Nachforschungen dem Kunden Glauben schenken und den wahren Entscheider vernachlässigen.
- Den Hochstapler im weiteren Verlauf ignorieren.

Den wahren Entscheider vernachlässigen

- Enttäuscht oder verärgert reagieren, wenn die Hochstapelei offenbar wird.
- Darauf vertrauen, dass der Hochstapler Ihr Produkt professionell seinem Vorgesetzten „verkauft“.
- Den Hochstapler zur Rede stellen und entlarven.

Therapie:

Bei Verdacht auf fehlende Befugnis sollte eine positive Antwort mit Vorsicht behandelt werden

1. Natürlich muss der Kunde frühzeitig darauf abgeklopft werden, ob die Kauf- und Entscheidungskompetenz wirklich bei ihm liegt. Dazu ist auch eine entsprechende direkte, aber sehr höflich formulierte Frage hilfreich. Eine positive Antwort sollte jedoch mit der gebotenen Skepsis behandelt werden. Sie kann, muss aber nicht den Tatsachen entsprechen. Vielleicht haben Sie es auch nur mit einem geltungssüchtigen Gesprächspartner zu tun.
   Eine Variante ist die „späte Tiefstapelei“. Hier handelt es sich um eine Notlüge, die eingesetzt wird, wenn sich der Kunde vor einer Absage drücken will. Im Endstadium der Verhandlungen erklärt er plötzlich, sich zunächst als Alleinentscheider ausgegeben zu haben, die Angelegenheit müsse jedoch erst von einem Gremium oder Vorgesetzten abgesegnet werden.

Diskret versuchen die wahren Entscheidungsstrukturen zu erkennen

2. Versuchen Sie diskret, die wahren Entscheidungsstrukturen zu erkennen:
   - Fragen Sie, wie in der Vergangenheit Kaufentscheidungen abgewickelt wurden oder welches Budget zur Verfügung steht und bitten Sie evtl. um die Unterzeichnung einer Auftragsvereinbarung. Wenn Sie jetzt auf mangelnde Kenntnisse oder Verweigerung einer Unterschrift stoßen, können Sie ziemlich sich sein, dass keine Entscheidungskompetenz vorliegt.
   - Erkundigen Sie sich frühzeitig, wer das Angebot sonst noch zu Gesicht bekommt und bitten Sie, diesem eine Kopie zustellen zu dürfen.
   - Erkundigen Sie sich beiläufig, sehr diskret und geschickt bei Kollegen und Mitarbeitern des Kunden nach Entscheidungswegen.

Fazit:

Keine Verärgerung zeigen, Kunden nicht bloßstellen, nicht übergehen, sondern weiterhin mit einbeziehen. Wenn Sie den

Vorgesetzten direkt kontaktieren wollen, nur in Absprache mit Ihrem Kunden oder (mit der gebotenen Vorsicht) in dessen Abwesenheit (z.B. Urlaub)

5.3.4 Diagnose: Manisch-lethargische Euphorie – Der Kunde scheint begeistert, kauft aber nicht

KRANKHEITSBILD: Der Kunde ist offensichtlich sehr angetan, verschiebt Kaufentscheidungen aber mehrfach mit immer neuen Ausreden und fordert gleichzeitig laufend weiteres Info-Material an.
PATIENTEN: clientulus Rana (Frosch), simia (Affe), capreolus (Reh) u.a.

TYPISCHE PATIENTENÄUSSERUNGEN:

- *„Sie bieten genau die Lösung, die wir brauchen."*
- *„Tolles Produkt! Ich bin begeistert!"*

Diese und ähnliche Aussagen macht der Kunde auch allen Mitbewerbern gegenüber.

RISIKOFAKTOREN:

- Sich seiner Sache zu sicher sein, weil der Kunden überaus herzlich und freundlich ist.
- Sich von der Begeisterung verleiten lassen, die Sache bis zum Sanktnimmerleinstag laufen zu lassen.
- Dem Kunden Glauben schenken. Mangelnden Widerspruch als Zustimmung missdeuten.
- Ab einem bestimmten Zeitpunkt verärgert und enttäuscht reagieren und den Kunden wegen seiner Entscheidungsunfähigkeit bloßstellen.

Sich vor dem Hintergrund wohlwollender Kundenäußerungen zu sicher zu werden

THERAPIE:

Jeder „normale" Kunde bringt Vorbehalte, kritische Fragen oder Einwände. Fehlen diese und sind Verkaufsgespräche kürzer als gewöhnlich, kann man ziemlich sicher die Diagnose „manisch-lethargische Euphorie" stellen. Verstärkt wird der Befund, wenn sich Kaufentscheidungen unendlich hinziehen, der Kunde aber gleich bleibend freundlich ist und ständig neues Material anfordert. Wahrscheinlich scheut er sich dann, Ihnen eine direkte Abfuhr zu erteilen. Daher immer, wenn das Verkaufsgespräch zu sehr ins Allgemeine oder Private abdriftet, Kurs in Richtung „Abschluss" korrigieren.

Wenn das Gespräch zu sehr ins Allgemeine abdriftet, Kurs in Richtung „Abschluss" korrigieren

Sprechen Sie heikle Punkte an und beobachten Sie die Reaktion

Heikle Punkte von sich aus ansprechen und Reaktion beobachten. Immer wieder „festnageln“, Abschlussfragen stellen, Verträge zeigen, nach Auftragsbestätigung fragen usw. Fragen Sie *„Was können wir beide tun, um die Entscheider zu überzeugen?“* Versuchen Sie, ein Gespräch gemeinsam mit den Entscheidern zu initiieren.

FAZIT:

Wachsam sein, nicht durch Freundlichkeit einnebeln lassen. Kurs halten. Unterbrechen Sie das „immer-wieder-besuchen“- und „immer-wieder-Informationen-anfordern“-Spiel durch konkrete Handlungsaufforderungen in Richtung Abschluss.

5.3.5 Diagnose: Depressiver Negativismus – Der Kunde nörgelt und sieht alles schwarz

KRANKHEITSBILD: Kunde weint sich ständig bei Ihnen aus, schimpft und beschwert sich über alles und jeden, findet immer Fehler, kommt nicht zu konstruktivem Handeln.
PATIENTEN: clientulus hippopotamus (Flusspferd), rana (Frosch), vulpes (Fuchs), capreolus (Reh) u.a.

TYPISCHE PATIENTENÄUSSERUNGEN:

- *„Bei meinen Mitarbeitern ist Hopfen und Malz verloren, da nutzen auch keine ...“*
- *„Es geht doch ohnehin alles den Bach runter: Arbeitsmoral, Anstand und ...“*
- *„Das bringt doch alles nichts. Das geht nicht, weil ...“*

RISIKOFAKTOREN:

Lassen Sie sich nicht herunterziehen

- Sich mit herunterziehen lassen und in das Wehklagen einstimmen.
- Die Beschwerden ernst nehmen.
- Den Kunden zum Optimisten „erziehen“ wollen.
- Ungehalten und ärgerlich reagieren.

THERAPIE:

Horchen Sie den Nörgler gezielt aus. Er wird wahrscheinlich auch über Ihre Konkurrenz schimpfen. Hier können Sie interessante Informationen erhalten.

Der Nörgler übertreibt so maßlos, weil er glaubt, man höre ihm nicht richtig zu. Geben Sie ihm also das Gefühl, ihn und seine Probleme ernst zu nehmen. Bauen Sie eine persönliche Beziehung zu ihm auf. Fordern Sie ihn nicht durch betont forsches Auftreten heraus. Der Nörgler ist persönlich wenig gefestigt und reagiert gereizt und depressiv auf selbstbewusste Mitmenschen.

Vermitteln Sie dem Nörgler das Gefühl ihn zu verstehen

Fazit:

Die Beschwerden Ihres Kunden sind kein Grund an sich selbst und Ihrem Produkt oder Unternehmen zu zweifeln. Vom Negativismus nicht anstecken lassen. Aber auch nicht versuchen den Kunden „umzudrehen".

5.3.6. Diagnose: Akute Stornomanie – Zwanghaftes Canceln erteilter Aufträge

Krankheitsbild: Kunde kauft, tritt aber öfter von ganzen Aufträgen oder Teilaufträgen zurück.
Patienten: clientulus hippus (Pferd; bei falscher Behandlung) capreolus (Reh), vulpes (Fuchs)

Typische Patientenäusserungen:

- *„Umstrukturierungsmaßnahmen haben mich gezwungen, den Auftrag zu stornieren."*

Risikofaktoren:

- Lügen des Kunden entlarven.
- Kundenmeinung anzweifeln.
- Sich nach erfolgtem Abschluss zu sicher fühlen und Kunden vernachlässigen.
- Verärgert oder beleidigt reagieren, freundliches Verhalten aufgeben.

Therapie:

Im Sinne der Pflege einer möglichst festen und langfristigen Kundenbeziehung ist hier grundsätzlich das Eingehen auf die im vorigen Kapitel dargestellte allgemeine Charakterdisposition der entsprechenden Kunden besonders wichtig.

Manche Verkäufer handeln nach der Devise „Auftrag erteilt – Kunde vergessen" und sind dann ziemlich überrascht, wenn ein Auftrag storniert wird. Sie haben die Entwicklung nicht mitbekommen, die zur Zurücknahme der Kauforder geführt hat. Daher muss in der „After-Sales-Phase" die Kundenbe-

Auch nach Vertragsabschluss den Kunden weiter betreuen und nötigenfalls gegensteuern treuung weiter geführt werden, um bei auftretenden Alarmzeichen sofort gegensteuern zu können.

Ein gut informierter Kunde neigt weniger zu spontaner Stornierung

Sollten Ihnen aufgrund Ihrer Erfahrung das eine oder andere zu erwartende Problem der Vertragsgestaltung, Lieferzeit, Auftragsabwicklung oder vielleicht sogar mögliche Schwachstellen des Produkts bekannt sein, sprechen Sie diese rechtzeitig an. Warten Sie nicht, bis das Kind in den Brunnen gefallen ist. Ein gut informierter Kunde neigt weniger zu spontaner Stornierung.

Kundenpflege, auch über den Business-Bereich hinaus ist hier besonders wichtig. Besteht eine persönliche Beziehung, wird der Kunde Sie bei Storno-Absichten vorher informieren.

Behalten Sie das Verhalten der Konkurrenz im Auge

Auch sollte das Thema „Mitbewerber" nicht ausgespart werden. Sie müssen genauestens darüber informiert sein, was die Konkurrenz macht und in welchem Verhältnis Ihr Kunde zu dieser steht.

5.3.7 Diagnose: Morbus Aufschieberitis – Verschleppende Entscheidungsschwäche

Krankheitsbild: Kunde kündigt Auftragserteilung an, verschiebt aber immer wieder aus unterschiedlichsten Gründen.
Patienten: clientulus rana (Frosch), hippopotamus (Flusspferd), capreolus (Reh) u.a.

Typische Patientenäusserungen:

- *„Entscheidungen werden bei uns grundsätzlich im Team getroffen."*
- *„Im nächsten Monat werden wir bestimmt den Auftrag erteilen, ich benötige vorher allerdings noch ..."*

Risikofaktoren:

Lassen Sie den Kontakt zu Ihrem Kunden nicht abbrechen

- Warten und auf Auftrag hoffen.
- Kundenkontakt in zu großen Abständen suchen.
- Verärgert, ungeduldig oder enttäuscht reagieren.
- Arbeitsstil und -effizienz des Kunden offen anzweifeln.

Therapie:

Analysieren Sie genau, weshalb es zur Aufschieberitis kommt. Liegen die Gründe in der Persönlichkeit des Kunden oder in Strukturen des Unternehmens? Unternehmensstrukturen können Sie in der Regel nicht in Ihrem Sinne verändern. Liegt das Problem aber in der Persönlichkeit Ihres Kunden, versuchen Sie auf Ihr Gegenüber einzuwirken.

Nehmen Sie dem Hippopotamus so viel Arbeit ab wie möglich

Beim Hippopotamus ist seine Unentschlossenheit wahrscheinlich Ausdruck seines allgemeinen Interessenmangels. Behandeln Sie ihn nach der Hippopotamus-Therapie und nehmen Sie ihm so viel Arbeit wie möglich ab. Füllen Sie für ihn Formulare aus und formulieren Sie alles vor, sodass er nur noch unterschreiben muss. Wenn irgend möglich, kontaktieren Sie Kollegen, Vorgesetzte und Mitarbeiter des Hippopotamus und versuchen Sie diese einzuspannen. Auch sein Umfeld kann dem Hippopotamus Arbeit abnehmen, vielleicht darf ein Mitarbeiter sogar das eine oder andere selbst entscheiden. Mit einiger Sicherheit wird jemand aus dem Umfeld Nachfolger des Hippopotamus und dann haben Sie bei der entsprechenden Person schon einen Stein im Brett.

Helfen Sie dem entscheidungsscheuen Reh seine Entscheidung nach allen Seiten hin abzusichern

Der Clientulus capreolus (Reh) hat oft Angst vor Entscheidungen. Behandeln Sie ihn daher besonders fürsorglich nach der Reh-Therapie. Helfen Sie ihm, seine Entscheidungen von allen zuständigen Stellen bestätigen und absichern zu lassen. Nehmen Sie dazu Kontakt mit allen Beteiligten auf und begleiten Sie das Reh bei unangenehmen Begegnungen. Sollte der Abschluss Ergebnis von Gruppenentscheidungen sein, vergewissern Sie sich vor jedem Besuch, ob auch tatsächlich alle Gruppenmitglieder anwesend sein werden, verschieben Sie eventuell Ihren Besuch, bis alle komplett sind oder sorgen Sie dafür, dass Sie zu fehlenden Mitgliedern Einzelkontakt bekommen.

Zu forsches Vorgehen in der Pre-Sales-Phase verunsichert die Kunden

Viele Kunden leiden an Aufschieberitis, weil der Verkäufer in der Pre-Sales-Phase Fehler gemacht hat. Zum Beispiel hat er vielleicht den Kunden zu sehr zum Abschluss gedrängt, obwohl wichtige Einwände noch nicht behandelt waren. Oder aber er hat sachliche Einwände entkräftet ohne zu beachten, dass dahinter emotionale Vorwände standen.

Je unentschlossener ein Kunde ist, umso mehr Informationsdetails fordert er an

Wenn Sie sicher sind, dass der Boden für den Abschluss bereitet ist, setzen Sie alles daran, den unentschlossenen Kunden festzunageln. Vergegenwärtigen Sie sich, dass das ständige Nachfordern von Informationsmaterial nicht wirklich der Informationsbeschaffung dient, sondern vielmehr eine Erscheinungsform der Aufschieberitis ist. Je unentschlossener ein Kunde ist, umso mehr Informationsdetails fordert er an. Wenn dies eine ungewöhnlich lange Zeitspanne umfasst, können Sie sicher sein, dass der Kunde an Aufschieberitis leidet.

Setzen Sie Ihrem Kunden für ihn Vorteile versprechende verbindliche Fristen

Verabschieden Sie sich bei keinem Kontakt von Ihrem Kunden, ohne ihm Fristen gesetzt zu haben. Je verbindlicher diese sind, desto besser. Würzen Sie Ihre Fristen durch die Ankündigung von zeitlich limitierten Vorteilen eines baldigen Abschlusses. Kontrollieren Sie diese Frist gewissenhaft und unerbittlich. Manche Kunden sind unfähig, überhaupt irgendetwas ohne Fristsetzung zu entscheiden. Sie sind oft regelrecht dankbar, wenn man ihnen klare Strukturen vorgibt. Schon allein das Wort „Frist" hat oft eine erstaunliche psychologische Wirkung. Für manche Kunden sind auch Fristen sehr wichtig, die einem festen Ritual folgen. Bringen Sie Ihren Kunden dazu, Kaufentscheidungen in bestimmten fixen Zyklen zu vollziehen. Dies können Jahreszeiten, Quartale, Monate oder einfach nur der Jahresanfang oder das Jahresende sein. *(„Wie jedes Jahr um diese Zeit, lieber Kunde, stelle ich gerade die Jahresplanung zusammen. Was brauchen Sie denn für das kommende Jahr?")*

Viele Kunden sind auch aus Prinzip unentschlossen. Besonders im Immobilienbereich kann man Sätze hören wie: *„Einen Hauskauf entscheidet man doch nicht spontan, dazu braucht es einfach einige Zeit"*. Auch wenn es dafür überhaupt keine sachlichen Gründe gibt, gehen die Kunden doch davon aus, dass bestimmte Entscheidungsprozesse länger dauern müssen. Selbst wenn dies Unsinn sein sollte, gönnen Sie dem Kunden die Zeit. Setzen Sie in einem solchen Fall schon sehr frühzeitig langfristige Entscheidungstermine. Melden Sie sich dann in regelmäßigen Abständen und erinnern Sie wie eine Sanduhr daran, dass der Entscheidungstermin näher rückt.

Arbeiten Sie nach dem Kontrastgesetz

Arbeiten Sie nach dem Kontrastgesetz (Kap. 5.1.3), bitten Sie um den größtmöglichen Auftrag. Wenn Ihr Kunde diesen ablehnt, fällt es ihm vielleicht leichter, einen kleineren Auftrag zeitnah zu erteilen.

Ein wirksames Mittel ist auch die direkte Ansprache des Problems. Machen Sie ruhig deutlich, dass Sie hinter der Aufschieberitis eigentlich ein „Nein" vermuten. Mit ein wenig Glück erkennen Sie vielleicht an der Kundenreaktion, wie Ihre Chancen stehen.

Stellen Sie gezielte Abschlussfragen

Stellen Sie gezielte Abschlussfragen: *„Wollen Sie das Modell in mintgrünmetallic?"*, *„Haben Sie noch weitere Bedenken* *außer den genannten?"*, *„Wenn wir das von Ihnen thematisierte Problem gelöst haben, kommen wir dann zum Abschluss?"* Ein ichschwacher Aufschieberitis-Kunde lässt sich vielleicht auch noch durch die Alternativfrage beeindrucken (Verbindung mit dem Kontrastgesetz): *„Benötigen Sie tausend Stück oder reichen Ihnen fünfhundert?"* und nicht: *„Interessieren Sie sich für das Produkt?"*

5.3.8 Diagnose: Extra-insultativer-Komplex – Der Kunde beleidigt und erniedrigt Sie

KRANKHEITSBILD: Kunde ist unverschämt und beleidigend
PATIENTEN: Clientulus vulpes (Fuchs), camelopardalis (Giraffe)

TYPISCHE PATIENTENÄUSSERUNGEN:

- *„Haben Sie früher auf dem Markt Bratpfannen verkauft?"*
- *„Ich hasse euch Vertretertypen!"*
- *„Ihr Verkäufer seid doch alle bloody bastards!"*
- *„Raus!"*

(Anmerkung: Es handelt sich hier um veritable Originalzitate.)

RISIKOFAKTOREN:

- Verärgert oder verletzt reagieren.
- Unverschämt zurückblaffen.
- Verkaufsverhandlung abbrechen und Hoffnung aufgeben.

THERAPIE:

Stets ruhig und freundlich bleiben

Bleiben Sie auch bei den schlimmsten Anwürfen stets ruhig und freundlich. Stecken Sie sich einen imaginären Korken ins Ohr und setzen Sie sich unter eine imaginierte Glasglocke, an der die Kritik buchstäblich abprallt. Vergegenwärtigen Sie sich, dass Sie vermutlich gar nicht persönlich gemeint sind, sondern dass die Unverschämtheiten einer charakterlichen Disposition des Kunden entsprechen, der er nicht entrinnen kann. Vielleicht ist die harte Tour aber auch nur der Versuch des Kunden, den Kauf durch Einschüchterung für ihn möglichst positiv zu gestalten.

Oft stehen „unverschämte" Einkäufer unter einem erheblichen Erwartungsdruck durch die Geschäftsleitung. Sie benehmen sich nur deshalb so böse, weil man es von ihnen erwartet. Wenn Sie Ihrem Angreifer das Gefühl geben, er habe sein Ziel erreicht, Sie „fertig zu machen" und Sie diesen bedauernswerten Zustand durch überzeugende Theatralik auch darstellen, sind Sie nur scheinbar der Verlierer. In Wirklichkeit haben Sie gewonnen. Besonders dann, wenn der Vorgesetzte Ihres Kunden Ihre „Niederlage" mitbekommt.

Im Grunde geht es nicht um den Preis, sondern um Prestige und Ego Ihres Peinigers

Ihren Preis können Sie trotzdem durchsetzen, wenn Sie geschickt sind. Denn um den geht es nur vordergründig, viel wichtiger sind das Prestige und Ego Ihres Peinigers. Gönnen Sie Ihrem Gegenüber den persönlichen Triumph und helfen Sie ihm, auch auf anderen Gebieten seinem Boss zu zeigen, dass er ein toller Hecht ist. Versorgen Sie ihn dazu mit allen Informationen, mit deren Hilfe er nach oben glänzen kann.

Manche Unverschämtheiten kann man auch durch eine Prise Humor oder durch groteske Übertreibungen entkräften.

Diskutieren Sie niemals über die Vorwürfe, sondern lediglich über Sachthemen

Unterscheiden Sie streng zwischen Erniedrigungsstrategie und tatsächlichen, sachlich begründeten Einwänden. Diskutieren Sie niemals über die Vorwürfe, sondern lediglich über Sachthemen.

Unverschämte Kunden sind nicht selten launisch. Vermeiden Sie in „Schlechtwetterperioden" streng jede Art von Konfrontation, zeigt Ihr Kundenpatient dagegen einen seltenen Gutelauneanfall, nutzen Sie diesen für Zugeständnisse.

Die Beleidigung mit eigenen Worten wiederholen

Fragen Sie Ihren Kunden immer wieder genauestens nach seinen Wünschen und erfüllen Sie diese. Geben Sie ihm das Gefühl, aktiv am Verkaufsprozess und der Problemlösung beteiligt zu sein. Halten Sie sich zunächst etwas stärker zurück und beginnen Sie mit der Verkaufsargumentation erst dann, wenn der Kunde seine Wünsche geäußert hat. Wenn der Kunde seine Beleidigungen ständig wiederholt, paraphrasieren Sie diese (mit eigenen Worten wiedergeben, was der andere gesagt hat; siehe Kap. 4.5.4). Sie zeigen damit, dass Sie die Botschaft verstanden haben und ein Fortsetzen der Beleidigungen überflüssig ist. Unterbrechen Sie die Angriffe durch Fragen und versuchen Sie dadurch auf andere Themen zu kommen.

5.3.9 Diagnose: Intro-insultativer-Komplex – Der Kunde reagiert beleidigt

Krankheitsbild: Kunde nimmt alles persönlich, fühlt sich ständig angegriffen, nimmt Missverständnisse krumm und bauscht Reklamationen und Fehler auf.
Patienten: Clientulus vulpes (Fuchs), capreolus (Reh)

Typische Patientenäusserungen:

- *„Wieso ‚heute'? Ich bin immer schick!"* (Antwort auf die Bemerkung eines Verkäufers, der Kunde sehe heute aber schick aus).
- *„Also, ‚Vertretung' hat für mich immer so etwas Abwertendes, Zweitklassiges."* (Antwort auf die harmlos gemeinte Frage eines Verkäufers, ob der Kunde die Krankheitsvertretung für einen Kollegen sei).
- *„Bei Ihnen funktioniert ja überhaupt nichts, da weiß ja die eine Hand nicht, was die andere tut."* (Kundenreklamation angesichts eines unbedeutenden Fehlers).

Risikofaktoren:

- Unsicher und übervorsichtig werden.
- Kunden wegen zu vieler Fettnäpfchen meiden oder vernachlässigen.
- Reklamationen nicht als Chance begreifen.
- Sich übermäßig verteidigen und alle Probleme sachlich erklären wollen.

Sich nicht verunsichern lassen

Therapie:

Sehen Sie in Reklamationen eine wichtige Chance zur Kundenbindung. Stammkunde wird man nicht, weil eine Kundenbeziehung über Jahre bestens funktioniert. Das ist langweilig. Interessant wird es erst, wenn ein Fehler passiert und dieser weit über die Erwartungen des Kunden bereinigt wird. (Beispiel: Statt ein reklamiertes Gerät einzusenden und den Kunden wochenlang warten zu lassen, sofort Ersatzgerät stellen plus Blumenstrauß und Theaterkarte). Die Reklamation ist darüber hinaus eine wichtige Lehrerin, die wertvolle Informationen über Produktverbesserungen, weitere Marktchancen und den Grad der Kundenzufriedenheit liefert.

Sehen Sie in Reklamationen eine wichtige Chance zur Kundenbindung

Widersprechen Sie dem Kunden nicht, sondern geben Sie ihm stets Recht. Vielfach ist sein übertriebenes Beleidigtsein Resultat der Befürchtung, man würde ihn nicht ernst nehmen. Öffnen Sie die Türen, gegen die er gerne laufen würde. Wenn sich Ihr Kunde ausgetobt hat – aber erst dann –, stellen Sie Sachfragen. Oft beruhigt er sich durch die Konzentration auf sachliche Argumente. Machen Sie sich zum Paten seines Problems, versprechen Sie ihm, sich persönlich um die Angelegenheit zu kümmern. Wenn Sie es irgendwie schaffen,

Übertriebenes Beleidigtsein ist oft Resultat der Befürchtung, man würde nicht ernst genommen

suchen Sie den Kunden sofort auf. Zeigen Sie ihm, dass Sie alles stehen und liegen gelassen haben, nur um ihn persönlich zu treffen. Ein Face-to-Face-Kontakt entkrampft die Situation besser als ein Telefongespräch.

Binden Sie den Kunden in den Problemlösungsprozess mit ein

Binden Sie den Kunden in den Problemlösungsprozess mit ein, fragen Sie nach seinen Vorstellungen und Wünschen. Wenn er das Gefühl hat, an der Problemlösung beteiligt zu sein, wird er Ihr Problemlösungsangebot eher akzeptieren.

Suchen Sie nach Möglichkeit einen intensiven persönlichen Kontakt zum Kunden, der über die reine Geschäftsbeziehung hinausgeht. Dadurch lernen Sie dessen Fettnäpfchen und „hot buttons" kennen. Außerdem kann der Kunde auch Sie besser einschätzen und versteht vielleicht die besondere Art Ihres Humors oder des Miteinanderumgehens. Bitten Sie stets um Entschuldigung, wenn Sie etwas über die Strenge geschlagen haben. Notieren Sie, womit Sie Ihren Kunden genau beleidigt haben und meiden Sie in Zukunft entsprechende Themen.

6 Psychologie der Führung

Der Aufstieg auf der Karriereleiter ist in den allermeisten Fällen mit einer Position als Führungskraft verbunden

Sich der Fähigkeiten seiner Mitarbeiter richtig bedienen zu können, entscheidet über den Erfolg von Führungskräften. Da der Aufstieg auf der Karriereleiter in den allermeisten Fällen mit einer Position als Führungskraft verbunden ist, ist der psychologisch wirkungsvolle Umgang mit Mitarbeitern also gewissermaßen das Sahnehäubchen für alle diejenigen, die sich persönlich und fachlich für eine entsprechende Position qualifizieren wollen.

6.1 Eine besondere Spezies Mensch: Die Führungskräfte

Glaubt man den Beschreibungen in Stellenanzeigen oder den in den internen Broschüren der Personalentwicklung beschriebenen Anforderungen, handelt es sich bei Führungskräften um wahre Übermenschen. Selbst hochmotiviert und mit umfassender Fachkompetenz gesegnet, identifizieren sie sich nicht nur stets mit den Zielen und Plänen des Unternehmens, sondern vermitteln die entsprechende Haltung auch an ihre Mitarbeiter, die sie permanent zu Höchstleistungen anspornen. Weiterhin repräsentieren sie ihre Abteilung und ihr Unternehmen stets perfekt nach außen und innen, sind immer loyal und können täglich 12 Stunden und mehr effizient und effektiv zum Wohle des Unternehmens arbeiten. Hier handelt es sich offensichtlich um eine Mischung aus Herkules, Jesus und Franz Beckenbauer.

Die Praxis sieht vielfach anders aus: Gerade viele Führungskräfte fühlen sich eher dem antiken Antihelden Sisyphus verwandt, der immer wieder scheiterte. Schauen wir uns daher zunächst an, welche Voraussetzung eine Führungskraft mitbringen muss. Was macht die Autorität einer Führungskraft aus?

Was macht die Autorität einer Führungskraft aus?

Wer Autorität hat, muss nicht autoritär sein

Wenn Sie als Führungskraft Ihre Mitarbeiter wirklich überzeugen wollen, sollten Sie drei verschiedene Formen von Autorität in sich vereinen.

Die Fachautorität ist nicht notwendig auch eine gute Führungskraft

In der Vergangenheit wurden viele Führungskräfte lediglich nach ihrer fachlichen Autorität befördert. Der beste Controller wurde dementsprechend Leiter der Abteilung Controlling. Der beste Vertriebsmitarbeiter Vertriebsleiter. Dies ist jedoch in mehrfacher Hinsicht problematisch: Zum einen wird die Abteilung jeweils fachlich geschwächt, wenn der betreffende Mitarbeiter die Führungsaufgabe übernimmt, zum anderen sind die fachlich besten Mitarbeiter oftmals persönlich nicht unbedingt geeignet, Mitarbeiter zu führen. Dafür ist nämlich vor allen Dingen die zweite Form der Autorität, die persönliche Autorität, gefordert.

Wenn Sie sich zum Fachspezialisten berufen fühlen, sollten Sie sich also gründlich überlegen, ob eine Führungsposition für Sie das Richtige ist.

Der informelle Führer zieht die Fäden

Ein Mensch mit einer hohen persönlichen Führungsautorität wird immer auch die informelle Führungskraft sein, ohne dafür formell in einem Team benannt zu sein. Wahrscheinlich kennen Sie solche Personen in Ihrem Umfeld. Schauen Sie einfach in den Spiegel. Blickt Ihnen hier die geborene Führungskraft entgegen?

Ohne formale Anerkennung kein Führungsmandat

Die dritte Form der Autorität liegt in der Stellung innerhalb der Hierarchie und der entsprechenden formalen Position mit allen disziplinarischen Rechten und Pflichten, die sich daraus ableiten.

Das Pochen auf die formale Autorität macht eine Führungskraft unglaubwürdig

Wenn Sie sich zur Durchsetzung Ihrer Führungsziele auf Ihre formale funktionale Autorität berufen müssen, können Sie davon ausgehen, dass Sie Ihre persönliche Führungsautorität dadurch massiv geschwächt haben. Eine solche Argumentation wirkt ungefähr genauso sexy, wie der Spruch Ihres Vaters: *„Solange du deine Füße unter meinen Tisch stellst, tust du auch, was ich sage."*

Die persönliche Autorität wirkt authentisch, da sie Fachkompetenz und formale Autorität integriert

Es ist klar, wo der Fokus dieses Buches liegt: Der Psychoprofi entwickelt seine persönliche Autorität. Wer sich nur auf seine fachliche Autorität berufen kann, bekommt spätestens dann Probleme, wenn er zum ersten Mal fachlich einen Fehler gemacht hat. Führungskräfte, die auch nach mehreren Jahren immer noch der beste Fachmann in der eigenen Abteilung sind, müssen sich nicht wundern, wenn Sie ein demotiviertes Team haben und selber Überstunden schieben müssen.

Beispiel für eine Führungskraft mit hoher persönlicher Autorität

Eine Seminarteilnehmerin schilderte ein perfektes Beispiel für eine Führungskraft mit hoher persönlicher Autorität:

Obwohl der ehemalige Chef bereits im Ruhestand und inzwischen nach Schweden ausgewandert war, statteten mehrere ehemalige Mitarbeiter ihm zu einem runden Geburtstag einen Überraschungsbesuch ab. Während sie ihrem aktuellen Chef am liebsten aus dem Weg gingen, fuhren sie dem früheren mehr als tausend Kilometer weit hinterher.

Um was für einen Menschen handelte es sich nun bei diesem Musterbeispiel einer Führungskraft. Einen Gutmenschen, der jeden immer gleich behandelte, stets respektvoll und fair? Weit gefehlt. Unsere Nachfragen brachten verblüffende Erkenntnisse zutage: Der Pensionär im schwedischen Exil wurde als manchmal aufbrausend und eher streng beschrieben.

Werfen wir daher zunächst einen Blick auf ein paar weitere grundsätzliche Überlegungen zum Thema der psychologisch intelligenten Führung. Ihrer Einstellung als Führungskraft und den daraus resultierenden Führungsstilen.

6.2 Alles eine Frage der Einstellung? – Führung und Menschenbild

Zwei Grundannahmen über den Menschen ...

Sie können nahezu alle Theorien zum Thema Führung in grundsätzlich zwei unterschiedliche Ansätze unterteilen.

... Der Mensch ist grundsätzlich eher faul und schlecht

Der eine Ansatz geht davon aus, dass der Mensch grundsätzlich eher faul und schlecht ist. Wenn Sie Menschen also zur Leistung anhalten wollen, bedeutet dies, dass Sie permanent durch eine ausgewogene Mischung aus Druck und Belohnung *(„Zuckerbrot und Peitsche")* dafür sorgen müssen, dass sie nicht von dem vorgegebenen Kurs abweichen. Wenn Sie solch einen Mitarbeiter sich selbst überlassen, wird er nach kurzer Zeit weniger bringen als er eigentlich imstande ist.

... Der Mensch ist grundsätzlich positiv und leistungsbereit

Der andere Ansatz beruht auf der Annahme, dass der Mensch grundsätzlich positiv und leistungsbereit ist. Aufgabe der Führungskraft wäre dann, Mitarbeitern die Möglichkeit zu geben, ihr vorhandenes Leistungspotenzial zu entfalten. Während die Führungskraft im ersten Fall immer gefordert ist, den Mitarbeiter anzutreiben, sollte sie sich im zweiten Fall nach und nach überflüssig machen, wenn die Mitarbeiter ihre Leistung autonom erbringen.

Beide Ansätze haben unter dem vielsagenden Namen „Theorie X" und „Theorie Y" tatsächlich Einzug in die Managementliteratur gehalten. Wenn Sie sich schon einmal näher mit der Philosophiegeschichte beschäftigt haben, werden Sie hier unschwer erkennen, dass ihr Begründer, Douglas McGregor, auf die beiden grundsätzlichen Menschenbilder zurückgreift, wie sie etwa durch John Locke und Thomas Hobbes repräsentiert werden. Wenn Sie schon ein bisschen länger im Geschäft sind, werden Ihnen zu beiden Theorien Beispiele einfallen und wahrscheinlich kennen Sie auch Führungskräfte, deren Führungsverhalten Sie der jeweils einen oder anderen Theorie zuordnen können.

Interessant ist, dass es für beide Theorien positive Beispiele gibt. Beide funktionieren also unter den entsprechenden Rahmenbedingungen. Mitarbeiter, denen mit Argwohn und Kontrolle begegnet wird, können mittelfristig unselbstständig werden und brauchen dann letztlich auch die Kontrolle. Gewährt man Mitarbeitern dagegen Freiräume, kann dies motivieren und zu selbstständigem Arbeiten anregen. Wohlgemerkt, dies KANN, MUSS aber nicht so sein! Welches Führungsverhalten letztlich motiviert, hängt immer von den jeweiligen Umständen und den Mitarbeiteren ab.

Sie müssen daher selbst ermitteln, welche Rahmenbedingungen bei Ihnen vorliegen und auf dieser Grundlage entscheiden, welches Menschenbild Sie favorisieren wollen.

HÜTEN SIE SICH IN JEDEM FALL DAVOR, ZU GLAUBEN, DASS PHILOSOPHIEN, DIE IN UNSEREM GESELLSCHAFTSSYSTEM FÜR POLITISCH KORREKT GEHALTEN WERDEN, AUCH PSYCHOLOGISCH WIRKUNGSVOLL SIND.

Dies führt uns gleich zum nächsten Thema, der immer wieder diskutierten Frage nach den Führungsstilen (siehe auch Kap. 7.4.4). Der jeweils adäquate Führungsstil ergibt sich wiederum aus Ihrer eigenen Persönlichkeit, den Rahmenbedingungen, in denen Sie sich mit Ihren Mitarbeitern bewegen und den Charakteristika der Mitarbeiter selbst. Daraus folgt, dass es nicht DEN einen Führungsstil geben kann, der zu allen Zeiten unter allen Umständen der einzig richtige ist (siehe auch Kap. 7.4.4). Jede Zeit hat ihren Stil und dies zeigt sich auch an den entsprechenden zu der Zeit entwickelten Theorien zum Thema Führung und Führungsstil.

Es gibt nicht DEN Führungsstil, der zu allen Zeiten unter allen Umständen der richtige ist

Die Abbildung auf der nächsten Seite zeigt den Zusammenhang zwischen dem Menschenbild und dem Grad an Freiheit, den die Führungskraft den Mitarbeitern einräumt. So ergeben sich vier Ausrichtungen.

Egal wie Sie führen, vermitteln Sie Ihren Mitarbeitern, dass Sie sie persönlich akzeptieren

Es ist klar, dass der in unserem Gesellschaftssystem akzeptierte Führungsstil immer nur mit persönlicher Wertschätzung einhergehen kann. Strittig ist dann die Frage nach dem persönlichen Freiraum, den ich jedem einzelnen Mitarbeiter einräumen sollte. In einer Gesellschaft, in der die Individualität zum Ideal erklärt wird, ist Menschenführung daher psychologisch anspruchsvoller als beispielsweise in den Fünfzigerjahren.

Bei dem eingangs erwähnten Chef handelte es sich um eine Führungskraft aus der ehemaligen DDR, die einen eher

Es gibt ihn nicht, den richtigen Führungsstil

patriarchalischen Führungsstil pflegte, d.h. ein hohes Maß an Kontrolle bei gleichzeitiger väterlicher Wertschätzung ausübte. Der neue Chef hatte dagegen einen seiner Meinung nach zeitgemäßeren kooperativen Führungsstil. Dummerweise hatte er aber noch die alten Mitarbeiter.

Schließen Sie nicht von sich auf andere

Viele Führungskräfte machen den nachvollziehbaren Fehler, von sich auf andere zu schließen. Wenn Sie jemand sind, der die Freiheit liebt und viel Entfaltungsspielraum haben will, heißt das noch lange nicht, dass dies auch für Ihre Mitarbeiter angemessen ist. Genauso verhält es sich mit der Kontrolle. Wenn Sie ein Kontrollfreak sind, kann es sehr gut sein, dass Ihre Umwelt darauf sehr schnell sehr ablehnend reagiert.

ERFOLGREICHE FÜHRUNG BEDEUTET DAHER, SICH AUF DIE JEWEILIGEN VORLIEBEN UND DEN STIL DER UNTERSCHIEDLICHEN MITARBEITER EINZUSTELLEN.

Am erfolgreichsten sind die Führungskräfte, die jeden Mitarbeiter anders behandeln

Erlaubt ist demnach nicht was gefällt, sondern was funktioniert. Und darüber entscheidet nicht zuletzt der jeweilige Mitarbeiter. Eine Langzeitstudie des amerikanischen Gallup Instituts führte beim Thema Führung und Führungsstile zu dem Ergebnis: Am erfolgreichsten sind die Führungskräfte, die jeden Mitarbeiter anders behandeln. Sie können sich hier also an dem Motto des preußischen Königs Friedrich II orientieren, der sagte, jeder solle nach seiner Fasson selig werden. Auch hier gilt, finden Sie möglichst viel über Ihre Mitarbeiter heraus. Je besser Sie Ihren Mitarbeiter kennen, umso mehr können Sie sich auf ihn und seine Bedürfnisse einstellen.

Führung heißt, mit anderen Menschen ein gestecktes Ziel erreichen

Das Problem ist nur, dass Sie nicht dafür bezahlt werden, Ihre Mitarbeiter glücklich zu machen, sondern dafür, Ziele im Sinne Ihres Unternehmens zu erreichen. Es mag zynisch klingen, aber aus diesem Blickwinkel heraus heißt Führen, Mitarbeiter dazu zu bringen, dass sie genau das tun, was sie tun sollen. Anders ausgedrückt könnte man auch sagen, Führung heißt, mit anderen Menschen ein gestecktes Ziel erreichen. Genau dafür werden Sie bezahlt. Ungeachtet der schönen Vorsätze zur Führungskultur und vollmundig formulierter Unternehmensleitbilder ist letztlich das entscheidend, was hinten rauskommt. Die geheime Spielregel lautet nicht selten: Wenn das Ergebnis stimmt, ist es egal, wie die Führungskraft die Mitarbeiter dazu gebracht hat.

Wie Sie bislang gesehen haben, muss dies nicht heißen, dass Sie die Psychologie außer Acht lassen. Im Gegenteil, eine Führungskraft, welche die Gesetze der Psychologie für sich nutzt, wird mit weniger Aufwand mehr erreichen als die Kollegen. Und manchmal begrüßen Sie auch noch im Ruhestand ein paar Überraschungsgäste auf ihrer Geburtstagsfeier.

6.3 Wenn die Leistung nicht stimmt

Als Führungskraft sind Sie immer dann gefordert, wenn etwas nicht funktioniert

Als Führungskraft sind Sie immer dann gefordert, wenn etwas nicht funktioniert, d.h. wenn die Leistung von dem gesteckten Ziel abweicht. Wenn die Leistung nicht stimmt, besteht Ihre Aufgabe darin, herauszufinden, woran es liegt. Was vordergründig banal klingt, erweist sich im Einzelfall oft als schwierig genau zu benennen. Grundsätzlich wird die Leistung durch drei Faktoren bestimmt.

- Die LEISTUNGSFÄHIGKEIT betrifft das individuelle Potenzial des jeweiligen Mitarbeiters.
- Die LEISTUNGSBEREITSCHAFT ist seine individuelle Motivation. Diese von außen zu beeinflussen ist besonders schwierig und erfordert das höchste Maß an psychologischem Fingerspitzengefühl.
- Der dritte Faktor, das LEISTUNGSUMFELD, ist am leichtesten zu beeinflussen. Dazu gehört zum Beispiel das zur Verfügungstellen von technischen Ressourcen.

Wenn Sie beispielsweise von einem Mitarbeiter erwarten, dass er in einem gesteckten Zeitlimit eine Exceltabelle zur Vorlage beim Vorstand erstellt, müssen Sie sich zunächst fragen, ob er dafür überhaupt die notwendigen Fähigkeiten besitzt. Verfügt er über diese Kompetenz, ist weiterhin zu klären, ob er auch bereit ist, die entsprechende Tabelle zu entwickeln, ob er also die nötige innere Motivation aufbringen wird. Wenn Sie auch diese Frage bejahen, bleibt die Frage, ob er auch die nötigen Ressourcen hat, das Umfeld, um die Leistung in der vorgegebenen Zeit zu erreichen. Wenn er gleichzeitig in sieben anderen Projekten eingesetzt ist oder möglicherweise gar kein Excelprogramm zur Verfügung hat, nützen Ihnen seine Fähigkeiten und seine Leistungsbereitschaft nichts.

Mangelnde Leistung ist nicht notwendig ein Motivationsproblem

Da das Thema Motivation im Zusammenhang mit Führung beinah mystisch erhöht ist, neigen viele Führungskräfte dazu, hier auch immer zuerst die Ursache für mangelnde Leistung zu sehen. Dies ist jedoch in vielen Fällen nicht der Fall. Schlimmer noch: Das permanente Misstrauen von Führungskräften, die ihren Mitarbeitern mangelnde Leistungsbereitschaft unterstellen und das unzulängliche Herumdoktern an der Leistungsbereitschaft (sprich: Motivation) wird zu einer sich selbst erfüllenden Prophezeiung: Irgendwann werden die Mitarbeiter durch die dilettantischen Motivationsversuche ihrer Führungskräfte tatsächlich demotiviert. Theorie X hat sich dann wieder einmal bestätigt (siehe Kap. 6.2).

Führungskräfte sollten auf alles verzichten, was demotivierend wirkt

Dies ist der Grund, warum der deutsche Managementberater Reinhard Sprenger in seinem viel zitierten Buch „Mythos Motivation" schlicht fordert, Führungskräfte sollten endlich auf alles verzichten, was demotivierend wirkt.

Schauen wir uns ein typisches Beispiel für mangelnde Leistung an. Nehmen Sie an, Sie haben einen Mitarbeiter, der regelmäßig morgens zu spät kommt. Zunächst müssten Sie klären, ob es sich hier wirklich um eine negative Leistungsabweichung handelt.

Wenn Sie Ihren Mitarbeiter nun einfach nur auf die vereinbarte Arbeitszeitregelung verweisen und auf deren Einhaltung pochen, haben Sie sich wieder einmal lediglich auf die

Sache konzentriert, aber die möglicherweise zugrunde liegenden psychologischen Einflussfaktkoren komplett ignoriert. Was passiert nämlich, wenn Sie den Mitarbeiter einfach zusammenstauchen und sich verbitten, dass er künftig zu spät kommt? Nachdem Sie schon länger in diesem Buch gelesen haben, ist Ihnen klar, dass Sie so die Leistungsbereitschaft Ihres Mitarbeiters kurzfristig und möglicherweise sogar dauerhaft negativ beeinflussen. Ein solches Verhalten wäre also kontraproduktiv. Was bleibt? Wenn es die Situation erfordert, dass der Mitarbeiter sich künftig auch an die Arbeitszeit hält, z.B. weil ansonsten die Zusammenarbeit mit anderen Mitarbeitern in einem Projekt negativ beeinflusst wird, führt kein Weg an einem klärenden Gespräch vorbei.

Es führt kein Weg an einem klärenden Gespräch vorbei

Ziel dieses Gespräches wäre dann, zunächst herauszufinden, an welchem der eingangs genannten drei Faktoren die Abweichung von dem definierten Leistungsziel liegt. Liegt es an den Fähigkeiten, liegt es an der Leistungsbereitschaft oder liegt es am Umfeld? Welche Werkzeuge werden Sie zum Führen dieses Gespräches einsetzen? Als Erstes greifen Sie wieder auf den bewährten 9-Stufen-Plan zurück (siehe Kap. 4.9). Bei der Vorbereitung gilt es zunächst, mit einer konstruktiven Einstellung in das Gespräch zu gehen. Wie ist Ihr bisheriges Verhältnis zu diesem Mitarbeiter? Wann haben Sie zuletzt mit ihm gesprochen? Wie ist Ihre eigene Einstellung zum Thema Pünktlichkeit? Handelt es sich hier für Sie um einen hohen oder niedrigen Wert? Was ist das Ziel des Gespräches? Welche Fragen wollen Sie stellen? Wie viel Zeit haben Sie zur Verfügung und in welchem Rahmen sollte das Gespräch stattfinden?

Der Einstieg in das Gespräch beginnt zunächst mit einer Rückmeldung zum Verhalten Ihres Mitarbeiters. Bereits hier lauern zahlreiche Gefahren, die Sie durch ein behutsames Feedback wirksam umgehen können.

6.4 Führen durch Feedback

Wenn Sie schon einmal an einem Führungstraining teilgenommen haben, werden Sie dem Thema Feedback und Feedbackregeln besondere Aufmerksamkeit geschenkt haben. Feedback ist ein psychologisch heikles Thema, da Sie bei kritischen Rückmeldungen immer das Selbstwertgefühl Ihres Mitarbeiters angreifen. Es gehört also gewissermaßen zur

Stellenbeschreibung einer Führungskraft, sich auch unbeliebt zu machen. Die psychologische Kunst besteht nun darin, die kritische Rückmeldung in der Sache so zu verpacken, dass sie beim Mitarbeiter „richtig" ankommt. Ziel ist die Veränderung des Verhaltens bei einem gleichzeitig positiven oder zumindest neutralen Effekt auf die Leistungsmotivation. Genau darin liegt das Problem.

Eine kritische Rückmeldung in der Sache so verpacken, dass sie beim Mitarbeiter „richtig" ankommt

Die folgenden Feedbackregeln sollen helfen, diesen Angriff auf das Allerheiligste wenn nicht zu verhindern, dann zumindest zu mildern.

Ich-Botschaften statt Du-Botschaften

Es macht einen Unterschied, ob Sie sagen: *„Ich wünsche mir, dass alle Mitarbeiter zur gleichen Zeit am Arbeitsplatz erscheinen"* oder ob Sie sagen: *„Sie kommen immer zu spät"*. Du-Botschaften fordern den anderen geradezu auf, sich aus seinem Steinzeitwerkzeugkasten zu bedienen und mit Flucht, Angriff oder Verteidigung zu reagieren (siehe Kap. 1.3.6).

Du-Botschaften provozieren Widerspruch

Beschreibend statt (ab-)wertend

Wenn Sie sagen *„Es geht nicht, dass Sie immer zu spät kommen"* klingt es anders, als wenn Sie sagen *„Mir fällt auf, dass Sie in letzter Zeit mehrmals in der Woche eine Viertelstunde nach neun erscheinen"*. Natürlich enthält auch diese Aussage eine Wertung, aber eben keine Abwertung.

Konkretes Verhalten ansprechen, statt generalisieren

Wenn Sie sagen: *„Sie kommen immer zu spät"* ist dies eine unzulässige Verallgemeinerung. Sagen Sie wann genau und begrenzen Sie Ihre Kritik auf ein konkretes Verhalten und kritisieren Sie nicht die gesamte Persönlichkeit.

Kritik an der Persönlichkeit vermeiden

Detailliert und spezifisch

Wenn jemand zu Ihnen sagt: *„Irgendwie sind Sie immer so komisch"*, so können Sie damit nichts anfangen. Sagen Sie, was genau Sie meinen und benennen Sie detailliert das Verhalten, das Ihnen missfällt.

Feedback sollte zeitnah sein

Manche Menschen kleben gewissermamen über Jahre Rabattmarken, um dann irgendwann für Sie völlig überraschend

Der Anlass des Feedbacks sollte zum Zeitpunkt des Gesprächs in Beziehung stehen

das komplette Buch bei Ihnen einzulösen, nach dem Motto: *„Was ich Ihnen immer schon mal sagen wollte"*. Was genau „zeitnah" ist müssen Sie selbst bestimmen. Nicht immer ist es sinnvoll, eine Sache sofort anzusprechen. Klar dürfte sein, dass ein Abstand von mehreren Monaten in jedem Falle zu lang ist. Genau darin liegt das Problem, wenn Führungskräfte über das ganze Jahr Fakten sammeln, um dann im jährlichen Beurteilungsgespräch dem Mitarbeiter gewissermaßen die Rechnung zu präsentieren. Viele Mitarbeiter empfinden dies als genau das, was es ist: Eine Abrechnung. Aber Vorsicht. Auch die Mitarbeiter sammeln Ihre Rabattmarken. Berühmt sind Fälle wie die des angehenden Pensionärs, der den Sektempfang zur Verabschiedung nutzte, um seinem verhassten Chef endlich einmal in aller Öffentlichkeit ungestraft die Meinung sagen zu dürfen.

Nicht über Dritte

Ein Feedback sollte sich immer an den wenden, den es betrifft. Gegen diese Regel wird sehr gerne verstoßen. Nichts ist schöner, als über Leute herzuziehen, die gerade nicht anwesend sind und sich daher auch nicht wehren können.

Praxis-Tipp: Wenn Ihre Mitarbeiter Ihnen Rückmeldungen über andere Kollegen geben wollen, sagen Sie einfach: *„Haben Sie es ihm schon gesagt?"*. Lassen Sie sich nie zum Kindergärtner Ihrer Mitarbeiter machen, indem diese sich bei Ihnen über andere Kollegen beschweren, es sei denn, es handelt sich um einen besonders schweren Fall.

Kritik nie öffentlich

Öffentliche Kritik ist verheerend für das Selbstwertgefühl

Nichts ist verheerender für das Selbstwertgefühl eines Menschen, als wenn er öffentlich kritisiert wird. Manche Bonsai-Despoten haben geradezu ein intuitives Gespür dafür, wann sie einen Mitarbeiter in einem Meeting öffentlich kritisieren müssen, um seine Motivation dauerhaft zu zerstören und sein Selbstwertgefühl herunterzuputzen. Bessere Leistung können Sie danach kaum noch erwarten.

Wenn möglich auch positiv

Häufig wird empfohlen, dass ein Feedback generell auch etwas Positives umfassen müsse. Dies ist zwar gut gemeint und im Prinzip auch richtig, führt aber in der Praxis zu merkwürdigen rhetorisch gestelzten Formulierungen, nach dem Motto, ich fange erst mal mit etwas Positiven an: *„Herr Müller, ich bin mit Ihrer Leistung grundsätzlich zufrieden ...“*. Jeder Mitarbeiter weiß, dass jetzt ein „aber“ kommt und wartet nur darauf. Denken Sie daran, alles, was vor dem „aber“ kommt, ist gelogen. Wenn schon, dann ersetzen Sie das „aber“ durch ein „und“. Klingt zunächst etwas gewöhnungsbedürftig UND ist dennoch möglich.

WIE ICH DIR, SO DU MIR?

Schließlich heißt es oft, ein Feedback sollte auch umkehrbar sein. Wenn ich Ihnen eine Rückmeldung geben darf, haben Sie auch das Recht, mir eine Rückmeldung zu geben. Diese Regel bezieht sich auf das grundsätzliche Verhältnis zwischen dem, der die Rückmeldung gibt und dem, der sie empfängt. Auch gut gemeint, entspricht sie doch in vielen Unternehmen nicht der gelebten Realität. Wenn Sie ein derartiges Verhältnis mit Ihren Mitarbeitern anstreben, sollten Sie immer wieder darauf hinweisen und ganz gezielt nach Feedback fragen. Dann fallen Sie auch nicht aus allen Wolken, wenn die Personalentwicklung schließlich ein 360°-Feedback einführt und Sie nach fünf Jahren das erste Mal eine Beurteilung von Ihren eigenen Mitarbeitern erhalten.

Die Forderung, dass ein Feedback auch umkehrbar sein sollte, ist in der Praxis problematisch

Konstruktives Feedback ist zweifelsohne eines der wichtigsten Führungsinstrumente überhaupt. Je besser und unkomplizierter Ihr Verhältnis zu Ihren Mitarbeitern, umso einfacher können Sie auch kritisches Feedback geben. In jedem Fall sollten Sie in Ihren Rückmeldungen klar, präzise und menschlich wertschätzend sein. Unbedingt zu vermeiden sind schwammige Formulierungen und nachträgliche Abschwächungen der Kritik im Sinne von *„So schlimm ist es ja eigentlich gar nicht ...“*, *„Ich wollte nur einmal sagen ...“*. Dann laufen Sie Gefahr, dass der Mitarbeiter nicht weiß, was Sie wirklich wollen und sein Verhalten auch nicht wirklich anpasst. Auch beim Thema Feedback gilt:

Konstruktives Feedback ist eines der wichtigsten Führungsinstrumente überhaupt

> *EINE KLARE ANSAGE IN DER SACHE KOMBINIERT MIT MENSCHLICHER WERTSCHÄTZUNG IST ALLEMAL BESSER ALS SCHWAMMIGER PSYCHOTALK.*

Achtung Körperberührung

Körperberührungen während des Gebens von Feedback sind äußerst problematisch

Manche Experten empfehlen, ein Feedback immer mit einer positiven Körperberührung zu verbinden. Abgesehen davon, dass solche Gesten missverständlich aufgefasst werden können, ist davon grundsätzlich abzuraten. Körperberührung ist nicht allen Menschen angenehm, da sie ein Eindringen in die Intimzone darstellt. Achten Sie daher darauf, ob Ihr Verhältnis zu dem betreffenden Mitarbeiter eine solche Geste erlaubt und angebracht erscheinen lässt. Absolut davor zu warnen ist, wenn Sie sich in einem internationalen Umfeld mit Mitarbeitern aus unterschiedlichen Kulturkreisen bewegen. Wenn Sie jünger sind als der Mitarbeiter, dem Sie eine Rückmeldung geben, sollten Sie ebenfalls unbedingt auf eine solche Geste verzichten.

Sie sehen an diesen Beispielen, auch bei dem Thema Feedback ist es schwierig, Patentrezepte zu liefern. Setzen Sie Ihre Psychobrille auf, scannen Sie die Situation und entscheiden Sie individuell.

Wenn Sie das Gespräch mit dem Mitarbeiter im oben beschriebenen Sinne vorbereiten, ihm eine kurze Rückmeldung geben und das Verhalten durch Fragen und Zuhören analysieren, haben Sie gute Chancen, eine gemeinsame Lösung mit ihm zu erarbeiten. Diese wird er dann auch mittragen, da er selbst daran beteiligt war.

Feedback empfangen – Keine Rechtfertigungsorgien

Vermeiden Sie unter allen Umständen langatmige Rechtfertigungen

Wenn Sie selbst eine Rückmeldung erhalten, fragen Sie bei Unklarheiten nach, aber hüten Sie sich vor der verbreiteten Krankheit langatmiger Rechtfertigungen.

Stellen Sie sich vor, ein Kollege betritt das Büro. Nach einiger Zeit fällt Ihnen ein unangenehmer Geruch auf und Sie bemerken schließlich, dass Ihr Kollege in einen Hundehaufen getreten ist. Sie machen ihn dezent darauf aufmerksam und nun geschieht Folgendes. Der Kollege schaut entsetzt auf seinen Schuh und fängt an, Ihnen lang und breit zu erklären, wie ihm dieses Missgeschick wahrscheinlich passiert ist („Das muss draußen auf dem Parkplatz geschehen sein. Ich war in Eile und da war eine ältere Frau mit einem kleinen Hund ...“). Sind Sie an der Geschichte von der alten Frau, dem Hund und seiner Hinterlassenschaft auf dem Parkplatz inte-

ressiert? Wahrscheinlich nicht! Sie möchten, dass Ihr Kollege das Missgeschick beseitigt und ggf. für frische Luft sorgt. Sonst nichts. Und genauso geht es demjenigen, der Ihnen eine Rückmeldung gibt. Wenn Sie verstanden haben, was er meint, ändern Sie Ihr Verhalten oder denken Sie sich Ihren Teil, aber erzählen Sie keine Hundegeschichten.

6.5 Psychologische Fehler im Mitarbeitergespräch

Das erfolgreichste Lernprogramm der Evolution ist immer noch Versuch und Irrtum. Erfolgreiche Menschen sind in der Lage aus den eigenen Fehlern zu lernen. Besonders erfolgreiche Menschen lernen dagegen aus den Fehlern der anderen. Hier ein paar Tipps für alle, die zur letztgenannten Kategorie gehören wollen.

6.5.1 Vorsicht Smalltalk

Der Weg zur Hölle ist mit guten Vorsätzen gepflastert. Dies gilt auch für das Thema Mitarbeitergespräche. Haben Sie schon einmal einen für Sie wichtigen Termin bei Ihrem Chef gehabt, und dieser erging sich zunächst über allgemeine belanglose Dinge – schlimmstenfalls über das Wetter –, während Sie die ganze Zeit nervös darauf warteten, er möge doch endlich zur Sache kommen?

Der Einstieg muss zum Anlass des Gesprächs und zum Rahmen passen

Achten Sie daher darauf, dass der Einstieg zum Anlass des Gesprächs und zum Rahmen passt. Je wichtiger und ernster das Thema, umso weniger macht es Sinn, zunächst einmal Belanglosigkeiten auszutauschen. Wenn Sie beispielsweise einen Mitarbeiter mit einer für ihn unvorteilhaften Versetzung konfrontieren müssen, hat er sicherlich ein Recht darauf, dass Sie ihn ohne Umschweife davon in Kenntnis setzen.

Am besten ist natürlich, Sie bereiten Ihren Mitarbeiter bei passender Gelegenheit schon vorher auf den Inhalt des Gespräches vor. Auch hier lässt sich allerlei falsch machen.

6.5.2 Die Gesprächsankündigung

Zu den Klassikern gehört das Ansprechen eines Mitarbeiters, der Ihnen zufällig auf dem Flur begegnet im Sinne von *„Ah, guten Tag Herr Müller, ich wollte da mal etwas mit Ihnen besprechen. Bitte lassen Sie sich doch von meiner Sekretärin einen Termin geben. Vielleicht am Freitagvormittag“.* Wenn diese Ankündigung am Montagmorgen stattfindet, können Sie sich leicht ausmalen, was in den nächsten Tagen in Ihrem Mitarbeiter vorgeht. Wenn Sie lange nicht mit ihm gesprochen haben, sich sein Projekt momentan in einer kritischen Phase befindet, wird er sich garantiert fragen, was er falsch gemacht hat und die kommenden Tage und schlimmstenfalls auch die Nächte damit verbringen, zu grübeln und allerlei Leichen aus dem Keller auszugraben, um dann am Freitag feststellen zu müssen, dass Sie lediglich die Vorbereitung der Weihnachtsfeier mit ihm besprechen wollten. In diesem Fall hat die Führungskraft also vier Tage Leistungsbereitschaft vernichtet. Und das alles nur durch eine gedankenlose Gesprächsankündigung. Wenn es also die Umstände irgend erlauben, informieren Sie den Mitarbeiter daher kurz, worum es geht.

Nicht nur das Gespräch ankündigen, sondern auch kurz über den Inhalt informieren

6.5.3 Minenfeld Beurteilungsgespräch

Wenn Sie in einem Großunternehmen mit einer organisierten Personalentwicklung arbeiten, werden Sie einmal jährlich zu einem sog. Beurteilungsgespräch gebeten. Sie und Ihr Chef versuchen dann, im besten Falle gemeinsam, Ihre bisherige Leistung an einem Bewertungsmaßstab zu messen, den sich die Experten der Personalabteilung mit externer Unterstützung haben einfallen lassen. Dort finden Sie dann aufgeteilt nach den verschiedenen Kompetenzfeldern eine Reihe von Kriterien, die es nun zu bewerten gilt.

Wie wir an verschiedener Stelle in diesem Buch ausgeführt haben, ist die mit einer solchen Verfahrensweise angestrebte Objektivität nicht möglich. Genau deshalb macht sich Ihre Personalabteilung auch so viel Mühe, die Bewertung weit gehend nach messbaren Kriterien, die klar definiert wurden, zu objektivieren. Obwohl man in der Stellenanzeige noch um Ihre Individualität geworben hat, werden Sie nun in ein genormtes Raster gepresst.

Die durch normierte Bewertungsraster angestrebte Objektivität ist nicht zu realisieren

Trotz der vorgegebenen Maßstäbe lauert jedoch in diesen Gesprächen eine Reihe von Gefahren. So kann es sein, dass sich Ihre Bewertung durch einen neuen Chef komplett verändert. Was unter Ihrem alten Chef noch als gewünschte Risikofreude beurteilt wurde und im Einklang mit dem Leitbild des Unternehmens und dem Ziel des unternehmerischen Denkens und Handelns stand, bewertet Ihr neuer Chef als riskant und leichtsinnig.

Wenn Sie selbst Führungskraft sind und Mitarbeiter beurteilen müssen, achten Sie daher auf die im Folgenden aufgelisteten Fehlerquellen bei der Wahrnehmung und Beurteilung.

Fehlerquellen bei der Wahrnehmung und Beurteilung

Der Halo-Effekt

Sie sind von einer Eigenschaft Ihres Mitarbeiters so eingenommen oder gar geblendet, dass sie andere Eigenschaften wie mit einem Scheinwerfer überstrahlt. Es stimmt zwar, dass Herr Liebig die besten Präsentationen erstellt, mit denen auch Sie auf übergeordneten Meetings immer wieder glänzen können. Aber deshalb muss er für den Gesamterfolg noch längst nicht die Bedeutung haben, die Sie ihm allzu schnell zuschreiben.

Eine Eigenschaft Ihres Mitarbeiters überstrahlt alle anderen

Projektionen

Sie projizieren eigene Defizite auf Ihre Mitarbeiter, eine weit verbreitete Tendenz nicht nur von Führungskräften. Fragen Sie sich daher immer, ob das vermeintliche Fehlverhalten vielleicht seine Ursache ganz woanders hat als Sie zunächst vermuten. Fragen Sie jemanden, der Sie gut kennt und auf dessen ehrliches und vor allem vertrauliches Urteil Sie bauen können.

Sie projizieren eigene Defizite auf Ihre Mitarbeiter

Sympathie und Antipathie

Je nach dem wie gut der Kontakt auf der Beziehungsebene zu Ihrem Mitarbeiter ist, bewerten Sie auch seine fachlichen Leistungen. Gerade hierin liegt jedoch die Kunst, begründete sachliche und fachliche Kritik gleichzeitig wertschätzend zu vermitteln. Wenn Sie eine Abteilung von einem Vorgänger übernommen haben, kommt es darauf an, auch die Mitarbeiter fair zu beurteilen, zu denen Sie sich nicht persönlich hingezogen fühlen.

Von der persönlichen Sympathie nicht auf die fachlichen Leistungen schließen

Verdeckte Interessen

Der Wunsch, einen Mitarbeiter zu halten oder ihn wegzuloben, beeinflusst Ihre Bewertung. Dies trifft dann häufig genau die Mitarbeiter, die besonders loyal und oft fleißig auftreten, sodass Sie ungern auf ihre Leistung verzichten möchten. Nicht umsonst lautet ein Geheimtipp in Karriereberatern, sich auf keinen Fall bei seinem Chef unentbehrlich zu machen. Seien Sie ehrlich zu sich und Ihrem Mitarbeiter.

Der erste Eindruck

Für den ersten Eindruck gibt es keine zweite Chance, heißt es aus gutem Grunde im Verkauf. Dies gilt leider oft auch für die Bewertung von Mitarbeitern. Achten Sie darauf, ob Sie sich auf aktuelle Leistungen beziehen oder immer noch Ihrem ersten Eindruck verfallen sind.

Gleich und gleich gesellt sich gern

Gerade die Andersartigkeit von Mitarbeitern schätzen und auch entsprechend bewerten

Wir umgeben uns gerne mit Menschen, die ähnlich sind wie wir. Dies drückt sich dann auch in der Beurteilung aus. Erfolgreiche Führung heißt auch, gerade die Andersartigkeit zu schätzen und diese auch entsprechend zu bewerten.

6.6 Psychologisch intelligent delegieren

Erfolgreiches Delegieren hält Ihnen den Rücken für die strategisch sinnvollen Tätigkeiten frei

Versuchen Sie erst gar nicht alles alleine zu machen – damit werden Sie zwar vielleicht zum geschätzten Mitarbeiter und erhöhen mit Sicherheit Ihre Arbeitszeit, aber Sie fördern keinesfalls Ihre Karriere. Erfolgreiches Delegieren dagegen hält Ihnen den Rücken frei für die wirklich wichtigen, weil strategisch sinnvollen Tätigkeiten. Gerade in den unteren Führungspositionen haben Sie aber oft gar nicht genug Mitarbeiter, um die Arbeiten bequem auf andere zu verteilen. Delegieren lässt sich aber nicht nur nach unten, vielmehr müssen Sie versuchen auch Kollegen oder Ihren Chef für die Erledigung einer Aufgabe psychologisch zu gewinnen.

Delegationsansinnen, die ganz offensichtlich zum Ziel haben, lästige Aufgaben auf andere abzuwälzen, haben allerdings kaum Aussicht auf Erfolg. (*„Ach, Herr Krause, gut, dass ich Sie treffe. Könnten Sie vielleicht das Fuhrparkprojekt übernehmen? Ich schaffe das momentan leider nicht selbst …“*)

Das Tom-Sawyer-Prinzip – Je attraktiver eine Aufgabe erscheint, desto leichter ist sie delegierbar

Nehmen Sie sich besser ein Beispiel an Tom Sawyer. Als dieser von seiner Tante Polly dazu verdonnert wurde, den Zaun zu streichen, ging er psychologisch meisterlich vor. Er führte die Arbeit mit absoluter und professioneller Hingabe aus und machte damit gegenüber seinen Freunden deutlich, dass es sich hier um etwas ganz Besonderes handelte und dass nicht jeder Dahergelaufene diesen Zaun streichen konnte und auch durfte. Als sein erster Kumpel ihm helfen wollte, lehnte Tom zunächst ab: Zaunstreichen war schließlich ein außergewöhnliches Privileg. Schließlich verlangte er von jedem Anwärter eine Bezahlung für die Erlaubnis, ebenfalls den Zaun streichen zu dürfen. Am Ende sonnte sich Tom in den ihm übergebenen Reichtümern und war nur noch mit der Beaufsichtigung der Arbeit beschäftigt. Der Zaun wurde übrigens mehrfach gestrichen.

Die drei Bestandteile des Tom-Sawyer-Prinzips lauten:

Die drei Bestandteile des Tom-Sawyer-Prinzips

- VERMITTELN SIE DEN SINN DER ARBEIT
  („Durch das neue Fuhrparkmanagement kann das Unternehmen wichtige Ressourcen einsparen.")
- MACHEN SIE DEUTLICH, WELCHE BESONDEREN FÄHIGKEITEN DIE AUFGABE ERFORDERT
  („Ich benötige dafür jemanden, der sowohl die Zahlen im Blick hat als auch einen Gesamtüberblick über die Bedürfnisse aller Bereiche. Außerdem ist Verhandlungsgeschick sowohl mit den externen Anbietern notwendig als auch gegenüber den internen Abteilungen.")
- MACHEN SIE GLAUBHAFT, WARUM AUSGERECHNET DIESE PERSON FÜR DIE AUFGABE BESONDERS GEEIGNET IST
  („Sie haben das nötige Geschick, um die verschiedenen Interessen unter einen Hut zu bringen. Ich brauche jemanden, auf den ich mich verlassen kann.")

Die persönliche Motivationsstruktur des Delegationskandidaten treffen

Wenn Sie dann noch eine Zugabe bieten können, weil Sie die persönliche Motivationsstruktur der betreffenden Person kennen *(„Sie werden dadurch selbst bestimmen, in welchem Auto Sie ab nächstem Jahr zu Ihren Kunden fahren")*, haben Sie die psychologische Reifeprüfung bestanden.

Übertreiben Sie es aber bitte nicht. Manche Aufgaben lassen sich nicht künstlich aufwerten. Das wirkt dann bemüht und lächerlich *(„Niemand kann mit Excel so professionell umgehen wie Sie ...")*.

6.7 Führung und Team – Gruppenpsychologie

Wenn schon das Verhältnis zu einzelnen Personen psychologisch so kompliziert ist, liegt es nahe, dass dies umso komplexer wird, je mehr Personen im Spiel sind. Die Zusammenstellung und Bildung eines dauerhaften Hochleistungsteams ist daher eine der größten psychologischen Herausforderungen überhaupt. Und genau daran scheitern auch viele Führungskräfte. Häufig wird bereits bei der Zusammenstellung eines Teams oder einer Abteilung der entscheidende Fehler gemacht, den wir in diesem Buch immer und immer wieder angesprochen haben: Statt mit der psychologischen Brille wird mit der Fachbrille darauf geschaut, welche Mitarbeiter ausgewählt werden.

Ein Team nicht ausschließlich unter fachlichen Gesichtspunkten zusammenstellen

Was dann oft passiert, kennen Sie aus dem Sport. Selbst hervorragende Einzelspieler müssen noch lange keine gute Mannschaft bilden. So ist es auch in Projektteams oder Abteilungen. Obwohl die besten Fachkräfte für ein Projektteam nominiert wurden, sind die Ergebnisse keinesfalls befriedigend. Keiner weiß, woran es wirklich liegt. Im Gegenteil, es werden immer wieder neue fachliche Begründungen gefunden, warum etwas nicht funktioniert. Die einzelnen Beteiligten haben auch immer treffende fachliche Argumente, warum ihnen die Ideen des Kollegen X oder Y nicht gefallen. Wahrscheinlich würde sogar jeder behaupten, dass die entsprechenden Einschätzungen nichts mit dem persönlichen Kontakt zu den Kollegen zu tun hat, wenn die Sache nicht läuft. Und dennoch ist genau dies sehr häufig der Fall.

Externe Partner erstellen ein genaues psychologisches Profil jedes Mitarbeiters

Immer mehr Unternehmen greifen daher bei der Zusammenstellung von Projektteams und Abteilungen auf externe Partner zurück, die ihnen ein genaues psychologisches Profil jedes Mitarbeiters liefern. Selbst Fußball-Bundesliga Clubs holen psychologische Profile der einzelnen Spieler ein, um daraus Entscheidungen über die Verstärkung des Kaders abzuleiten. Bevor ein neuer Spieler verpflichtet wird, muss er zunächst einen psychologischen Test absolvieren, um zu prüfen, ob und wie er sich in das vorhandene Mannschaftsgefüge einfügen wird.

6.7.1 Teamphasen

Die Bildung eines Teams läuft nicht willkürlich ab, sondern jedes Team durchläuft in seiner Entwicklung vier klassische Phasen, die genügend Ansatzpunkte für psychologisch wirkungsvolle Interventionen bieten.

Formierung des Teams

Die erste Stufe ist die Formierung des Teams, die Zusammenstellung. Phase zwei ist die Stufe des so genannten

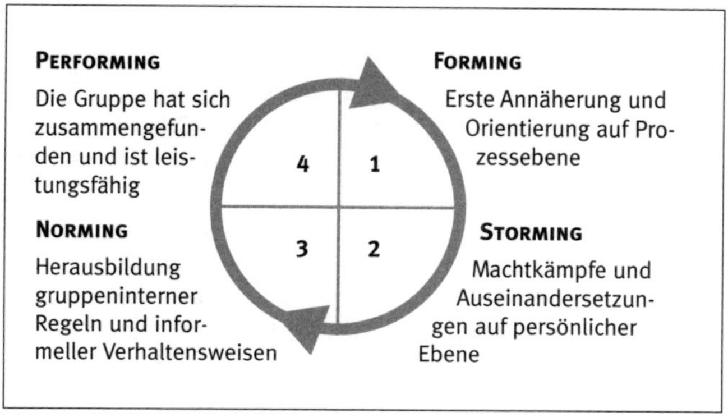

Teamuhr: Jedes Team durchläuft in seiner Entwicklung vier klassische Phasen

In der Phase des Stormings treten notwendigerweise Konflikte auf

Stormings, d.h. nach einer Phase des möglicherweise vorsichtigen Herantastens fangen die Mitglieder an zusammenzuarbeiten und es entwickeln sich notwendigerweise auch Reibungspunkte und Störungen. Dies ist die heikelste Phase der Teamentwicklung. Manche Führungskräfte machen den Fehler, ihr Team immer wieder neu zusammenzustellen und kommen so aus Phase eins und zwei nie hinaus. Dann erreichen sie nie die Phase drei, das so genannte Norming, d.h. das Bilden von formellen und informellen Spielregeln. Damit verbunden ist auch eine Teamhierarchie. Auch hier können Sie sehr gut wieder Analogien aus dem Sport nutzen. Mancher Trainer wechselt am Anfang einer Saison so häufig die Aufstellung seines Teams, dass sich nie eine wirkliche Mannschaft bildet. Das endet dann meistens mit der Entlassung des Trainers.

Norming: Bilden von formellen und informellen Spielregeln

WER KONFLIKTE VERMEIDEN WILL, WIRD SELTEN EIN ECHTES HOCHLEISTUNGSTEAM FORMIEREN.

Dieses Wissen um die Normalität von Auseinandersetzungen gehört daher zum unverzichtbaren Rüstzeug eines guten Teamleaders, einer guten Führungskraft. Sie müssen manche Reibungen aushalten, um Spielregeln zu entwickeln, die Ihnen schließlich helfen, Phase vier zu erreichen, das Performing. Jetzt erst sind die Mitglieder in der Lage als Team Höchstleistungen zu erbringen.

Wer Gruppen beeinflussen will, muss wissen, in welcher Teambildungsphase sich das Team befindet

Wenn Sie selbst Mitglied eines Teams sind oder ein Team leiten, überlegen Sie einmal, in welcher Phase Sie sich befinden. Wichtig zu beachten: Selbst wenn nur ein einzelner Mitarbeiter geht und ein neuer dazu kommt, ändert sich häufig die gesamte Struktur des Teams und Sie beginnen den Prozess der Teambildung von neuem.

Wenn Sie eine Abteilung neu übernommen haben, gilt es für Sie daher zunächst, ein Gefühl für die Teamstruktur zu bekommen. Manchmal kann es dann sinnvoll sein, ganz gezielt durch eine neue Person, die Sie vielleicht von außen rekrutieren, die Teamstruktur aufzubrechen, eine neue interne Teamhierarchie und neue Spielregeln zu entwickeln. Dies wird aber immer auch erneut eine Phase des Stormings, d.h. Auseinandersetzungen und Konflikte provozieren. Das Wissen um die Unausweichlichkeit dieser Konflikte kann Ihnen helfen, gelassener damit umzugehen.

6.7.2 Die Steuerung von Gruppenprozessen und Meetings

Ausgleich unterschiedlicher Temperamente und Interessen im Sinne eines übergeordneten Themas oder Zieles

Eine der wesentlichen Aufgaben als Führungskraft besteht in der Steuerung von Gruppenprozessen in Meetings jeglicher Art. Ob in regulären Abteilungsmeetings, Projektmeetings, Workshops oder auch in Präsentationen, immer geht es um den Ausgleich von unterschiedlichen Temperamenten und Interessen im Sinne eines übergeordneten Themas oder Zieles. War die Teilnahme an häufigen und langen Meetings, die noch Besprechungen oder gar Sitzungen hießen, bis vor einigen Jahren noch das zweifelhafte Privileg von Führungskräften, so ist durch die zunehmende Projektarbeit auch der normale Mitarbeiter vom grassierenden Meetingwahn betroffen. In beinahe jedem Büro hängen Cartoons an den Wänden, die das tägliche Leid von Millionen Menschen treffend und humorvoll beschreiben *(„Meetings, die praktische Alternative zur Arbeit“)*. Langatmige Monologe, verspätete Teilnehmer, mangelnde Struktur und geringe Aufmerksamkeit der Teilnehmer gehören eher zur Regel als zur Ausnahme. Obgleich der Leidensdruck also groß ist, wird erstaunlich wenig unternommen, um das Übel zu bekämpfen. Auch die organisierte Personalentwicklung tut sich schwer, Seminare und Workshops zum Thema Moderation an den Mann und die Frau zu bringen. Es ist in, über Meetings zu jammern, aber mühsam Spielregeln zu etablieren.

Das im Folgenden vorgestellte Modell der sog. themenzentrierten Interaktion (TZI) wurde bereits in den 60er- und 70er-Jahren von der in Deutschland geborenen Psychotherapeutin Ruth Cohn entwickelt und ist bis heute ein Klassiker jeder Ausbildung zum Thema Arbeit in Gruppen und Teams.

6.7.3 Themenzentrierte Interaktion (TZI)

Wenn Sie jemals ein Seminar zum Thema Kommunikation besucht haben, aber vielleicht auch in Workshops oder Fachseminaren, werden Ihnen die berühmten Spielregeln von Ruth Cohn begegnet sein.

Ruth Cohn entwickelte schon sehr früh Methoden, mit denen sie Menschen helfen wollte, praktische Alltagsprobleme zu lösen. Ihrem eher pädagogischen Konzept geht es darum, jeglichen Arbeitsgruppen ein effektives, lebendiges und partnerschaftliches Miteinander zu ermöglichen.

Regeln, die Arbeitsgruppen ein effektives, lebendiges und partnerschaftliches Miteinander ermöglichen

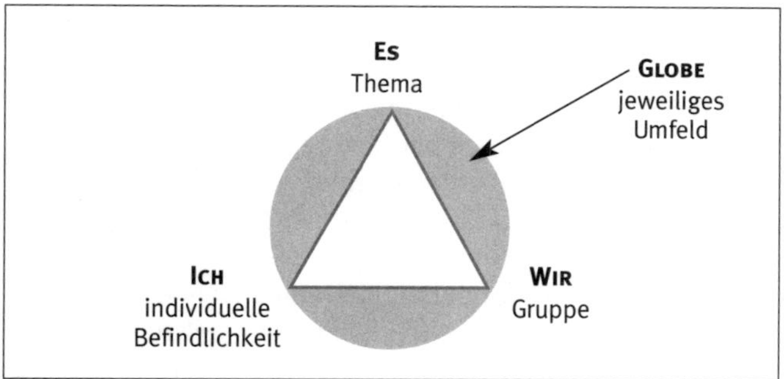

Ebenen der themenzentrierten Interaktion (TZI)

Egal worum es geht, wenn zwei oder mehr Menschen zusammenkommen, gibt es immer ein Thema, das sie verbindet (Es). Jeder agiert immer aus einer individuellen Befindlichkeit (Ich) heraus und zusammen bilden sie das Wir. Und schließlich kommt es noch darauf an, wo diese Gruppe sich befindet, in welchem Umfeld (Globe). Kommunikation zwischen mehreren Menschen findet immer auf all diesen Ebenen statt.

Denken Sie jetzt einmal an eine typische Besprechung in Ihrem Unternehmen. Üblicherweise wird das Ergebnis, das Es, in den Mittelpunkt gestellt. Darum geht es ja schließlich. Ergebnis dieser einseitigen Orientierung ist jedoch, dass

In der Regel steht das Es, das Thema im Mittelpunkt

häufig nicht umgesetzt wird, was eigentlich beschlossen wurde, da nicht alle am Entschluss beteiligt waren. Kurze Zeit später treffen sich dann die Mitglieder der Arbeitsgruppe noch einmal, um die angeblichen Ergebnisse vom letzten Mal neu zu diskutieren.

Was passiert, wenn Sie sich ausschließlich darauf konzentrieren, dass es der Gruppe gut miteinander geht. Vielleicht würden Sie dann bei selbst gebackenen Plätzchen und Kräutertee in entspannter Atmosphäre endlos lange im Unternehmen in Ihren Besprechungsräumen sitzen, alle würden sich wohl fühlen, aber es gäbe keinerlei tragfähige Ergebnisse. Auch das kann nicht Ziel sein.

Was passiert, wenn jeder nur seine eigenen Interessen und seine eigenen Befindlichkeiten in den Mittelpunkt stellt, können Sie sich leicht ausmalen. Die Wahrscheinlichkeit des Zustandekommens eines Ergebnisses ist eher gering.

Anzustreben ist ein Ausgleich zwischen allen drei Orientierungen in einem günstigen Umfeld

Im Idealfall handelt es sich daher um einen Ausgleich zwischen den drei Orientierungen. Das Ganze in einem günstigen Umfeld. Jedes der vier Grundprinzipien ist gleich wichtig und es ist Aufgabe eines Moderators, diesen Ausgleich immer wieder herzustellen, denn es wird immer wieder Ausschläge in die eine oder andere Richtung geben.

Wenn beispielsweise ein Teilnehmer eines Meetings gerade ein persönliches Problem, d.h. eine Störung hat, macht es keinen Sinn, einfach fortzufahren, wenn am Ende die Zustimmung dieser Person notwendig ist. In den meisten Meetings lautet aber die informelle Spielregel, *„Wer nichts sagt, ist selber schuld!“*. Das mag zwar richtig sein, ist aber wenig zielführend.

Die hier von Ruth Cohn formulierten Spielregeln lauten wie folgt:

PRAXIS

Spielregeln der themenzentrierten Interaktion:

- Sei dein eigener Chairman!
- Störungen haben Vorrang!
- Rede per ich, nicht per man!
- Wenn du eine Frage stellst, sage, warum du fragst und was deine Frage für dich bedeutet!

- Sei authentisch und selektiv in deiner Kommunikation!
- Interpretiere möglichst nicht!
- Verallgemeinere nicht!
- Kennzeichne persönliche Eindrücke deutlich!
- Nur einer redet zur gleichen Zeit!
- Bei Überschneidungen von Redebeiträgen kurze Sammlung von Stichpunkten!

Diese Regeln werden Sie kaum immer und jederzeit einhalten können. Sie bieten Ihnen aber einen Rahmen, an dem Sie sich orientieren können. Es reicht jedoch nicht, sie einmal schriftlich zu fixieren und zu verteilen. Im Idealfall werden Sie diese oder ähnliche Regeln mit Ihrer Gruppe gemeinsam erarbeiten und als bindend für die Zukunft festlegen.

Regeln mit der Gruppe gemeinsam erarbeiten und die Mitglieder darauf einschwören

Achten Sie einmal beim nächsten Meeting, an dem Sie teilnehmen, darauf, welche Ausprägungen dominant sind und wo sich die Gruppe gerade befindet. Wenn Sie selbst ein Meeting moderieren, sensibilisieren Sie sich dafür, Störungen rechtzeitig zu erkennen und animieren Sie die Gruppe zur Einhaltung der Spielregeln, um so einen Ausgleich zwischen den verschiedenen Orientierungen zu finden. Dann werden Sie in kürzerer Zeit bessere Ergebnisse erarbeiten, die von allen getragen werden.

6.8 Führung und Veränderung

Wir leben in einer Zeit permanenter Veränderung. „Change" heißt das Zauberwort der Gegenwart. Dies bedeutet für jedes Unternehmen eine tägliche Herausforderung. Mit immer weniger Mitarbeitern sollen in kürzerer Zeit immer mehr Projekte realisiert werden. Gleichzeitig versucht das Unternehmen sich durch immer schnellere Strategiewechsel den Erfordernissen des Marktes anzupassen. Eine Reorganisation jagt die nächste. Viele Mitarbeiter in Großunternehmen wissen kaum noch, welches neue Changeprojekt gerade anläuft und wie ihre aktuelle Abteilungsbezeichnung lautet.

Mit immer weniger Mitarbeitern sollen in kürzerer Zeit immer mehr Projekte realisiert werden

Dies bleibt selbstverständlich nicht ohne psychologische Folgen. So zeigen Untersuchungen zum Thema Mobbing, dass dieses Phänomen bei Umstrukturierungen deutlich zunimmt.

Das ist nicht verwunderlich, da in Zeiten von Existenzängsten auch ansonsten friedliche Naturen in den Kampfmodus unseres Steinzeitprogrammes verfallen (siehe Kap. 1.3.6).

Auch das psychologische Klima insgesamt leidet unter permanenter Veränderung. Manche Unternehmen sind geradezu neurotisch und depressiv. Die häufigen Veränderungen schaffen in der Wirtschaft zudem ein Phänomen, das aus der Verwaltung bereits gut bekannt ist. Nach dem Moto *„Wer unter mir Vorstand ist, ist ganz egal!"* besinnt sich der Mitarbeiter auf die Dinge, die konstant sind: Menschen in seinem direkten Umfeld und informelle Spielregeln, die seit Jahren Bestand haben. So ändern sich zwar die Bezeichnungen auf Türschildern und Visitenkarten, die Mitarbeiter und die Organisation werden dennoch zunehmend veränderungsresistent. Mit dem Ergebnis, dass die Damen und Herren in den Vorstandsetagen glauben, immer größere Räder drehen zu müssen, um zumindest kleinere sichtbare Veränderungen zu erzielen. Die Kluft zwischen Top-Management und dem einfachen Mitarbeiter wird als ähnlich groß wahrgenommen wie die zwischen Bürger und Regierung. *„Die da oben ...!"* ist denn auch eine beliebte Formulierung, mit der die Jammerzirkel an den Kaffeemaschinen eröffnet werden.

Mitarbeiter und Organisationen werden zunehmend veränderungsresistent

Was bedeutet das für Sie? Wenn Sie am Beginn Ihrer Karriere stehen, werden Sie sich wahrscheinlich in einer der so genannten Sandwichpositionen befinden. Dies bedeutet, dass Sie herzlich wenig zu entscheiden haben, aber für die Umsetzung all dieser Innovationskonzepte zuständig sind.

Sandwichposition am Karrierebeginn: Geringe Entscheidungsbefugnis – hoher Handlungsdruck

Das folgende Modell kann Ihnen helfen zu erkennen, wo Ihre Maßnahmen ansetzen sollten und wie Sie den Hebel für die Veränderung deutlich vergrößern können.

6.8.1 Die logischen Ebenen

Robert Dilts, einer der bekannten Weiterentwickler des NLP, entwickelte das Modell der sog. sechs logischen Ebenen. Immer, wenn Sie eine Situation erfassen oder verändern wollen, bietet Ihnen dieses Instrument die Möglichkeit, die Komplexität einer Situation, in der Sie sich aktuell befinden, zu reduzieren oder mit Ihrer Veränderungsarbeit an der geeignetsten Stelle anzusetzen. Die Abbildung auf der nächsten Seite zeigt die unterschiedlichen logischen Ebenen in Form einer Pyramide.

Die logischen Ebenen von Dilts:
Den richtigen Hebel für Veränderungen finden

Die unterste Ebene beschreibt die Umwelt, das Umfeld in dem Sie sich befinden. Darüber angesiedelt ist das Verhalten. Um ein bestimmtes Verhalten ausüben zu können, benötigen Sie Fähigkeiten, diese liegen eine Ebene höher. Diese Fähigkeiten werden Sie jedoch nur einsetzen, wenn Sie mit den entsprechenden Glaubenssätzen und Überzeugungen korrespondieren. Diese wiederum sind Frage Ihrer persönlichen Identität. Darüber liegt die Frage nach dem Warum. Diese Ebene wird häufig mit Mission oder Vision bezeichnet, Dilts sprach später auch von Spiritualität.

Will man Menschen überzeugen, muss man sie ganzheitlich auf allen Ebenen ansprechen

Nehmen wir nun an, Sie möchten in Ihrer Organisation eine Veränderung durchführen. Das Ziel lautet, den Kontakt zu Ihren Bestandskunden auch im Direktgeschäft wahrzunehmen, um so mehr Aufträge zu erzielen. Die Maßnahme: Eine Umstrukturierung der Abteilungen nach Vertriebsgebieten. Werden hier nicht weitere Maßnahmen eingeleitet, wird das Projekt wahrscheinlich nur sehr mäßigen Erfolg haben. Die Umstrukturierung greift nämlich nur auf der untersten Ebene und der Ebene des Verhaltens. Selbst, wenn zusätzlich Vertriebsschulungen durchgeführt werden, um die Fähigkeiten der Mitarbeiter den neuen Zielen entsprechend zu professionalisieren, bleibt die Ebene der Überzeugungen und Glaubenssätze unberührt. Wenn die Mitarbeiter aber von den übergeordneten Zielen nicht wirklich überzeugt sind und sich in ihrer eigenen Identität nach wie vor als Innendienstler verstehen und nicht als Außendienstler, die aktiv Aufträge für das Unternehmen einholen, wird Ihre Umstrukturierung letzlich wenig Erfolg haben.

DEN GRÖSSTEN HEBEL ZU EINER ERFOLGREICHEN VERÄNDERUNG HABEN SIE IMMER DANN, WENN ES IHNEN GELINGT, AUF DER HÖCHSTEN EBENE EINE ÜBEREINSTIMMUNG HERZUSTELLEN.

Erst, wenn Ihre Mitarbeiter sich mit dem Ziel identifizieren und auch persönlich die entsprechenden Werte und Überzeugungen teilen, werden sie in der Lage sein, die notwendigen Fähigkeiten anzunehmen oder zu erlernen.

Nur auf den unteren Ebenen greifende Changeprogramme sind in der Regel wenig erfolgreich

Dieses einfache Modell kann Ihnen in einem Unternehmensumfeld, das von permanenter Veränderung gekennzeichnet ist, eine hilfreiche Stütze bieten. Sie erkennen nun sehr leicht, weshalb zwar vollmundig angekündigte, aber nur auf den unteren Ebenen greifende Changeprogramme so wenig Begeisterung entfachen. Die Mitarbeiter können sich mit den Zielen nicht identifizieren und die Veränderung findet nur in Form Umstrukturierungen und neuen Abläufen auf den unteren beiden Ebenen statt. Die Einstellung der meisten Mitarbeiter bleibt unverändert.

6.8.2 Die logischen Ebenen bei der Konfliktanalyse

Auch im Fall von Konflikten sind die logischen Ebenen ein hilfreiches Analyseinstrument.

Ein Konflikt auf der Identitätsebene ist schwer wiegender als der Streit um Verfahrensfragen

Wenn Sie einen Konflikt mit einer Person oder einer Organisation haben, sollten Sie sich fragen, auf welcher Ebene dieser Konflikt angesiedelt ist. Ein Konflikt auf der Ebene von Glaubenssätzen, Werten und Überzeugungen oder sogar auf der Ebene der Identität wiegt weit schwerer als ein Streit um Verfahrensfragen auf der Ebene des Verhaltens. Wenn Sie einen Konflikt auf der falschen Ebene bearbeiten, werden Sie nicht die gewünschte Lösung finden.

Das Gleiche gilt für innere Auseinandersetzungen. Nur wenn Sie Ihrem Leben einen klaren Sinn geben, eine feste Identität mit starken Werten und Überzeugungen besitzen, sind Sie in der Lage, die notwendigen Fähigkeiten zu entwickeln und sich so zu verhalten, dass Sie Ihre Umwelt in der gewünschten Richtung beeinflussen können.

Wenn Sie beispielsweise vor der Ernennung zur Führungskraft stehen, ist es für Sie sinnvoll, nicht nur zu fragen, in welcher Abteilung Sie dann arbeiten werden, mit welchen Menschen Sie zu tun haben, sondern auch welche Verhaltensweisen Sie an den Tag legen müssen. Welche Fähigkeiten benötigen Sie? Was sind die notwendigen Überzeugungen und Glaubenssätze, die Sie brauchen, die nützlich sind, um als Führungskraft erfolgreich zu sein? Wird es Ihnen gelingen, tatsächlich eine Identität als Führungskraft zu entwickeln? Und schließlich stellt sich die Frage, warum Sie überhaupt Führungskraft werden wollen. Nur, wenn Sie sich über diese Fragen klar werden, können Sie hoffen, auf Mitarbeiter überzeugend und authentisch zu wirken.

Wenn Sie gerade frisch gebackene Führungskraft sind, wird es eine Weile dauern, bis Sie Ihre neue Identität wirklich angenommen haben. Am Anfang werden Sie sich zwar auf den Ebenen Umwelt und Verhalten bewegen und Handlungsanweisungen geben, aber noch nicht wirklich in der neuen Position angekommen sein. Wenn Sie sich bewusst damit auseinander setzen, können Sie diesen Lernschritt beschleunigen.

Dennoch werden Sie als Führungskraft täglich vor immer neue psychologische Herausforderungen gestellt. Zum Alltag der Führungskraft gehört der Konflikt.

7 Psychologie des Konflikts

Manche Menschen glauben, die Beschäftigung mit der Psychologie diene dazu, im Leben weniger Konflikte zu haben. Dies ist ein Irrtum. Das genaue Gegenteil könnte zutreffender sein: Je größer Ihre psychologische Wahrnehmungsfähigkeit, umso mehr Konfliktpotenzial werden Sie erkennen.

Je größer Ihre psychologische Wahrnehmungsfähigkeit, umso mehr Konfliktpotenzial werden Sie erkennen

7.1 Das Leben als Abfolge von Konflikten

Unternehmen und Organisationen bestehen aus Menschen und Menschen haben unterschiedliche Interessen, Bedürfnisse, Vorlieben, Neigungen, Charaktereigenschaften, Persönlichkeiten. Und daraus erwachsen Konflikte. Genau genommen könnte man das ganze Leben als Anhäufung von Konflikten bezeichnen. Wenn Sie gerade keinen Ärger mit Ihrem Chef haben, haben Sie Ärger mit Ihrer Frau, wenn Sie keinen Ärger mit Ihrem Lebenspartner haben, haben Sie Ärger mit dem Finanzamt oder mit der örtlichen Polizei wegen eines Strafmandats. Das Problem liegt nicht in der Tatsache von Konflikten an sich, sondern in der Art und Weise des Umgangs damit und genau dafür sind die hier vorgestellten Werkzeuge gedacht.

Das Problem liegt nicht in der Tatsache von Konflikten an sich, sondern in der Art und Weise des Umgangs damit

Eine verbesserte psychologische Wahrnehmung hilft Ihnen, Konflikte im Vorfeld zu antizipieren, wenn möglich von vornherein zu verhindern oder sie zumindest so rechtzeitig wahrzunehmen, dass Sie noch angemessen reagieren können.

In einem Konflikt professionell agieren, statt lediglich zu reagieren

Die hier angebotenen Werkzeuge aus den unterschiedlichsten Disziplinen der Psychologie helfen Ihnen, in einem Konflikt professionell zu agieren, statt lediglich zu reagieren. Dabei ist es vollkommen unerheblich, ob es sich um einen Konflikt mit einem Kunden über einen verschobenen Liefertermin handelt, eine Auseinandersetzung mit Ihrem Chef über die von Ihnen angestrebte Gehaltsanpassung oder ein Interessenkonflikt mit einem Kollegen aus einer anderen Abteilung im Rahmen einer Projektgruppe. Die dem Konflikt zugrunde liegenden Gesetze sind immer gleich. Sie haben etwas mit den beteiligten Personen zu tun und dem Rahmen, innerhalb dessen sich der Konflikt abspielt.

7.2 Konfliktbearbeitung

Handelt es sich um einen inneren oder äußeren Konflikt?

In einer ersten Stufe geht es zunächst darum, den Konflikt zu analysieren. Zu klären ist hier zunächst, um welche Art von Konflikt es sich handelt. Die erste Hauptunterscheidung liegt darin, ob es sich um einen internalen, d.h. einen inneren, oder um einen äußeren, externalen Konflikt handelt. Anschließend lassen sich vier Hauptkonfliktarten unterscheiden.

Stellen Sie sich vor, Sie möchten mit Ihrem Partner verreisen. Zunächst müssen Sie sich selbst klar darüber werden, wohin Sie reisen möchten. Sie schwanken zwischen verschiedenen Möglichkeiten (INTERNALER KONFLIKT). Wenn Sie gerade Streit mit Ihrem Lebenspartner haben, sollten Sie zunächst diesen BEZIEHUNGSKONFLIKT klären, bevor Sie sich darüber Gedanken machen, wo Sie hinfahren. Erst wenn der Beziehungskonflikt gelöst ist, können Sie einen hier eventuell vorhandenen ZIELKONFLIKT klären. Sie haben sich beide darauf geeinigt, dass Sie nach Rom fahren möchten, nun ist die Frage, wie viel Geld der Urlaub kostet und Sie ausgeben möchten. Dies ist ein sog. RESSOURCENKONFLIKT. Wenn Sie Ihr Reisebudget einvernehmlich geklärt haben, ist die Frage, auf welchem Wege Sie nach Rom kommen. Die Entscheidung zwischen den Alternativen Bahnfahrt und Flugreise ist ein BEWERTUNGSKONFLIKT.

Häufig scheitern Konfliktlösungsversuche daran, dass nicht klar ist, um welche Art von Konflikt es sich handelt. Dann werden mit den falschen Methoden die falschen Konflikte bearbeitet. Grundsätzlich sollten Sie in der hier beschriebenen Reihenfolge vorgehen. Erst den Beziehungskonflikt klären, dann den Zielkonflikt, dann den Ressourcenkonflikt und zuletzt den Bewertungskonflikt.

Beziehungskonflikte sollten vorrangig geklärt werden

Konflikteskalation

Entscheidend für die erfolgreiche Bearbeitung von Konflikten ist ihre frühzeitige Erkennung. Die folgende Grafik macht die verschiedenen Stufen eines äußeren Konfliktes deutlich.

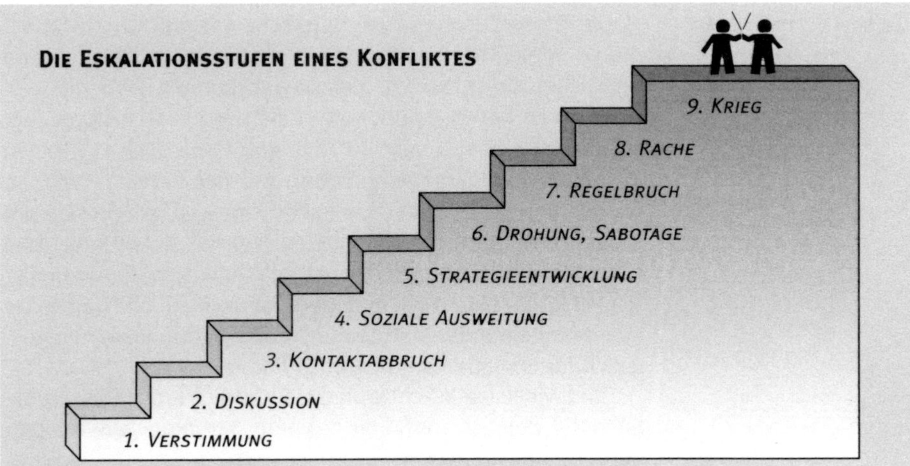

Ein Konflikt entwickelt sich innerhalb bestimmter Eskalationsstufen

Je früher Sie einen Konflikt wahrnehmen und ansprechen, umso besser

Je früher Sie einen Konflikt wahrnehmen und ansprechen, umso besser. Der schlimmste Fall ist der Krieg, dessen Endphase die Vernichtung des Gegners um jeden Preis – auch den der eigenen Selbstvernichtung – bedeutet.

Da die Bearbeitung von Konflikten zur Königsklasse der Psychologie gehört, geben wir Ihnen hier einen Überblick über zwei Modelle, die Ihnen sowohl bei inneren als auch äußeren Konflikten helfen können. Werfen wir dafür zunächst einen Blick in das Innere der Kontrahenten. Bereits dort stellen wir fest, dass wir es im Grunde mit mehreren Parteien zu tun haben.

7.3 Unsere Persönlichkeit setzt sich aus verschiedenen Facetten zusammen

Die Idee der Pluralität innerer Anteile an einer Persönlichkeit ist wahrscheinlich so alt wie die Menschheit

Von Goethe stammt das berühmte Zitat: *„Zwei Seelen wohnen, ach, in meiner Brust!"*. Die Idee der Pluralität innerer Anteile an einer Persönlichkeit ist wahrscheinlich so alt wie die Menschheit und dürfte schon die Schamanen in grauer Vorzeit beschäftigt haben.

Viele Modelle in der Psychologie, der Psychoanalyse und der Psychotherapie sowie der Kommunikationspsychologie versuchen dieses Phänomen zu systematisieren und zu strukturieren, um uns eine Alltagshilfe an die Hand zu geben.

Die Transaktionsanalyse unterscheidet drei Ich-Zustände

Die Transaktionsanalyse unterscheidet drei Ich-Zustände, die noch auf Freud zurückgehen, der vom Es, dem Ich und dem Über-Ich sprach. In der Gestalttherapie wird mit verschiedenen Rollen gearbeitet, in die der Klient schlüpft. Der systemische Ansatz arbeitet mit unterschiedlichen inneren Zuständen und Teammitgliedern und der bereits erwähnte Friedemann Schulz von Thun (siehe Kap. 4.3) hat ein sehr anschauliches Bild dieses inneren Teams entwickelt. Und schließlich arbeitet auch das neurolinguistische Programmieren (NLP) mit Modellen, in denen unterschiedliche innere Zustände miteinander in Kommunikation treten, um einen Ausgleich für ein inneres Problem zu finden.

Sind wir also alle schizophren? Sicherlich nicht! Das Krankheitsbild der Schizophrenie ist eine pathologische Ausprägung unterschiedlicher Persönlichkeitsanteile. Aber welches Persönlichkeitsmodell Sie auch immer am anschaulichsten finden, Sie tun gut daran, einmal mit sich ins Gericht zu gehen, und Ihr inneres Team zu analysieren.

Im Folgenden stellen wir Ihnen einen tiefenpsychologischen Klassiker und einen neueren Ansatz der Konfliktbearbeitung vor: Die Transaktionsanalyse (TA) von Eric Berne und das vergleichsweise noch junge Modell des inneren Teams von Friedemann Schulz von Thun.

7.4 Die Transaktionsanalyse (TA)

Ende der 50er-Jahre entwickelte der amerikanische Psychotherapeut Eric Berne ein Modell, das unter dem Namen Transaktionsanalyse bekannt wurde und noch heute in Managementseminaren und in der therapeutischen Praxis Anwendung findet. Berne hatte festgestellt, dass seine Klienten in der Therapie in der Lage waren, zwischen verschiedenen Persönlichkeitszuständen hin- und herzuspringen.

Die Transaktionsanalyse unterscheidet drei sog. Ich-Zustände, das Erwachsenen-Ich, das Eltern-Ich und das Kind-Ich

Berne differenzierte nun diese verschiedenen Persönlichkeitszustände in drei sog. Ich-Zustände, das ERWACHSENEN-ICH, das ELTERN-ICH und das KIND-ICH. Die Transaktionsanalyse analysiert die Kommunikation zwischen zwei Menschen, indem sie anschaulich macht, aus welchem Persönlichkeitszustand heraus sie miteinander reden.

Ein weiterer berühmter Vertreter der Transaktionsanalyse ist der ebenfalls amerikanische Therapeut Thomas Harris, der das Buch „Ich bin OK, Du bist OK" veröffentlichte.

7.4.1 Das Modell im Einzelnen

Schon an der Begrifflichkeit der Transaktionsanalyse ist deutlich zu sehen, dass Berne noch in der Tradition von Freud stand. Daher tauchen auch hier die Begriffe Es, Ich und Über-Ich auf, die Berne lediglich in seine neue Terminologie fasste. Seine Grundthese lautet folgendermaßen: Jeder Mensch wechselt permanent zwischen verschiedenen Ich-Zuständen hin und her, denen jeweils eine bestimmte Form des Denkens, Fühlens und Handelns zugeordnet wird. Das Interessante:

Den verschiedenen Ich-Zuständen entspricht jeweils eine bestimmte Form des Denkens, Fühlens und Handelns

> *DURCH BEOBACHTUNG KANN MAN ERKENNEN, IN WELCHEM ICH-ZUSTAND SICH EINE PERSON AUFHÄLT, Z.B. INDEM MAN IHRE KÖRPERSPRACHE ODER IHREN TONFALL WAHRNIMMT UND ANALYSIERT.*

Die zweite These lautet, dass jedes Individuum nur ein begrenztes Repertoire an Ich-Zuständen hat und diese in bestimmter Ausprägung immer wieder auftauchen.

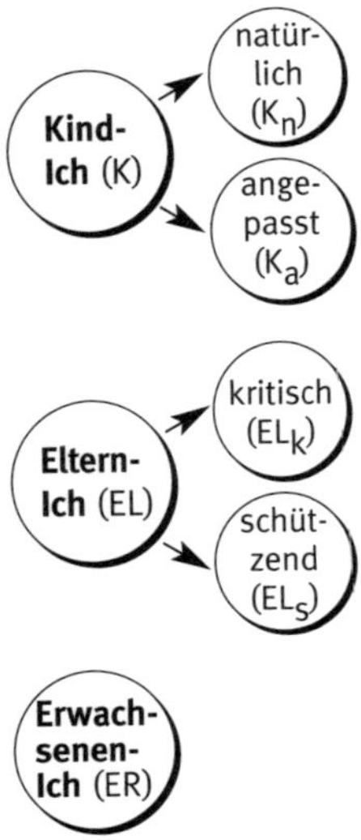

Die verschiedenen Ich-Zustände

Einfach ausgedrückt:

> *Jeder Mensch hat seine Lieblings-Ich-Zustände, in denen er sich aufhält und in bestimmten Situationen zurückkehrt.*

Jeder Mensch kann sich also auch als Erwachsener aufführen wie ein Kind, er kann als Erziehender in der Elternrolle sein oder er kann sich rational analysierend in der Erwachsenenrolle aufhalten.

Mit Hilfe eines Testverfahrens (Egogramm – im Internet finden Sie kostenlose Fragebogen mit Auswertungen) kann herausgefunden werden, welches die bevorzugten Ich-Zustände einer Persönlichkeit sind. Anhand eines Vergleichs mit der sog. Normalverteilung lassen sich nun Defizite oder Überausprägungen feststellen.

Werfen wir zunächst einen genaueren Blick auf die so genannten Ich-Zustände, wie sie sich herausbilden und woran wir sie erkennen.

Kindheits-Ich (K)

Ein Baby, das auf die Welt kommt, befindet sich zunächst ausschließlich in seinem Kindheits-Ich (K) und zwar in seinem freien spontanen Kind. Seine Gefühlsäußerungen sind durch keinerlei äußere Einflüsse dominiert. Es schreit und lacht, macht in die Windeln, ohne in irgendeiner Form die eigenen Handlungen zu kontrollieren. Das Baby ist vollkommen spontan. Immer, wenn wir auch in unserem späteren Leben absolut spontan und frei reagieren und dies auch durch entsprechende Körpersprache zeigen, befinden wir uns im sog. natürlichen Kindheits-Ich (K_n).

Natürliches Kindheits-Ich (K_n)

Doch schon kurze Zeit nach der Geburt beginnt die Konditionierung, die wir auch als Erziehung bezeichnen. Das Kind lernt jetzt, sich auch angepasst zu verhalten. Es entwickelt sich das angepasste Kind (K_a).

Angepasstes Kind (K_a)

Nach und nach beeinflussen die Eltern und die Bezugspersonen das Kind so, dass sich sog. Eltern-Botschaften fest manifestieren. Sie bilden das Eltern-Ich (EL), das auch später im Erwachsenenleben eine bedeutende Rolle spielt.

Eltern-Ich (EL)

In den ersten drei Lebensjahren werden diese Botschaften fest gespeichert und sind auch später nur schwer zu verändern. Damit ist alles das gemeint, was in Ihrem Kopf an Werten verankert ist und sich als Stimme des Gewissens meldet im Sinne von *„Das darf man nicht"* oder *„So sollte man sich verhalten"*. Sie erinnern sich an das Modell des Selbstwertgefühles (siehe Kap. 2.4), in dem dieser Faktor eine bedeutende Rolle spielt. Auch das Eltern-Ich ist nun geteilt in zwei Bereiche: Das kritische Eltern-Ich (EL_k), das bewertet und straft, und das fürsorgliche Eltern-Ich (EL_f), das anleitet, Verständnis zeigt und tröstet.

kritisches Eltern-Ich (EL_k)

fürsorgliches Eltern-Ich (EL_f),

Der dritte Ich-Zustand bildet sich im Heranwachsen aus, wenn das Kind beginnt, die Umgebung zu analysieren und die Elternbotschaften nicht mehr kritiklos hinzunehmen. Es ist nunmehr in der Lage, Widersprüche in den Aussagen der Eltern selbst festzustellen. Immer wenn wir uns analysierend verhalten, Fragen stellen und eine Situation objektiv zu erfassen suchen, befinden wir uns im sog. Erwachsenen-Ich (ER). Da Berne sein Modell Ende der 50er- bis Mitte der 60er-Jahre entwickelte, wurde hier gerne das Bild des Computers verwandt. Wie wir heute wissen, ist die Idee eines absolut rationalen Ich-Zustands überholt.

Erwachsenen-Ich (ER)

Für jeden der drei Ich-Zustände und seine Differenzierungen können typische Berufsfelder benannt werden, in denen diese Zustände besonders stark ausgeprägt werden können. Jemand mit einem überaus starken, spontanen, freien Kind tobt sich vielleicht als Künstler aus. Das angepasste Kindheits-Ich ist ideal für den Berufssoldaten. Das Erwachsenen-Ich kann sich als Berater und Wissenschaftler ausleben und das kritische Eltern-Ich im Lehrerberuf, während die Krankenschwester über ein starkes fürsorgliches Eltern-Ich verfügen sollte.

Typische Berufsfelder, in denen bestimmte Zustände besonders stark ausgeprägt sind

Diese eindimensionale Zuordnung ist natürlich schematisch plakativ und oberflächlich, aber sie veranschaulicht, was gemeint ist. Vielleicht kennen Sie Personen in Ihrem beruflichen Umfeld, die immer aus einem bestimmten Lieblings-Ich-Zustand heraus agieren und Schwierigkeiten haben in Ihr Erwachsenen-Ich zu wechseln.

In der Disposition des Erwachsenen-Ichs hören wir zu, stellen Fragen, sammeln Fakten, beobachten, sind auf das Wesentliche konzentriert, formulieren weitgehend wertfrei, denken nach, wägen ab, suchen nach Alternativen, überprüfen unsere eigenen Werte, sind in der Lage unsere Gefühle wahrzunehmen und diese zu verbalisieren, treffen differenzierte Entscheidungen, suchen Probleme konstruktiv zu lösen und stellen offene Fragen.

Im Berufsalltag sollte man versuchen aus der Position des Erwachsenen-Ichs zu agieren

Wenn Sie beispielsweise ein Meeting moderieren, ist das Erwachsenen-Ich der ideale Zustand. Vielleicht kennen Sie jedoch auch Führungskräfte, die im Meeting gerne in das Eltern-Ich verfallen und als strafender Vater die Anwesenden zur Räson rufen. Wenn die Anwesenden sich dies gefallen lassen, sprich sich den Schuh anziehen, der ihnen hingestellt wird, haben sie keinen Konflikt. Oft ist jedoch genau das Gegenteil der Fall.

7.4.2 Gesprächsanalyse mit TA

Berne bezeichnete den einfachen Austausch zwischen Sender und Empfänger (siehe auch Kap. 4.1) als Transaktion. Bei der Analyse von Transaktionen ist eine grafische Darstellung des Verhältnisses der drei Ich-Zustände hilfreich. Berne unterscheidet folgende Transaktionen.

PARALLELE TRANSAKTIONEN

Parallele Transaktionen sind nicht konfliktträchtig, weil sich beide Partner auf der gleichen Ich-Zustands-Ebene bewegen

Zunächst die parallele Transaktion, d.h. zwei Menschen befinden sich im gleichen Ich-Zustand.

Beispiel: Zwei Menschen im Eltern-Ich, ein typisches Tratschgespräch. Wenn beide über die aktuellen Zustände in Deutschland schimpfen, befinden sich beide Gesprächspartner im kritischen Eltern-Ich und schimpfen über die da oben. Ein Gespräch zwischen zwei Menschen im Erwachsenen-Ich könnte stattfinden, wenn Sie nach der Uhrzeit gefragt werden und darauf sachlich antworten.

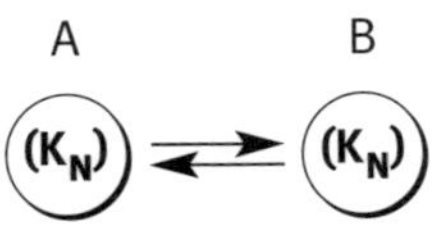

Eine parallele Transaktion zwischen zwei Menschen im natürlichen Kindheits-Ich (K_n) könnte etwa so aussehen, dass Sie Ihr Kollege (A) kurz nach halb fünf mit schelmischem Blick fragt „*Na, wollen wir früher Feierabend machen und noch ein Bier trinken?*“ und Sie (B) mit einem begeisterten Aufschrei sagen „*Oh ja, Klasse!*“ und Sie beide versuchen, unbemerkt von Ihrem Chef das Büro frühzeitig zu verlassen.

Jetzt fühlen Sie sich genauso wie damals, als Sie sich zu Hause heimlich und unbemerkt von Ihren Eltern aus dem Haus schlichen, um Dummheiten zu begehen.

Parallele Transaktionen sind konfliktfrei.

Komplementäre Transaktion

Die zweite Art der konfliktfreien Kommunikation ist die komplementäre Transaktion. Beispielsweise macht der Chef (A) die Bemerkung: *„Herr Meyer, bitte schalten Sie Ihr Handy aus!"* Hier handelt es sich um eine Kritik aus dem kritischen Eltern-Ich (EL_k). Wenn Herr Meyer (B) nun mit betretenem Blick sein Handy ausmacht und *„Entschuldigung!"* sagt, antwortet er aus seinem angepassten Kindheits-Ich (K_a), d.h. er hat sich den Schuh angezogen, den sein Chef ihm hingestellt hat.

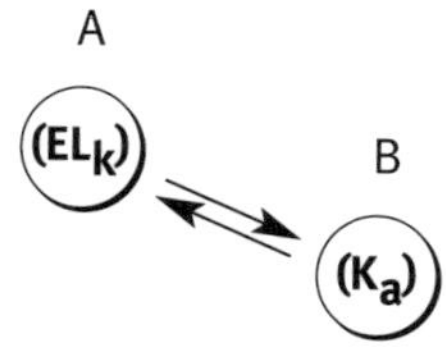

Komplementäre Transaktionen sind nicht konfliktträchtig, weil Rollenerwartungen akzeptiert werden

Gekreuzte Transaktion

Konfliktträchtig und daher besonders spannend sind die sog. gekreuzten Transaktionen. Wenn der Kollege Meyer beispielsweise, statt widerspruchslos sein Handy auszuschalten, zurückschießt, *„Wenn wir dann langsam wieder zur Sache kommen könnten, würde ich mich auch gerne wieder an der Diskussion beteiligen!"*, ist der Konflikt vorprogrammiert. Damit hat Herr Meyer nämlich nicht, wie von seinem Chef erwartet, aus seinem angepassten Kindheits-Ich geantwortet, sondern seinerseits aus dem kritischen Eltern-Ich heraus gekontert und wir haben den klassischen Fall einer gekreuzten Transaktion. Hier kreuzen zwei Kontrahenten buchstäblich ihre Klingen, dass es kracht.

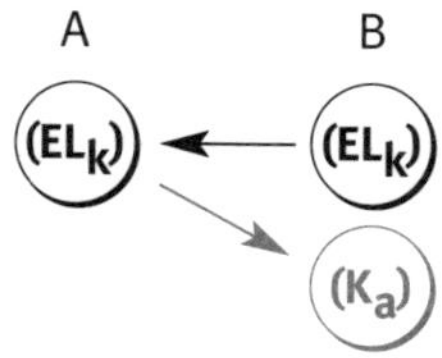

Gekreuzte Transaktionen sind konfliktträchtig, weil Rollenerwartungen unterlaufen werden

Verdeckte Transaktion

Einen weiteren oft konfliktträchtigen Sonderfall bilden die sog. verdeckten Transaktionen. Hier wird eine nur oberflächlich komplementäre Aussage mit einer verdeckten Botschaft (gestrichelte Linie) aus einem anderen Ich-Zustand kombiniert, die sich z.B. durch die Körpersprache und insbesondere den Tonfall ausdrückt. Dies wäre in unserem Beispiel etwa dann der Fall, wenn Herr Meyer in einem sarkastischen Ton *„Ja gerne!"* sagt, bevor er mit verächtlichen Blick sein Handy ausschaltet. Jeder im Raum würde deutlich spüren, wie Herr

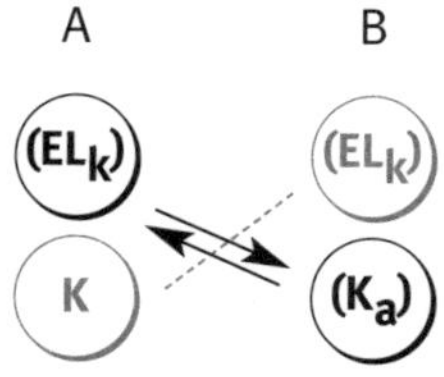

Eine nur oberflächlich komplementäre Aussage wird mit einer verdeckten Botschaft kombiniert

Meyer wirklich reagiert, nämlich mit einer Replik aus seinem kritischen Eltern-Ich. Unter der nur scheinbar konfliktfreien komplementären Transaktion liegt also eine verdeckte gekreuzte Transaktion.

WENN WIR EINE GEKREUZTE TRANSAKTION ERKENNEN, SO SOLLTE ES DAS ZIEL SEIN, WIEDER ZU EINER KOMPLEMENTÄREN KOMMUNIKATION ZURÜCKZUFINDEN. IM IDEALFALL AUF DER ERWACHSENEN-EBENE, ZUMINDEST IM BERUFLICHEN KONTEXT.

7.4.3 Appell an das Erwachsenen-Ich

Die Botschaften dieses Buches richten sich an Ihr Erwachsenen-Ich

Die Botschaften dieses Buches richten sich an Ihr Erwachsenen-Ich. Dort können Sie die hier vorgestellten Methoden verarbeiten und nach einer korrekten Anwendung suchen. Da Sie Ihre bereits verfestigten Muster aus dem Eltern-Ich und dem Kindheits-Ich jedoch nicht ausschalten können, wird es Ihnen häufig passieren, dass Sie erst hinterher feststellen, in welche Falle Sie wieder getappt sind. Das Erwachsenen-Ich kann Ihnen dann aber helfen, die Situation nachträglich zu analysieren oder Sie können bei schwierigen Gesprächen bereits im Vorfeld überlegen, mit welchen Mustern Sie rechnen müssen und wie Sie ihnen begegnen können.

Der kritisierte Kollege in dem Meeting könnte beispielsweise reagieren mit *„Sie haben Recht, Entschuldigung“*. Mit dieser komplementären Reaktion aus dem Kindheits-Ich ist zunächst das Bedürfnis des Chefs befriedigt, seinem Unmut Luft zu machen. Danach könnte Herr Meyer mit einer Frage weiterführen, die aus dem Erwachsenen-Ich kommt und ihm sowohl hilft, sein Gesicht zu wahren als auch das Meeting konstruktiv fortzusetzen: *„Welche Maßnahmen haben wir bisher einvernehmlich beschlossen? Wollen wir das kurz visualisieren?“*

7.4.4 Transaktionsanalyse und Führungsstile

Die verschiedenen Führungsstile erklären sich ebenfalls aus der Vorliebe für verschiedene Ich-Zustände

Wie Sie wahrscheinlich schon erkannt haben, eignet sich das Modell der Transaktionsanalyse auch gut, um unterschiedliche Führungsstile (siehe Kap. 6.2) zuzuordnen. Der patriarchalische oder auch autoritäre Führungsstil wird von Menschen bevorzugt, die sich am liebsten im Eltern-Ich aufhalten.

Ein kooperativer, partnerschaftlicher Führungsstil, der den Mitarbeitern auf Augenhöhe begegnet und diese zu selbstverantwortlich handelnden Personen macht, verlangt dagegen ein stark ausgeprägtes Erwachsenen-Ich.

Es kann jedoch sein, dass Sie in ein Umfeld geraten, in dem Mitarbeiter einen absolut patriarchalischen Führungsstil aus dem Eltern-Ich gewohnt waren und selbst ein sehr stark angepasstes Kindheits-Ich entwickelt haben. Wenn Sie eine solche Abteilung übernehmen, wird es Ihnen kaum gelingen, sofort einen partnerschaftlichen Führungsstil anzuwenden, da bei Ihren Mitarbeitern das Erwachsenen-Ich gar nicht stark genug ausgeprägt ist. Hier passiert es häufig, dass die Führungskraft nach einiger Zeit der Frustration quasi von den Mitarbeitern in einen patriarchalischen Führungsstil gedrängt wird, der aus dem Eltern-Ich agiert. Dann beginnen die alten Spiele von Neuem.

Unser bereits mehrfach erwähnter schwedischer Pensionär hatte den Erzählungen seiner ehemaligen Mitarbeiter nach zu urteilen ein solch ausgeprägtes Eltern-Ich. Die Mitarbeiter verehrten ihn als Vaterfigur und agierten selbst während der Arbeit aus dem angepassten oder im Zuge ihres Geburtstagsbesuches dem freien Kind-Ich heraus *(„Wir machen unserem alten Chef eine Überraschung!“)*.

Auch wenn ein patriarchalischer Führungsstil nicht unbedingt „politisch korrekt“ sein mag, so funktionierte die Kommunikation doch zur Zufriedenheit aller Beteiligten, da sie über komplementäre Transaktionen lief. Der neue Chef dagegen appellierte an das nur schwach ausgeprägte Erwachsenen-Ich seiner Mitarbeiter. Anscheinend ohne Erfolg, da es hier notwendig zu gekreuzten Transaktionen kommen musste.

7.4.5 Transaktionsanalyse und Spieleanalyse

Kennen Sie das? Sie lesen die Agenda eines Meetings und können schon im Vorhinein sagen, wer wann was sagen wird? Sie wissen ganz genau, wer sich wieder auf die Fakten konzentrieren wird, Sie wissen schon, wer wem ins Wort fallen wird, welche Streitereien es geben wird und wer sich in seine Schmollecke zurückziehen wird. Diese Wiederholungen, die es sowohl in der Familie, in der Partnerschaft als auch im Berufsleben gibt, nennt Eric Berne Spiele – und so heißt denn auch sein berühmtestes Buch *„Die Spiele der Erwachsenen“*.

Verfestigte Kommunikationsmuster, aus denen nur sehr schwer auszubrechen ist

Bei diesen Spielen handelt es sich um verfestigte Kommunikationsmuster, aus denen nur sehr schwer auszubrechen ist. Klassische Spiele im Sinne der Transaktionsanalyse haben ähnlich wie im griechischen Drama drei Rollen. Es gibt den VERFOLGER aus dem negativen Teil des kritischen Eltern-Ichs, den RETTER aus dem fürsorglichen Eltern-Ich und das arme OPFER aus dem angepassten Kind.

Ein typischer Verfolger ist eine Person, die immer Recht haben möchte. Sie nutzt einen Informationsvorsprung, um ihn gegen andere einzusetzen. Sie weist andere auf ihre Schwächen und Fehler hin und hat Freude daran. Mit dem Begriff des Retters wird im psychologischen Sinne eine Person bezeichnet, die anderen hilft, ohne diese gefragt zu haben, ob sie die Hilfe auch annehmen möchten. Damit machen sie den anderen wiederum zum Opfer. Das Opfer fühlt sich immer schlecht behandelt, hat einen geringen Handlungsspielraum, fühlt sich fremdbestimmt und sieht keine Möglichkeit, aus der Situation positiv herauszukommen. Zwischen diesen verschiedenen Rollen bildet sich ein sog. DRAMA-DREIECK heraus. Das Besondere ist, jede beteiligte Person kann innerhalb kürzester Zeit zwischen den unterschiedlichen Rollen wechseln. Ein Beispiel:

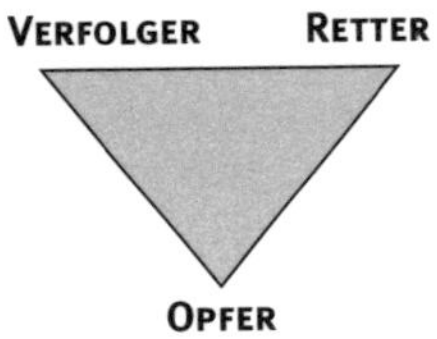

Das Drama Dreieck

Ein Mitarbeiter steht hilflos vor dem Kopierer, bei dem es offensichtlich wieder einmal einen Papierstau gegeben hat. Der Chef läuft vorbei und sagt „Na Meyer, wieder mal auf Kriegsfuß mit der Technik?“ Ein anderer Mitarbeiter erscheint als Retter auf der Bühne. Während er Meyer mit geschicktem Handgriff zeigt, wie der Papierstau zu beheben ist, mutiert er sofort zum Verfolger seines Chefs mit den Worten: „Sie hätten sich ja auch schon längst darum bemühen können ein moderneres Gerät anzuschaffen!“ Nun ist der Chef zum Opfer geworden, der wiederum von Meyer mit den Worten gerettet wird: „Schon gut, ist ja bekannt, dass ich kein Technikfreak bin.“ Mit der Rettung seines Chefs fällt Meyer nun wiederum seinem Retter in den Rücken und wird zum Verfolger, der erste Retter mutiert nunmehr zum Opfer.

So könnte es noch munter weitergehen, z.B. wenn sich eine weitere Person einschaltet. Was bedeutet das für Sie? Wenn Sie psychologische Spiele und Drama-Dreiecke in Ihrer Abteilung, Ihrem Unternehmen erkennen, achten Sie darauf, dass Sie keine der typischen Rollen einnehmen, sondern aus dem Erwachsenen-Ich die Situation analysieren und angemessen reagieren.

Mobbing ist ebenfalls ein typischer Fall für ein derartiges Drama-Dreieck. Neben dem Mobbing-Opfer und dem Verfolger gibt es zahlreiche Retter. Professionell agierende Mediatoren bemühen sich nun, das Spiel zu beenden und die Kommunikation auf die Ebene des Erwachsenen-Ichs zu heben.

Keine der typischen Rollen einnehmen, sondern aus dem Erwachsenen-Ich die Situation analysieren und angemessen reagieren

Werden Sie nicht zum Spielverderber!

Aber seien Sie vorsichtig. Wer aus dem Spiel aussteigt, wird zum Spielverderber. Das ist nicht immer jedem Recht. Ein Beispiel:

Aus der Zentrale Ihres Unternehmens kommt eine neue Anweisung zur Organisation in Ihrer Abteilung. Folgende Verhaltensweisen stehen Ihnen nun zur Auswahl:

- *Erstens: Sie ignorieren oder unterlaufen die Anweisung. („Das kann eh niemand wirklich überprüfen!“).*
- *Zweitens: Sie überlegen „Irgendjemand wird sich schon etwas dabei gedacht haben, die Zentrale kann ja auch wirklich keinen Überblick über den Zustand in jeder Abteilung haben!“*
- *Drittens: „Ich werde mich mal lieber daran halten, sonst bekomme ich noch Schwierigkeiten!“*
- *Viertens: Sie erkundigen sich, von wem die Anweisung kommt, welche Ziele damit verfolgt werden und versuchen, Einfluss auf die Ausgestaltung der Entscheidung zu nehmen.*

Jede der gewählten Reaktionen lässt sich auf einen bestimmten Ich-Zustand zurückführen. Wofür hätten Sie sich entschieden?

7.4.6 Transaktionsanalyse und Skriptanalyse

Da die Transaktionsanalyse, wie bereits erwähnt, in der Tradition von Freud steht, nimmt sie auch an, dass die ersten Lebensjahre für dessen weiteren Verlauf von entscheidender Bedeutung sind. Die TA spricht hier von einem sog. Lebensskript, einem Drehbuch, das in der Kindheit geschrieben quasi als unsichtbare psychologische Kraft das weitere Schicksal des Menschen bestimmt.

Ein in der Kindheit geschriebenes Lebensskript bestimmt das weitere Schicksal

So ist es beispielsweise schwierig, sich von Eltern-Botschaften zu trennen, die einmal in der Kindheit fest verankert

Eltern-Botschaften bestimmen unser Selbstbild und unser Selbstkonzept

wurden. Typische Eltern-Botschaften, die im späteren Leben zu unsichtbaren Antreibern mutieren, sind *„Sei stark"*, *„Sei perfekt"*, *„Gib dein Bestes"* oder *„Sei vorsichtig, das schaffst du nicht"*, *„Die anderen sind talentierter als du"*.

Diese Eltern-Botschaften bestimmen wiederum unser Selbstbild und unser Selbstkonzept. Sie sehen, hier gibt es wieder viele Anknüpfungspunkte zu anderen Modellen, zum Beispiel zum Modell des Selbstwertgefühls (siehe Kap. 2.4).

Vier Grundeinstellungen zum Leben

Der eingangs zitierte Richard Harris hat in seinen Büchern *„Ich bin OK, Du bist OK"* die Transaktionsanalyse in Zusammenhang mit den Grundeinstellungen des Lebens und zum Leben gebracht. Harris unterscheidet die in der folgenden Abbildung gezeigten vier Grundeinstellungen eines Menschen. Sie sagen etwas darüber aus, wie sich ein Mensch im Vergleich zu anderen Menschen fühlt, ob er sich selber annimmt oder ob er sich selber ablehnt.

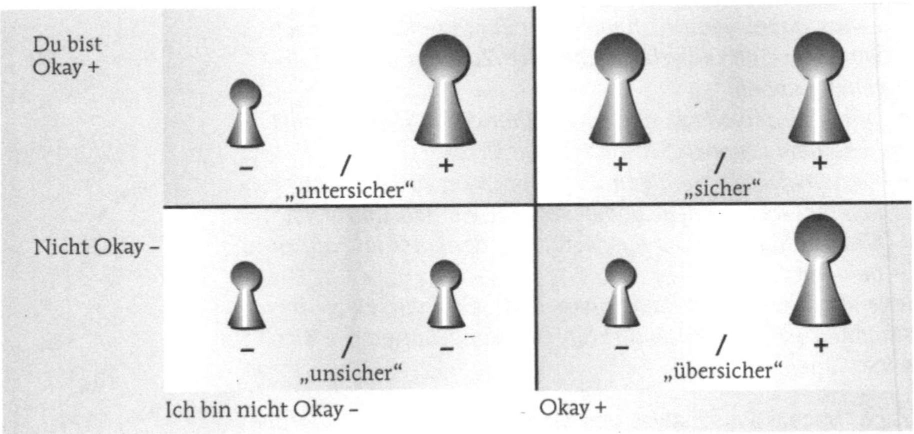

Die vier Grundeinstellungen in Bezug auf das Selbstwertgefühl und den Umgang mit anderen (nach Richard Harris)

Auch hier zeigt sich wieder ein deutlicher Zusammenhang mit dem Thema Führungsverhalten und Führungsziele. Die erwünschte und in aktuellen Kommunikationsratgebern empfohlene Grundhaltung ist *„Ich bin o.k., du bist o.k."*. Gerade in schwierigen Situationen neigen viele Menschen jedoch dazu typische andere Positionen einzunehmen, z.B. *„Ich bin* *nicht o.k.“* oder *„Du bist nicht o.k.“*. Was bedeutet das für Sie? Wenn Sie bereits Führungskraft sind, überprüfen Sie die Einstellung, die Sie zu sich und anderen haben. Analysieren Sie Ihren bevorzugten Kommunikationsstil in Bezug auf die vier Grundpositionen. Achten Sie darauf, mit welchen Mitarbeitern Sie es zu tun haben. Haben diese eine *„Ich bin o.k.-Haltung“* und wie reagieren sie auf andere? Wenn Sie neue Mitarbeiter einstellen, achten Sie von vornherein darauf, dass diese ein positives Selbstbild haben und im Idealfall eine *„Ich bin o.k., du bist o.k.“*-Haltung haben.

Welche Grundeinstellung haben Sie zu sich und anderen?

7.4.7 Transaktionsanalyse im beruflichen Alltag

Wenn Sie ein Experte in Sachen Transaktionsanalyse werden wollen, reichen diese wenigen Worte zur Erklärung der Theorie selbstverständlich nicht aus. Dennoch werden Sie sich vielleicht selbst ertappt haben, dass Sie in bestimmten Situationen einen Kommunikationsstil bevorzugen, der sich außerhalb des Erwachsenen-Ichs bewegt. Gleichzeitig kann Ihnen die Transaktionsanalyse helfen, schnell die Gesprächssituation vorzubereiten oder nachträglich zu analysieren, um das weitere Vorgehen zu planen.

In welchen Situationen neigen Sie dazu, sich außerhalb des Erwachsenen-Ichs zu bewegen?

Wenn Sie sich in Ihrem beruflichen Umfeld darauf sensibilisieren, wo typische Spiele ablaufen, werden Sie viel überflüssiges Konfliktpotenzial entdecken. Versuchen Sie dann sich künftig solchen Spielen zu entziehen oder – noch besser – sie ein für alle Male zu beenden.

Was das Thema Grundeinstellung und Lebenskunst anbelangt, achten Sie darauf, welche Haltung Sie zu sich selbst und anderen einnehmen und helfen Sie Ihren Mitarbeitern und Kollegen ein positives Selbstbild zu entwickeln.

7.5 Das innere Team

Ein weiteres sehr anschauliches Modell zur Darstellung und Analyse der inneren Pluralität ist das Modell des inneren Teams. Wieder einmal ist es Schulz von Thun gelungen, komplizierte psychologische Zusammenhänge für den interessierten Laien nachvollziehbar zu machen.

Anschauliches Modell zur Darstellung und Analyse der inneren Pluralität

Er beruft sich dabei ausdrücklich auf Ansätze aus der Gestalttherapie und anderer Ahnherren der modernen Psychotherapie wie Freud und Jung. Sein Konzept und insbesondere seine Visualisierung entstand aus konkreten Seminarsituationen sowohl mit Studenten als auch mit Führungskräften. Daher eignet es sich in der Anwendung auch besonders gut für alltägliche Konfliktsituationen, in denen es darum geht, eine angemessene Reaktion auf innere und äußere Konflikte zu finden.

Um sich stimmig zu äußern, bedarf es zunächst der Klärung der inneren Befindlichkeit. Dafür schlägt Schulz von Thun vor, sich zunächst für die verschiedenen inneren Stimmen zu sensibilisieren, sie konkret zu benennen und dann eine so genannte innere Teamkonferenz abzuhalten, um vor diesem Hintergrund authentisch und kongruent mit der Außenwelt kommunizieren zu können.

Die innere Teamkonferenz

Nehmen wir an, Ihr Chef überträgt Ihnen im routinemäßigen Freitagsmeeting die Vorbereitung einer Präsentation, die am Montag stattfinden wird. Während des Meetings fühlen Sie sich durch die Art der Delegation („Ich vertraue da ganz auf Sie!") geschmeichelt, insbesondere vor Ihren Kollegen. Doch schon kurze Zeit später meldet sich eine andere innere Stimme, die fragt „Warum immer ich?". Auf dem Heimweg machen Sie sich schließlich Sorgen über die Reaktion Ihres Partners. Wieder werden Sie das Wochenende vor dem Computer verbringen, anstatt die verdiente Freizeit zu genießen. Sie können sich die Vorwürfe, die Sie zu Hause erwarten, schon lebhaft ausmalen. Wieder einmal haben Sie das Gefühl, vom Leben ungerecht behandelt zu werden.

Ungelöste innere Konflikte können diffuse Signale an die Umwelt verursachen

Hier handelt es sich um einen typischen inneren Konflikt, der zunächst ungelöst ist und zu diffusen Reaktionen sowohl angesichts der zu erwartenden Auseinandersetzung mit Ihrem Partner als auch gegenüber Ihrem Chef führen kann. So könnte es sein, dass Sie auf den Angriff Ihres Partners *„Du setzt die falschen Prioritäten. Immer ist dir die Arbeit wichtiger!"* spontan mit einer Rechtfertigung reagieren *„Was soll ich denn machen? Ich kann dem Chef ja schlecht sagen, dass ich keine Lust habe!"* oder einem Gegenangriff starten *„Mit deinen Prioritäten würde ich es auf jeden Fall zu nichts bringen!"*.

Beide Reaktionen aus Ihrem Steinzeitrepertoire (siehe Kap. 1.3.6) sind kaum hilfreich, um das Wochenende zu retten. Wenn Sie dann bei nächster Gelegenheit bei Ihrem Chef die heimlich geklebte Rabattmarke einlösen, *„Glauben Sie, ich habe kein Privatleben? Warum fragen Sie niemand anderen?“*, könnte es tatsächlich sein, dass Ihre eben noch hoffnungsvolle Position in Ihrer Abteilung von einem anderen eingenommen wird.

Ablauf der inneren Teamkonferenz

Um es nicht so weit kommen zu lassen kann die Abhaltung einer inneren Teamkonferenz Ihnen helfen, sich auf die kurzfristige Auseinandersetzung vorzubereiten und eine Strategie für künftige Fälle dieser Art gegenüber Ihrem Chef zu entwickeln, hinter der Sie auch wirklich stehen können.

Identifizierung der jeweiligen inneren Stimmen

Schritt eins besteht in der Identifizierung der jeweiligen inneren Stimmen. Diese werden ähnlich wie in unserer Abbildung aufgemalt und mit griffigen Titeln versehen. Scheuen Sie sich nicht, tatsächlich zu Stift und Papier zu greifen. Gerade darin besteht der besondere Nutzen dieser Methode.

Erst, wenn alle inneren Stimmen identifiziert sind, kann eine bewusste Entscheidung getroffen und gezielt gehandelt werden

Eine Lösung verhandeln, der alle Teammitglieder zustimmen können

Die einzelnen Stimmen kommen nun zu Wort und äußern ihre Meinung. Anschließend kann eine Lösung verhandelt werden, der alle Teammitglieder zustimmen können. In diesem Fall könnten folgende Vereinbarungen getroffen werden:

- Eine PowerPoint-Schulung machen, damit Präsentationen professioneller und schneller – wenn möglich im Büro – umgesetzt werden können.
- Dem Partner glaubhaft versichern, dass zukünftig länger geplante Unternehmungen am Wochenende absoluten Vorrang haben und für das kommende Wochenende schon einmal etwas Besonderes vorbereiten.

- Vornehmen, sich künftig dem Chef gegenüber rechtzeitig und deutlich zu Wort zu melden und sich nicht länger ganz selbstverständlich vereinnahmen zu lassen.

Eine solche Klärung bewahrt Sie natürlich nicht vor der Auseinandersetzung mit Ihrem Chef oder Ihrem Partner. Aber Sie sind auf den Konflikt besser vorbereitet und können bei der nächsten ähnlichen Situation mit Ihrem Chef schneller und gezielter für Ihre Interessen eintreten.

Sich bewusst für die Wahrnehmung innerer Dialoge sensibilisieren

Eine solche innere Teamkonferenz mag in der Tat stark nach „professioneller Schizophrenie" aussehen. Tatsächlich finden derlei innere Dialoge aber permanent statt. Im Rahmen der inneren Teamkonferenz richten Sie allerdings die eigene Wahrnehmung ganz bewusst stärker auf Ihr Inneres und schenken auch sonst eher leisen Stimmen Gehör. Auf diese Weise kann selbst die Fahrt von der Arbeit nach Hause einen positiven psychohygienischen Effekt haben. Sie müssen ja niemanden sagen, dass Sie gerade ein wichtiges Meeting mit Ihren inneren Persönlichkeitsanteilen hatten.

7.6 Fazit Konfliktbearbeitung

Zunächst Klarheit über die eigenen Gefühle und die eigene Position gewinnen

Die erste Stufe bei der Analyse eines Konfliktes sollte immer mit Ihnen selbst beginnen. Horchen Sie in sich hinein und geben Sie sich Zeit, bevor Sie unüberlegt und mit innerlich diffusen Gefühlen in die äußere Auseinandersetzung gehen. Dies ist ein wesentlicher Faktor der bereits angesprochenen emotionalen Intelligenz (siehe Kap. 2.5).

Das Verhältnis zwischen Ihnen und Ihrem Konfliktpartner analysieren

In einem zweiten Schritt analysieren Sie Ihren Konfliktpartner und Ihr Verhältnis zueinander. Um was für einen Typ handelt es sich? Was ist seine bevorzugte Kommunikationsform? Sammeln Sie so viele Informationen wie möglich. Analysieren Sie vergangene Gespräche und Begebenheiten. Befragen Sie Personen, die Ihren Konfliktpartner gut kennen. Wenn Sie feststellen, dass Sie mit der betreffenden Person einen Beziehungskonflikt haben, analysieren Sie die Geschichte dieses Konfliktes. Was haben Sie getan, um das Selbstwertgefühl Ihres Konfliktpartners zu verletzen? Hat er oder haben Sie ein besonders großes Beziehungsohr (siehe Kap. 4.3)? Möglicherweise bei einem speziellen Thema?

Die Transaktionsanalyse kann Ihnen helfen, Ihre Kommunikation zu analysieren. Aus welchem Ist-Zustand haben Sie bisher vorzugsweise agiert, aus welchem Ihr Konfliktpartner? Gibt es ein übergeordnetes wiederkehrendes Muster, ein sog. Skript? Können Sie ein typisches Drama-Dreieck beobachten mit wechselnden Rollen aus Verfolger, Opfer und Retter? Wie können Sie Ihre Kommunikation wieder auf die Ebene des Erwachsenen-Ichs bringen?

Wie können Sie Ihre Kommunikation wieder auf die Ebene des Erwachsenen-Ichs bringen?

Wenn Sie merken, dass es Ihnen schwer fällt, eine konstruktive Haltung zu einem aktuellen Konflikt und einer damit zusammenhängenden Person zu entwickeln, müssen Sie vielleicht zunächst mit sich selbst ins Gericht gehen und eine innere Teamkonferenz abhalten. Finden und benennen Sie die beteiligten Ich-Zustände und vereinbaren Sie eine tragfähige Strategie, die den unterschiedlichen Interessenlagen und Bedürfnissen Ihrer inneren Stimmen gerecht wird und Ihnen nach außen ein authentisches Auftreten innerhalb des Konfliktes ermöglicht.

7.7 Ein Praxisbeispiel

Abschließend ein Beispiel für die Analyse und Bewältigung eines Konflikts zwischen Kollegen.

Situation

Als vor etwa einem halben Jahr ein neuer Großkunde akquiriert wurde, erhielt Alfred Kümmels Abteilung eine neue Teamassistentin, Frau Lischke, zur Verstärkung. Da die Verhandlungen mit der Wichmann-Gruppe sich jedoch über mehrere Monate hinzogen und ein positiver Abschluss des Vertrages nicht mehr sicher schien, wurde die neue Mitarbeiterin zwischen Alfreds Abteilung und dem Team seines Kollegen Harprecht aufgeteilt.

Seit zwei Monaten nun ist der Vertrag mit der Wichmann-Gruppe abgeschlossen und entsprechend hat das Geschäftsvolumen in Alfreds Abteilung deutlich zugenommen. Die Teamassistentin arbeitet jedoch immer noch zu großen Teilen für das Team von Herrn Harprecht. Trotz mehrmaliger Aufforderung kann sich die Assistentin gegen Herrn Harprecht nicht durchsetzen. Alfred hat diesen zwar schon einige Male darauf hingewiesen, eine Lösung in seinem Sinne konnte er jedoch noch nicht erreichen. Üblicherweise wäre Alfred in dieser Situation zu seinem Vorgesetzten gegangen und hätte um

Hilfe gebeten. Mit seinem neu erworbenen psychologischen Wissen möchte er den Konflikt jedoch selber klären.

Alfred Kümmels Analyse

Ressourcen- oder Beziehungskonflikt?

Alfreds Konfliktanalyse ergibt zunächst folgendes Bild: Auf den ersten Blick scheint es sich um einen typischen Ressourcenkonflikt zu handeln, die Aufteilung der Arbeitskraft einer Mitarbeiterin. Je mehr Alfred jedoch in sich hineinhorcht, umso mehr stellt er fest, dass er auch einen Beziehungskonflikt mit dem Kollegen Harprecht hat. Alfred empfindet ihn gelegentlich als besserwisserisch und arrogant. Außerdem fühlt er sich gegenüber dem gemeinsamen Chef benachteiligt. Schon seit längerem hat Alfred diese Aggressionen angestaut. Sie entladen sich immer dann, wenn Alfred auf die Teamassistentin Lischke zurück greifen möchte, diese ihm aber sagt, dass sie gerade für Herrn Harprecht beschäftigt sei.

Bereits zweimal stürmte Alfred dementsprechend aufgeregt in Harprechts Büro. Es kam dann regelmäßig zu einem lauten Wortgefecht, ohne dass sich im Ergebnis etwas geändert hätte. Inzwischen grüßen sich die beiden in der Kantine nur noch, wenn andere dabei sind und gehen sich nach Möglichkeit aus dem Weg, obwohl sie in mehreren Projekten gemeinsam arbeiten. Alfred stellt fest, dass sich auch sein Kommunikationsstil verändert hat. Während er früher mit Herrn Harprecht direkt gesprochen hat, schreibt er heute lieber eine E-Mail. Harprecht hält es genauso. Alfred merkt, dass diese Art der Kommunikation wenig zielführend und dazu noch sehr zeitaufwändig und teuer ist. Er beschließt, mit Harprecht ein klärendes Gespräch zu führen.

Alfred Kümmels inneres Team

Die Konferenz des inneren Teams

Während Alfred gerade eine konstruktive Strategie entwickeln möchte, spürt er, dass sich ein Teil ihn ihm regt, der eigentlich keine Lust hat, sich mit Harprecht friedlich zu einigen.

Mithilfe eines Blatt Papiers und eines Stifts visualisiert Alfred zunächst sein inneres Team.

Der psychologisch geschulte Konfliktstratege

- Mitspieler Nr. 1 ist der psychologisch geschulte Konfliktstratege. Alfred hat Lust, sein neues psychologisches Wissen auszuprobieren. Diesen Teil nennt er den „inneren Psychologen“.

- Ein anderer Teil in ihm äußert sich gänzlich entgegengesetzt. *„Warum Rücksicht auf Harprecht nehmen? Mach ihn fertig. Der arrogante Kerl hat es nicht anders verdient!“* Diesen Teil nennt Alfred den „Eskalator“.
- Schließlich meldet sich noch ein dritter Teil in Alfred. Seine „innere Krankenschwester“, sie macht sich vor allen Dingen Sorgen um seine Mitarbeiterin Frau Lischke, die es zu schützen gilt. Es darf keine Lösung geben, unter der Frau Lischke zu leiden hätte.

Der Eskalator

Wie kann Alfred aus diesen unterschiedlichen Positionen eine gemeinsame Linie entwickeln? Nach einigen inneren Diskussionen und Nachdenken kommt er zu folgender Lösung:

Die innere Krankenschwester

- Sein „innerer Psychologe“ hat letztlich doch die Oberhand behalten. Alfred möchte strategisch geschickt und psychologisch intelligent vorgehen, sein neues Wissen anwenden und eine gute Lösung für alle Beteiligten anstreben.
- Mit dem „Eskalator“ hat er sich geeinigt, auch seine persönlichen Befindlichkeiten bei Harprecht offen anzusprechen und diesen auf die Einhaltung klarer Spielregeln zu verpflichten. Wenn in den nächsten vier Wochen keine Besserung eintritt, wird Alfred seinen Chef zu Rate ziehen.
- Auf jeden Fall gilt es, eine Lösung zu finden, die auch den Interessen von Frau Lischke gerecht wird, die unter dem Konflikt ihrer beiden Vorgesetzten am meisten leidet.

Die Strategie

Auf diese Weise innerlich geklärt, kann Alfred nun eine Strategie für ein klärendes Gespräch mit Harprecht erarbeiten. Normalerweise hätte er Harprecht zunächst eine E-Mail geschrieben. Da das Missverständnispotenzial dabei jedoch sehr hoch wäre, erscheint ein persönliches Gespräch wohl am Besten. Dabei besteht jedoch die Gefahr, dass Alfred Harprecht nicht im richtigen Moment und in der richtigen Stimmung antrifft. Alfred entscheidet sich für den Kompromiss, zunächst zum Telefonhörer zu greifen. Um authentisch zu bleiben, verzichtet Alfred auf Smalltalk; den würde ihm Harprecht sowieso nicht abnehmen.

Persönliches Konfliktgespräch

Zum Einstieg spricht er ein paar Wahrheiten an. *„Wir hatten ja in der letzten Zeit etliche Auseinandersetzungen, wahrscheinlich ist Ihnen auch schon aufgefallen, dass Frau Lischke unter* *unseren Streitigkeiten leidet und da wir beide in verschiedenen Projekten zusammen arbeiten, sind Sie ja wahrscheinlich auch an einer konstruktiven Lösung interessiert?"* Nachdem er sich ein paar *„Ja's"* abgeholt hat, äußert Alfred Ich-Botschaften: *„Ich fühle mich zusehends unwohl mit der Situation und habe mich auch schon dabei ertappt, dass ich Ihnen aus dem Wege gehe."* Dann nennt Alfred das Ziel seines Gespräches: *„Ich bin sehr daran interessiert, Herr Harprecht, dass wir uns einmal in Ruhe zusammensetzen, um eine einvernehmliche Lösung zu finden. Wie denken Sie darüber?"* Jetzt hat Alfred die erste offene Frage gestellt, die Herrn Harprecht Gelegenheit gibt, sich zu seiner Situation zu äußern. Alfred achtet darauf, dass er die Äußerungen von Harprecht nicht in sein Beziehungsohr bekommt, sondern hat sein Selbstoffenbarungsohr (Kap. 4.3.1) deutlich vergrößert. Er hört aktiv zu und spiegelt (Werkzeuge Stufenplan – Kap. 4.9 – und Vier-Ohren-Modell).

Harprecht reagiert konstruktiv: *„Sie haben sich über meinen Auftritt letzte Woche geärgert. Sie bräuchten eigentlich auch eine volle Kraft zur Unterstützung in Ihrem Team."* Auf diese Weise gelingt es beiden, schon in dem Gespräch eine einvernehmliche Situationsbeschreibung zu erzielen. Der Bedarf ist dann ebenfalls schnell geklärt. Es muss eine Lösung her, mit der beide Teams leben können und vor allem die Teamassistentin. Beide beschließen, sich am folgenden Nachmittag nach der Arbeitszeit auf einen Kaffee in einem der umliegenden Restaurants zusammenzusetzen.

Zum Abschluss sendet Alfred wieder eine Ich-Botschaft. *„Ich bin froh, dass ich Sie angerufen habe, ich fühle mich jetzt schon viel besser."* Herr Harprecht bestätigt diese Äußerung. *„Danke, Herr Kümmel, und dann bis morgen!"* Als Alfred auflegt, fühlt er sich wirklich sehr erleichtert.

In dem folgenden Gespräch am nächsten Tag wird er seine Interessen klar definieren, freundlich und bestimmt sein und verschiedene Lösungen mit Herrn Harprecht diskutieren. Auch ein paar Kriterien, die bei der Entscheidung helfen können, hat Alfred schon im Hinterkopf, z.B. die Priorität von Projekten, die sie gemeinsam festlegen können. Auf diese Weise helfen die psychologischen Werkzeuge Alfred, das Gespräch am nächsten Tag sinnvoll zu strukturieren, ohne in den alten Beziehungskonflikt abzugleiten.

Am besten suchen Sie selbst nach einem ähnlichen Anwendungsfeld und setzen die hier beschriebenen Werkzeuge in ähnlicher Form ein. Bereits diese Art der Vorbereitung wird Ihnen ein neues Gefühl für das Konfliktgespräch geben. Auf diese Weise können Sie beinahe jeden beliebigen Konflikt im Berufsleben analysieren und eine Strategie erarbeiten.

FAZIT – DER THERAPEUT AM ARBEITSPLATZ ODER SELBST IST DER COACH

Wenn Sie dieses Buch zu Ende gelesen haben, verfügen Sie über deutlich mehr psychologisches Grundlagenwissen als die meisten Ihrer Zeitgenossen. Vielleicht haben Sie bereits Ideen entwickelt, wie Sie das neue Wissen in die Praxis umsetzen können. Denn allein darum geht es. Wenn Ihr Interesse an einer Veränderung Ihrer persönlicher Situation groß ist und Sie sich momentan noch überfordert fühlen, die Sache allein in die Hand zu nehmen, können Sie sich auch professionelle Unterstützung holen.

So ist seit einigen Jahren in Mode gekommen, wichtige Führungskräfte und Nachwuchskräfte durch einen so genannten Coach zu begleiten. Wenngleich die professionelle Zunft immer wieder wortreich darauf hinweist, dass es sich hierbei nicht um eine Therapie handelt, sind Ähnlichkeiten dennoch vorhanden. Ein Mitarbeiter erhält für eine begrenzte Zeit Unterstützung bei der Bewältigung einer spezifischen Situation oder Aufgabe durch einen vorzugsweise externen Profi. Statt Training in der Gruppe, in der nur bedingt die Möglichkeit besteht, eigene Fragestellungen zu bearbeiten, wird in mehreren Terminen über einen definierten Zeitraum an einem akuten Problem oder einer klar definierten Aufgabe gearbeitet.

Externe Profis unterstützen bei der Bewältigung einer spezifischen Situation oder Aufgabe

Seit jedoch auch Privatpersonen und Paare inzwischen lieber einen Coach aufsuchen, statt zum Therapeuten zu gehen und auch im beruflichen Kontext die Gesamtpersönlichkeit des Klienten oder Coachee, wie es im Fachchinesisch der Zunft heißt, im Mittelpunkt der Arbeit steht, sind die Grenzen fließend. Wenn Sie die Möglichkeit haben, auf Kosten des Unternehmens einen Coach zu verpflichten, nutzen Sie die Chance. Allerdings ist ein Coaching kein Allheilmittel und birgt für Sie auch Risiken.

Zum einen wird ein Coach gerne als Alibi von Führungskräften missbraucht, die ihrem Führungsauftrag nicht nachkommen, zum anderen erwartet derjenige, der den Coach bezahlt, Ergebnisse. Sie dürfen also nicht nur die eigenen Interessen berücksichtigen, sondern sollten die Ziele Ihrer Vorgesetzten und der Personalabteilung ebenso im Auge behalten: Ein guter Coach wird Sie genau auf diese Falle aufmerksam machen. Greifen Sie in einem solchen Fall auf die Stakeholder Analyse (siehe Kap. 3.5) zurück und machen Sie sich ein Bild von Ihrer aktuellen Situation.

Im Zweifelsfalle gilt: Selbst ist der Coach!

Und wenn das Unternehmen Ihr Potenzial noch nicht erkannt hat oder Sie einfach bisher immer alle Aufgaben erfolgreich bewältigt haben, dann gilt für Sie das Motto: Selbst ist der Coach! Werkzeuge für den Erfolgsfaktor Nummer Eins im Beruf haben Sie jetzt genug.

Aber denken Sie daran. Lesen allein ändert nichts. Erfolg schreibt sich mit drei Buchstaben: TUN! Oder erinnern Sie sich einfach an das in der Einleitung erwähnte Zitat unseres erfolgreichen Verkäufers. Lassen Sie die anderen diskutieren und stürmen Sie die Burg!

WEITERFÜHRENDE LITERATUR

- Berne, Eric: Spiele der Erwachsenen. Reinbek bei Hamburg 1997
- Branden, Nathaniel: Die 6 Säulen des Selbstwertgefühls. Landsberg am Lech 1998
- Busch Burkhard, G.: Aktive Kundenbindung. Berlin 1998
- Christiani, Alexander: Weck den Sieger in Dir! Wiesbaden 1997
- Collett, Peter: Ich sehe was, was Du nicht sagst. Bergisch-Gladbach 2004
- Gordon, Thomas: Manager-Konferenz. München 1998
- Harris, Thomas A.: Ich bin o.k., Du bist o.k. Reinbek bei Hamburg 1975
- Häusel, Hans-Georg: Think Limbic! Planegg 2000
- Herbst, Dieter: Interne Kommunikation. Berlin 1999
- Herzlieb, Heinz-Jürgen: Erfolgreich Verhandeln und Argumentieren. Berlin 2000
- Herzlieb, Heinz-Jürgen: Cheffing – Führen von unten. Berlin 2005.
- Hugo-Becker, Annegret und Becker, Henning: Psychologisches Konflikt-Management. München 1996
- Kießling-Sonntag, Jochem: Mitarbeitergespräche. Berlin 2000
- Klein, Hans-Michael: Benimm im Business. Berlin 2005
- Klein, Hans-Michael: Konflikte am Arbeitsplatz. Berlin 2002
- Kriz, Jürgen: Grundkonzepte der Psychotherapie. Weinheim 2001
- Molcho, Sammy: Körpersprache im Beruf. München 1997
- Pease, Allan und Barbara: Warum Männer nicht zuhören und Frauen schlecht einparken. München 2000
- Schulz von Thun, Friedemann: Miteinander Reden: Störungen und Klärungen. Reinbek bei Hamburg 1981
- Schulz von Thun, Friedemann; Ruppel, Johannes; Stratmann, Roswitha: Miteinander Reden: Kommunikationspsychologie für Führungskräfte. Reinbek bei Hamburg 2000
- Schwarz, Aljoscha A.; Schweppe, Ronald P.: Praxisbuch NLP. München 2000
- Simon, Walter: Grundlagen der Kommunikation. Offenbach 2004
- Sprenger, Reinhard K.: Mythos Motivation. Frankfurt/Main, New York 1996
- Watzlawick, Paul: Die erfundene Wirklichkeit. München 1997
- Weisbach, Christian-Rainer: Professionelle Gesprächsführung. München 2001

STICHWORTVERZEICHNIS

Cornelsen

Engagiert.

Die Qualität der Führungskultur eines Unternehmens beeinflusst maßgeblich Arbeitsatmosphäre und Produktivität. *Cheffing – Führen von unten* zeigt, wie man gezielt Einfluss auf das Führungsverhalten des Chefs nehmen kann. Erläutert werden Kommunikations- und Entscheidungsfindungsprozesse sowie Lösungswege aus schwierigen Konfliktsituationen.

Friedrich Ulrich
Das professionelle 1x1
Cheffing –
Führen von unten

192 Seiten, kartoniert
ISBN 3-589-23555-1

Erhältlich im Buchhandel. Weitere Informationen zur Reihe *Das professionelle 1x1* gibt es im Buchhandel, im Internet unter *www.cornelsen-berufskompetenz.de* oder direkt beim Verlag.

Cornelsen Verlag
14328 Berlin
www.cornelsen.de